盛隆电气四十年

盛隆电气集团　著

知识产权出版社
全国百佳图书出版单位
—北京—

图书在版编目（CIP）数据

盛隆电气四十年 / 盛隆电气集团著 . — 北京 : 知识产权出版社 , 2019.11

ISBN 978-7-5130-6554-2

Ⅰ . ①盛…　Ⅱ . ①盛…　Ⅲ . ①电气工业—企业集团—企业文化—中国　Ⅳ . ① F426.6

中国版本图书馆 CIP 数据核字（2019）第 232804 号

内容提要

盛隆电气是中国智能用电行业领先的全链条供应商，被誉为中国民营企业生动独特的发展样本，是一个完全契合中国改革开放 40 年的发展脉络的独特存在。

本书是盛隆电气 40 年的一部创业创新成长史，包含具有里程碑意义的大事件、盛隆群体老板的奋斗经历、媒体观察报道、盛隆人历程和心声等内容，全面深度剖析了企业的独特文化、管理制度和运营之道。

盛隆电气是坚持中国特色发展道路的民营企业的一个缩影，为中国民营企业提供了一个可供借鉴的成功范例。

责任编辑：刘晓庆　　　　责任出版：刘译文

盛隆电气四十年

SHENGLONG DIANQI SISHI NIAN

盛隆电气集团　著

出版发行：知识产权出版社有限责任公司	网　　址：http：//www.ipph.cn
电　　话：010–82004826	http：//www.laichushu.com
社　　址：北京市海淀区气象路 50 号院	邮　　编：100081
责编电话：010-82000860 转 8073	责编邮箱：laichushu@cnipr.com
发行电话：010-82000860 转 8101	发行传真：010-82000893
印　　刷：北京嘉恒彩色印刷有限责任公司	经　　销：各大网上书店、新华书店及相关专业书店
开　　本：787mm × 1000mm　1/16	印　　张：22.75
版　　次：2019 年 11 月第 1 版	印　　次：2019 年 11 月第 1 次印刷
字　　数：300 千字	定　　价：78.00 元

ISBN 978-7-5130-6554-2

2018年7月30日,《中国工业报》以"壮阔东方潮，奋进新时代，庆祝改革开放40年，致敬中国工业榜样系列报道"为开篇，聚焦盛隆电气，对盛隆40年的发展给予高度评价，并对盛隆模式给予高规格表彰与赞赏。

业务指导：
中华人民共和国工业和信息化部

中国工业报

CHINA INDUSTRY NEWS

2018年7月30日 星期一
总第8342期
国内统一刊号：CN11—0058
邮发代号：1—34

中国工业报微信公众号　中国工业榜样新浪官方微博

主管单位：中国工业经济联合会　主办单位：中国工业经济联合会　中国机械工业联合会

网址：http://www.cinn.cn

开篇的话

始于1978年，一场深谋远虑的改革开放从规模和内涵上深刻改变了中国乃至世界的历史进程。从农村到城市、从试点到推广、从经济体制改革到全面深化改革，40年众志成城，40年砥砺奋进，40年春风化雨，中国特色社会主义伟大事业开创了全新境界。在深化改革和深刻重构的宏大篇章中，作为大国之“筋骨”的工业，勇于开新局、强体魄，书写了一部激情澎湃的奋进史。

历史烛照时代，榜样传承精神。于波澜壮阔的改革大潮中，一批先锋企业以逢山开路、遇水架桥的开拓精神，实现了从优秀到卓越的伟大跨越，成为时代精神的传递者、主流价值的塑造者、社会潮流的引领者。

回望来路，前瞻未来，在改革开放40年的时间节点上，我们推出这组系列报道，是为了不忘初心、牢记使命，汲取智慧、继续前行，亦是为了致敬中国工业榜样，致敬这个伟大的时代！

盛隆模式　志在基业长青的草根实践

■ 中国工业报记者　郭俐君

无论从时间的纵深还是空间的延展来看，盛隆电气集团都是最契合中国改革开放40年发展脉络的一个独特存在。

1979年5月13日，29岁的谢元德与其他六个年轻人一起，在湖北省枣阳县王城镇的一个简易草棚里挂起了湖北第一家农村联合体企业的招牌。此时，安徽凤阳小岗村的“包产到户”还没有被正式肯定，深圳被确定为“经济特区”也是半年后的事情。毫无例外，尚属逆势而行的个体企业受到了排挤与打压。当地工商局急匆匆赶来想封门的时候，才发现这是一个连门都没有的企业。

也许谁都不曾想到，这个顽强生存下来的企业在日后会成为中国民营经济的一个独特样本，并为中国企业的发展开启了一扇奇妙之门。

如今逐一盘点改革开放之初萌生的那些明星企业，我们会很惋惜地发现，时至今日仍在健康持续发展的已是凤毛麟角，而这也让盛隆的样本意义更显弥足珍贵。

作为我国电气制造业的后起之秀，盛隆电气集团近几年的发展势头令人侧目。在经济下行压力加大、增长速度放缓的大环境下，盛隆仍保持了强劲的发展势头，国内外市场的反应都非常乐观。仅2017年在武汉举办的一次电气智能用电博览会上，盛隆就斩获了高达756亿元的订单。

这个与改革开放同节拍共命运的企业，究竟依靠什么走到今天？外界所推崇的盛隆模式是基于怎样的土壤而萌发，又是如何不断在实践中得到优化和完善的？盛隆模式可否被复制，又是否能支撑企业与时俱进、永续发展？对于这些问题的探究，是对盛隆发展原生态和本真态的一次回顾，也是对盛隆模式的一次全新梳理。

破立并举
在坚守实业中韧性成长

“盛隆模式本身很简单，但内涵丰厚，易学难做。所谓易学，就是一看就懂；所谓难做，是指很少有企业家能有谢元德这样的胸襟、激情、梦想与人生境界。这种模式要发挥作用，需要逐步培养一种群体文化，也就是儒家文化的精髓——‘己欲立而立人，己欲达而达人’。这种文化与市场经济对人的基本假设是相背离的。”清华大学经济管理学院副教授宋学宝认为，盛隆能够培养出这样的文化，将这种文化加以贯彻落实，并与自己的经营模式环环相扣，堪称奇迹。

对此，现任盛隆电气集团党委书记、董事长的谢元德给出了这样的答案：“我们之所以能持续发展，是因为我们始终坚守实体经济不动摇，咬定青山不放松；始终坚持走高质量发展道路，把创新作为第一动力，把质量视为生命；始终坚持员工与企业共同成长，创立并成功实践了一种被称为‘群体老板制’的群体企业家制度。”

盛隆的每一步，都精准契合着改革开放的节拍。

1984年，当初那个被排挤的公司从小乡镇搬到了县城，业务范围从建筑材料拓展到电气开关，并率先带头让员工穿西服。衣着变化之下，是制度的变革。此后，盛隆开始摒弃大锅饭，建立经理负责制，开始绩效考核，探索“共建共享”的群体老板模式……

有学者认为，盛隆模式是改革开放的产物在创新中实现了包容性的发展。它力求汲取公有制经济和民营经济两者之长而摒弃其短，开创了一种新的产权形式及公司法人治理机制——既要举旗帜、办良企、走正道、做奉献；又要有动力、有活力、效益高、能永续。这一机制产生的时代环境是伟大的改革开放大潮，理论基础是中国特色社会主义理论，实践基础是盛隆文化、管理模式及创业实践三者长期的探索结合。盛隆的十大代表性文化就是这种结合的鲜明体现。

谢元德坦言，他所处的大时代和大背景赋予了革命青年满腔报国情怀，而具有深厚历史渊源的优秀传统文化更加强化了这一印记。“最初建厂的时候，我在靠近草棚的水泥板上，用红油漆写了这样两句话：为四化建设出力，为人民造福流汗。至始至终，

“群体老板制”不但增强了盛隆员工的凝聚力，促进了企业的快速成长，而且产生了巨大的磁石效应。

为国为民都是盛隆的宗旨。我坚信，只要是为国为民，企业永远不会垮，一千年都有事做。”基于这一信念，盛隆人笃定，只有始终坚守实体经济，聚焦电气制造业，才能基业长青。

据悉，在前些年实体经济发展的外部环境欠佳，不少企业选择脱实向虚，转行去搞房地产、股票、期货之时，盛隆电气也同样面临巨大的诱惑：是改弦更张去挣快钱，还是继续踏踏实实埋头做实业？

“办企业和种庄稼一样，必须实打实，不能耍小聪明、搞投机。实体经济是一个国家经济的根基，也是盛隆电气的立身之本，我们必须坚守，绝不动摇。”为了杜绝走捷径的念头，谢元德公开宣布，盛隆电气在任何时候，都不会去刮国家的地，不会去刮老百姓的钱，“任何人都不准踩这两条红线”。

不仅如此，为了心无旁骛做主业，盛隆还主动剥离了五金加工和建筑、运输等产业，潜心聚焦电气制造业，尤其是国家急需发展的互联网智能电气制造业。坚守与深耕终有回报，盛隆电气现已成为中国智能用电行业领先的全链条供应商、互联网智能供电设备制造业的一艘巨轮。目前，盛隆旗下已经有35个子公司和工厂，2个研究院，业务遍布国内所有省市和海外50多个国家及地区。其不仅成功参与了京沪高铁、南水北调、首都机场等多个国家重大工程项目，还成为越南国家电网、苏丹新港、斯里兰卡汉班托塔机场等海外重大项目的设备供应商。

创新赋能
智能先行赢得行业制高点

在同行看来，盛隆成功的关键是其在不确定性的市场环境下，能做出更加精准的预management和应变。而这似乎与其别致的企业界定息息相关。

盛隆对于自身的定义是：制造优质产品的企业、培养企业家的平台、支持大众创业的生态系统。严格意义上而言，后两者似乎超越了企业的内涵，更多体现的是社会责任与公益范畴。对此，武汉市副市长徐洪兰曾评价说：“盛隆是孵化器也不仅仅是孵化器，是平台但也不仅仅是平台，是工厂但也不仅仅是工厂，是学校但也不仅仅是学校。”

而在谢元德看来，他心中的盛隆，应该至少具备两个第一：建设中国电气开关行业现代化的第一车间，打造盛隆大学培养现代企业人才的第一课堂。

为了成就第一车间的梦想，盛隆趟出了一条特有的道路。据盛隆电气集团有限公司智能配电事业部总经理黄鉴德介绍，盛隆最初从事的是配电设备相关业务。改革开放之前，我国配电业务遵循的是苏联标准。改革开放后，ABB、施耐德、西门子等国际巨头迅速占领了中国市场。相较于国产配电设备，外资品牌的产品更轻、更薄，能耗低，优势明显。但与此同时，这些品牌体量太大，刚进入中国时不够接地气，在服务上有一定的局限。审时度势，盛隆采取了向国际巨头学本领的策略，逐步成为这些大品牌的授权生产商。更为关键的是，意识到国外品牌的软肋，盛隆在满足客户的不同需求上狠下功夫，在产品的开关数量、回路、集控、管理等方面做出了差异化的设计。此外，针对我国各地区供电标准的不同，盛隆根据客户的需求，悉心为其提供专属化的配电工程解决方案。（下转2版）

四大行业
全面放开发用电计划

■ 中国工业报记者　曹雅丽

近日，国家发展改革委、国家能源局联合出台了《关于积极推进电力市场化交易　进一步完善交易机制的通知》（以下简称《通知》）。

《通知》在总结已有工作基础上，提出了下一步推进电力市场化交易的重点措施，对深化电力体制改革，完善电力市场交易机制具有重要的推动作用。

《通知》明确要求，各地进一步提高市场化交易电量规模，加快放开发用电计划，扩大市场主体范围，积极推进各类市场主体参与电力市场化交易。在发电方面，加快放开煤电，有序推进水电、风电、太阳能发电、核电、分布式发电参与交易，规范推进燃煤自备电厂参与交易。在用户方面，放开所有符合条件的10千伏及以上电压等级用户，支持放开年用电量超过500万千瓦时以上的用户，积极支持用电量大的工商业、新兴产业、工业园区、公共服务行业等用户进入市场。2018年全面放开煤炭、钢铁、有色、建材4个行业用户发用电计划。在售电方面，将履行相关程序的售电企业视同大用户参与交易，鼓励售电公司扩大业务范围，靠降低成本和提供增值服务参与竞争，支持供水、供气、供热等公共服务行业和节能服务公司从事售电业务，积极支持售电公司代理中小用户参与交易。

《通知》进一步提出，结合实际统筹发用电侧放开节奏，明确放开各类发电企业、用户进入市场的时间，明确放开比例，完善准入退出机制。鼓励跨省跨区网对网、网对点交易，对有条件的地区，有序支持点对网、点对点交易，支持清洁能源开展交易。进一步完善交易机制，完善市场主体注册制，进入市场的发电企业、用户和售电公司等均要完成注册程序，成为合格市场主体。规范市场主体交易行为，要求市场主体按照交易规则参与各类交易，通过市场竞争形成价格，接受政府有关部门监管，同时明确要求各地有关部门最大限度减少对微观事务的干预。完善中长期合同交易电量价格调整机制，交易双方在自主自愿、平等协商的基础上，在合同中约定建立固定价格、“基准电价+浮动机制”、随电煤价格、产品价格联动或随其他因素调整等多种形式的市场价格形成机制。加强事中事后监管，建立健全交易合同纠纷协调仲裁机制，保障电力市场健康运行。深入推进电力市场主体信用建设，开展信用评价，实施守信联合激励和失信联合惩戒。

《通知》明确，进一步加大力度推动发用电计划放开，选择4个行业全面放开发用电计划是重要举措，完善价格形成机制是重要目标。为此《通知》专门配套制定了《全面放开部分重点行业电力用户发用电计划实施方案》（以下简称《实施方案》），对具体工作进行了安排。

《实施方案》指出，煤炭、钢铁、有色、建材4个行业市场化程度较高，在电力体制改革过程中已经参与了市场化交易，市场经验丰富，试点全面放开发用电计划具有较好的基础。通过先行先试，有利于充分还原电力商品属性，理顺和打通电力及其上下游行业的价格市场化形成机制，形成全产业链价格联动、利益共享、风险共担、协同发展格局，进而有效促进社会主义市场经济的平稳健康运行。同时要求坚持“应放尽放”、规范有序、完善机制、保障安全、清洁发展的原则推进工作。

《实施方案》明确，试点全面放开4个行业发用电计划，用户全电量参与交易，具备条件的，同步放开发用电计划和电价，由用户和发电企业自主协商确定供电方式和价格机制，逐步放开参与跨省跨区交易限制，支持用户与清洁能源开展市场化交易。要求做好发用电计划放开和推进市场化交易完善交易机制的有效衔接，用户和发电企业无法协商一致的，可先放开发用电计划，用户价格暂按当地目录电价标准确定。建立完善科学合理的市场化价格形成机制，用户和发电企业签订合同时自主协商，约定建立“基准电价+浮动机制”的市场化价格形成机制，明确“基准电价”和“浮动机制”的协商原则，继续支持资源综合利用和落实惩罚性电价。要求规范4个行业用户交易行为，推进签订中长期合同，确保安全稳定供电。进一步加强事中事后监管，保障合同执行。

清洁低碳
将成能源结构调整主攻方向

■ 中国工业报记者　孟凡君

随着经济发展和时代进步，能源发展的内涵正发生深刻变化。7月20~21日，2018“一带一路”第八届中俄蒙（内蒙古）国际能源投资发展战略高峰论坛暨绿色矿山院士行在呼伦贝尔举行。自然资源部油气资源战略研究中心副主任张应红指出，新时代，要在保供基础上，提高能源发展的质量和效益，采取能源绿色发展战略举措，把发展清洁低碳能源作为调整能源结构的主攻方向，坚持发展非化石能源与清洁高效利用化石能源并举，大力推动能源绿色生产、消费与科技创新，大力推动能源国际合作，实现全面、高质量、可持续的发展。

中国工程院院士、绿色矿山推进委员会名誉会长、中国矿业大学博士生导师武强指出，我国能源发展的基本国策是保障国家能源安全，顺应世界能源发展大势，推动能源生产和消费革命。其基本内容概括为“四个革命、一个合作”，即推动能源消费、供给、技术和体制革命，走绿色低碳发展道路，全方位加强国际合作，从根本上保障国家能源长远安全，坚持绿色低碳的战略方向，稳步推进主体能源更替，以“一带一路”建设为重点，务实开展能源国际合作。

武强认为，尽管当前能源需求疲软，但快速发展的新兴市场国家将带动能源需求持续增长；未来天然气将取代煤炭成为第二大燃料，可再生能源的比重迅速上升；随着页岩油、页岩气等非常规油气的兴起，能源供应更趋多极化、多元化；能源贸易重心从大西洋沿岸向亚太地区转移；未来全球能源供需趋于平衡，能源价格将缓步上升。

武强表示，“一带一路”沿线分布着世界主要能源生产国、消费国和通道国，是世界经济和能源的心脏地带。“一带一路”连接着欧亚两大能源消费市场和中东、中亚、俄罗斯等主要能源输出地区和国家，覆盖了俄罗斯—中亚地区和海湾地区两大优质化石能源富集区，还有能源技术先进、绿色能源使用广泛的西欧地区。中国是矿产资源丰富的国家，有不少优势矿产，可以与其他“一带一路”沿线国家互通有无，取长补短，共同打造能源命运共同体。

7月21日，绿色矿山院士行成员分别考察了神华宝日希勒能源有限公司露天矿和呼伦贝尔东明矿业有限责任公司东明露天矿，并召开了绿色矿山建设座谈会。武强认为，神华宝日希勒露天矿和东明露天矿，作为第四批国家级绿色矿山试点单位，在绿色矿山建设工作方面都取得了积极成果。宝日希勒露天矿积极探索土地复垦与生态重建，根据当地自然条件，选择适合的植物品种，运用生态毯，建立了乔灌草立体相结合的防风固沙生态保护模式。东明露天矿开展的“标准体系建设”，围绕“人、机、料、法、环、测”六个方面，已经形成了环境保护、安全管理、职业健康、设备管理、能源管理等十九个子类别的企业标准体系，确保了整个生产运行体系“安、稳、长、满、优”运转。这些建设经验、技术成果、管理模式，对我国绿色矿山建设工作有借鉴意义，值得推广。

迎峰度夏煤电油气运供需平稳

■ 中国工业报记者　曹雅丽

近期，国家发改委印发了《关于做好2018年迎峰度夏期间煤电油气运保障工作的通知》。针对迎峰度夏期间，煤电油气的运行情况，国家发展改革委政策研究室主任、新闻发言人严鹏程近日表示，虽然今年迎峰度夏期间地区性、时段性供应偏紧情况仍将存在，但煤电油气运供需总体平稳，也是有保障的。

严鹏程指出，受经济稳中向好和气候变化等多重因素共同作用，今年以来，电力、煤炭、天然气消费量显著增加。

煤炭方面，今年以来电煤需求大幅增加，上半年全国电煤消耗量同比增长超过了1亿吨，为近十年来少见，增幅已接近去年全年水平。预计迎峰度夏期间电煤需求仍将旺盛，夏季用煤高峰月的最高日耗，将比去年明显增加。

电力方面，上半年全社会用电量同比增长了9.4%，是2012年以来同期最高水平。入夏之后，空调制冷用电负荷增加，全国日发电量迅速上升，最高已突破206亿千瓦时，接近去年夏季峰值，预计后续用电负荷还会明显增加。

天然气方面，受工业和发电需求持续处于高位等因素影响，天然气需求淡季不淡，上半年表观消费量1348亿立方米，增速高达17.5%。再加上为保障冬季供气，我们加大了储气库注气，使得迎峰度夏期间天然气发电能力，也在一定程度上受到了限制。

为积极应对迎峰度夏期间能源保障供应的复杂形势，国家发改委近期对相关工作进行了部署安排，重点有三个方面：

一是通过加快优质产能释放、推进中长期合同签订履约、保障铁路运输等措施，增加煤炭供应。

二是供给侧和需求侧协同发力，挖掘电力调峰资源潜力，加大清洁能源发电力度，提高输电通道利用效率，灵活组织跨省跨区交易，加强电力余缺互济，强化应急演练，保障民生等重点用电。

三是加强天然气产供储销体系建设，深入挖潜国内气田增产，稳定增加进口资源，提高天然气管网系统整体供气的安全性、可靠性和灵活性，统筹兼顾做好储气库注气和保障当前供应等工作。

中国制造高速车轮首次驶出国门

7月19日，马钢160件时速320公里高速车轮经马钢法国瓦顿公司重新包装后，顺利运抵德国铁路公司威滕贝格基地，即将装车上线运行。这是中国制造的高速车轮首次驶出国门，全球高铁车轮市场从此有了“中国制造”，马钢也成为国内首家出口海外高速车轮的企业。

马钢是中国车轮研发与生产的先行者，凭借技术积淀、服务优越、质量稳定、价格合理等多种优势，马钢车轮已成功驶入全球70多个国家和地区，可按世界任何一种车轮产品标准组织生产，在世界上享有盛誉。近年来，马钢紧密融入国家战略，致力于打造世界最具竞争力的轨道交通轮轴企业，建成现代化轮对、高速车轴生产线，形成了涵盖原料、轮轴制造及维修的全产业链，构建起国际化运营平台。在中国铁路总公司指导下，中国铁道科学研究院与马钢联合研制的具有我国完全自主知识产权的时速250公里、350公里高速车轮，已顺利通过中国高铁60万公里装车运行。

德铁是欧洲最重要的铁路运营商之一，质量标准和供货要求以十分严格闻名业界。马钢高速车轮成功进入德铁，充分验证了中国制造、马钢制造的品牌效应和国际竞争力。

基于对马钢轮轴产品实力的认可和多年来良好的合作基础，2016年11月，德铁主动邀请马钢参与其高铁维修用车轮招标。马钢快速反应，仅用半年时间就获得德铁高速车轮供货资质。2017年下半年，马钢成功中标德铁高速车轮项目，并以明显优势拿下160件高速车轮订单。今年3月，产品顺利下线并一次性通过TSI认证和客户对产品的首件鉴定。

（杨子江　章利军　荣健　高跃飞）

责任编辑：王大庆　版式设计：张荣　审读：郭社　新闻热线：(010) 68325610　传真：(010) 68349196　E－mail：cin1346@126.com　常年法律顾问：北京市尚和律师事务所　闫凤鹿　李淼

盛隆模式　志在基业长青的“草根”实践

始于 1978 年，一场深谋远虑的改革开放从规模和内涵上深刻改变了中国乃至世界的历史进程。从农村到城市，从试点到推广，从经济体制改革到全面深化改革，40 年众志成城，40 年砥砺奋进，40 年春风化雨，中国特色社会主义伟大事业开创了全新境界。在深化改革和深刻重构的宏大篇章中，作为大国之“筋骨”的工业，勇于开新局、强体魄，书写了一部激情澎湃的奋进史。

历史烛照时代，榜样传承精神。于波澜壮阔的改革大潮中，一批先锋企业以逢山开路、遇水架桥的开拓精神，实现了从优秀到卓越的伟大跨越，成为时代精神的传递者、主流价值的塑造者、社会潮流的引领者。

回望来路，前瞻未来，在改革开放 40 年的时间节点上，我们推出这组系列报道，是为了不忘初心、牢记使命，汲取智慧、继续前行，也是为了致敬中国工业榜样，致敬这个伟大的时代！

无论从时间的纵深还是空间的延展来看，盛隆电气集团都是最契合中国改革开放 40 年发展脉络的一个独特存在。

1979 年 5 月 13 日，29 岁的谢元德与其他 6 个年轻人一起，在湖北省枣阳县王城镇的一个简易草棚里挂起了湖北第一家农村联合体企业的招牌。此时，安徽凤阳小岗村的“包产到户”还没有被正式肯定，深圳被确定为“经济特区”也是半年后的事情。当地工商局急匆匆赶来想封门的时候，才发现这是一个连门都没有的企业。

也许谁都不曾想到，这个顽强生存下来的企业在日后会成为中国民营经济的一个独特样本，并为中国企业的发展开启了一扇奇妙之门。

如今逐一盘点改革开放之初萌生的那些明星企业，我们会不无惋惜地发现，时至今日，仍在健康持续发展的已是凤毛麟角，而这也让盛隆的样本意义更显弥足珍贵。

作为我国电气制造业的后起之秀，盛隆电气集团近几年的发展势头令人瞩目。在经济下行压力加大、增长速度放缓的大环境下，盛隆仍保持了强劲的发展势头，国内外市场的反应都非常乐观。仅 2017 年在武汉举办的一次电气智能用电博览会上，盛隆就斩获了高达 756 亿元人民币的订单。

这个与改革开放同节拍、共命运的企业，究竟依靠什么走到今天？外界所推崇的盛隆模式是基于怎样的土壤而萌发，又是如何不断在实践中得到优化和完善的？盛隆模式可否被复制，又能否支撑企业与时俱进、永续发展？对于这些问题的探究，是对盛隆发展原生态和本真态的一次回顾，也是对盛隆模式的一次全新梳理。

破立并举　在坚守实业中韧性成长

“盛隆模式本身很简单，但内涵丰厚，易学难做。所谓易学，就是一看就懂；所谓难做，是指很少有企业家能有谢元德这样的胸襟、激情、梦想与人生境界。这种模式要发挥作用，需要逐步培养一种群体文化，也就是儒家文化的精髓——‘己欲立而立人，己欲达而达人’，这种文化与市场经济对人的基本假设是相背离的。”清华大学经济管理学院副教授宋学宝认为，盛隆能够培养出这样的文化，将这种文化加以贯彻落实，并与自己的经营模式环环相扣，堪称奇迹。

对此，现任盛隆电气集团党委书记、董事长的谢元德给出了这样的答案：“我们之所以能持续发展，是因为我们始终坚守实体经济不动摇，咬定青山不放松；始终坚持走高质量的发展道路，把创新作为第一动力，把质量视为生命；始终坚持员工与企业共同成长，创立并成功实践了一种被称为‘群体老板制’的群体企业家制度。”

盛隆的每一步，都精准契合改革开放的节拍。

1984年，当初那个被“排挤”的公司从小乡镇搬到了县城，业务范围从建筑材料拓展到电气开关，并率先带头让员工穿西服。衣着变化之下，是制度的变革。此后，盛隆开始摒弃“大锅饭”，建立经理负责制，开始绩效考核，探索“共建共享”的“群体老板模式”……

有学者认为，盛隆模式是改革开放的产物，并在创新中实现了包容性的发展。它力求汲取公有制经济和民营经济两者之长而摒弃其短，开创了一种新的产权形式及公司法人治理机制——既要举旗帜，办良企，走正道，做奉献；又要有动力，有活力，效益高，能永续。这一机制产生的时代环境是伟大的改革开放大潮，理论基础是中国特色社会主义理论，实践基础是盛隆文化、管理模式及创业实践三者长期的探索结合。盛隆的“十大代表性文化”就是这种结合的鲜明体现。

谢元德坦言，他所处的大时代和大背景赋予了革命青年满腔的报国情怀，而具有深厚历史渊源的优秀传统文化更加强化了这一印记。“最初建厂的时候，我在靠近草棚的水泥板上，用红油漆写了这样两句话：为四化建设出力，为人民造福流汗。自始至终，为国为民都是盛隆的宗旨。我坚信，只要是为国为民，企业永远不会垮，一千年都有事做。”基于这一信念，盛隆人笃定，只有始终坚守实体经济，聚焦电气制造业，才能基业长青。

据悉，在前些年实体经济发展的外部环境欠佳，不少企业选择脱实向虚，转行去搞房地产、股票、期货之时，盛隆电气也同样面临巨大的诱惑。是改弦更张去挣快钱，还是继续踏踏实实埋头做实业？

“办企业和种庄稼一样，必须实打实，不能耍小聪明、搞投机。实体经济是一个国家经济的根基，也是盛隆电气的立身之本，我们必须坚守，绝不动摇。”为了杜绝走捷径的念头，谢元德公开宣布，盛隆电气在任何时候，都不会去圈国家的地，不会去圈老百姓的钱，“任何人都不准踩这两条红线。”

不仅如此，为了心无旁骛地做主业，盛隆还主动剥离了五金加工和建筑、运输等产业，潜心聚焦电气制造业，尤其是国家急需发展的互联网智能电气制造业。坚守与深耕终有回报，盛隆电气现已成为中国智能用电行业领先的全链条供应商、互联网智能供电设备制造业的一艘巨轮。目前，盛隆旗下已经有 35 个子公司和工厂，2 个研究院，业务遍布国内所有省市和海外 50 多个国家及地区。其不仅成功参与了京沪高铁、南水北调、首都机场等多个国家重大工程项目，还成为越南国家电网、苏丹新港、斯里兰卡汉班托塔港等海外重大项目的设备供应商。

创新赋能　智能先行赢得行业制高点

在同行看来，盛隆成功的关键是其在不确定性的市场环境下，能做出更加精准的预变和应变，而这似乎与其别致的企业界定息息相关。

盛隆对于自身的定义：制造优质产品的企业、培养企业家的平台，支持大众创业的生态系统。严格意义上而言，后两者似乎超越了企业的内涵，更多体现的是社会责任与公益范畴。对此，武汉市副市长徐洪兰曾评价说："盛隆是孵化器也不仅仅是孵化器，是平台但也不仅仅是平台，是工厂但也不仅仅是工厂，是学校但也不仅仅是学校。"

而在谢元德看来，他心中的盛隆，应该至少具备两个第一：建设中国电气开关行业现代化的第一车间、打造盛隆大学培养现代企业人才的第一课堂。

为了成就第一车间的梦想，盛隆趟出了一条特有的道路。据盛隆电气集团光谷电气公司总裁龚圣德介绍，盛隆最初从事的是配电设备相关业务。改革开放之前，我国配电业务遵循的是苏联标准。改革开放后，ABB、施耐德、西门子等国际巨头迅速占领了中国市场。相比较于国产配电设备，外资品牌的产品更轻、更薄、能耗低，优势明显。但与此同时，这些品牌体量太大，刚进入中国时不够接地气，在服务上有一定的局限。审时度势，盛隆采取了向国际巨头学本领的策略，逐步成为这些大品牌的授权生产商。更为关键的是，意识到国外品牌的软肋，盛隆在满足客户的不同需求上狠下功夫，在产品的开关数量、回路、集控、管理等方面做出了差异化的设计。此外，针对我国各地区供电标准的不同，盛隆根据客户的需求，悉心为其提供专属化的配电工程解决方案。

细节往往决定成败，深耕市场的盛隆不仅向外资品牌学到了先进的设计理念，也形成了自己独特的优势，并开始全国“落子”。1992 年，盛隆入驻首批国家级高新技术产业开发区——武汉东湖新技术开发区，在地利上更进一步。1999 年，盛隆电气北京研究所成立，盛隆电气的业务领域延伸至供电系统，并拥有了电力工程资质。此后，盛隆电气不断南下、东进、西扩，先后在武汉、北京、上海、重庆、广州建立“五大营”，潜心谋划电气智能化的发展。

在这个过程中，盛隆始终坚持走高质量的发展道路，将创新作为第一动力，花大力气构建以市场为导向、企业为主体、产学研深度融合的技术创新体系，与清华大学、中国科学院电工研究所等单位开展了产学研合作，在北京成立了由我国著名电气专家、中国工程院院士顾国彪领衔的智能配电研究所，并且不拘一格在海内外延揽高端人才。

在开疆拓土的同时，盛隆发现，一些先进的设备在客户手里却用不出好性能，其原因在于“好装备易得，但配套维护的优质服务难求”。为此，盛隆尝试由卖设备转向卖服务，致力于为客户提供一体化的产品设计、设备提供、安装调试、运行维护等系统服务。“我们不需要弯道超车，我们要做的是开辟一个新道路，做填补市场空白的第 361 行！”谢元德说。

武汉大学教授、原校党委书记李健在《关于盛隆电气集团坚守实体经济走高质量发展道路的调研报告》中提到，早在 2010 年，盛隆电气集团总裁谢洪潮博士就注意到，世界配用电领域正从以电力保护技术为代表的功能化时代，走向电力技术与数字化技术、互联网技术相融合的智能化时代。面对这场新的变革，盛隆果断出击，组织精兵强将开发具有世界先进水平的 iPanel 互联网智能低压电气柜和 iOVE2000 互联网智能配电系统。如今，这两款有自主知识产权的产品，凭借其技术含量高，性能优越，质量可靠，节能环保效果明显等优势，打破了国外品牌在高端市场的垄断，成为市场的明星产品。

“智能用电，保证 20 年”，是盛隆电气写在最新系列产品上的标识，也是盛隆电气对客户的庄严承诺。目前，智能用电管家新业务为公司带来超过了 50% 的收入，盛隆在国内智能用电市场的占有率稳居第一，并获得了国际同行的高度认可。2017 年，在盛隆电气主办的首届智能用电博览会上，施耐德、西门子、ABB 等巨头悉数到场，与盛隆签署合作协议，共同制订国际行业标准。中国的电气企业开始以一种全新的角度和姿态，亮相国际舞台。

模式独创 “群体老板制”衍生磅礴动力

在“培养现代企业人才的第一课堂”的道路上，盛隆似乎走得更远。其探索的“群体老板制”不仅在实践中取得了巨大成功，还被清华大学经济学院、复旦大学管理学院等写进了经典案例库。

“群体老板制”又被称为“能人集体所有制”。在盛隆，做你能做＋会做＋愿意做 + 价值最高的工作 = 成功；在盛隆，每个年轻人都可以大胆说出自己的进取心，摒弃“嘴上没毛，办事不牢”的刻板教条，无须谨小慎微地候着前辈退休，在权力缝隙的漫漫光阴中耗损自己的活力和事业心。

这一根植于中国传统文化，同时深受社会主义核心价值观和国内外现代管理思想影响的独创思想，是盛隆在长期实践中逐步累积和沉淀下来的。它是一种“统分结合，个体为基，统分共利，集强个益”的机制，特点是大中含小，小中寓大；合中有分，分中有合；统而不僵，分而不散。其显性目标是推动企业科学发展，实现做大做强；其本质意义是大众创业、万众创新；其核心价值在于育人、立人。

“盛隆模式的核心之一就是‘群体老板制’，即把企业的销售功能完全承包给企业的员工，但这种承包又不是简单地当甩手掌柜，而是为销售人员提供全方位的服务，确保产品质量、成本优势和设计方案优化。销售人员既是冲锋陷阵的战士，同时又是企业产品决策的指挥员。这种模式极大地激发了销售人员的首创精神，提升了销售决策的速度、效率和针对性，我称之为最佳的销售模式。”宋学宝剖析道。

这实际上使每个销售员成为真正的创业家、服务客户的第一责任人，使销售真正成为企业的龙头，使企业真正以市场为导向。

他同时指出，这种销售功能的“承包制”不是僵化的，盛隆一直在持续地对这种“承包”模式进行优化、完善，使之更好地适应企业的发展和市场环境的变化。

具体而言，“群体老板制”的主要做法是，企业为有本事、想干事的员工创新创业营造环境，搭建平台，帮助他们成长为领军人才；支持员工通过自己的奋斗当企业家，共同参与企业治理，共同分享发展成果。为了培养“老板”，盛隆电气建立了三级创业公司架构。当创业者淘到第一桶金、在公司账户上有属于自己的 100 万元后，就可以申请注册三级创业公司，担任经理。经理个人账户达到 300 万元后，可以申请成立二级创业公司，担任总经理。总经理个人账户达 1000 万元后，可以申请成立一级创业公司，担任总裁。

简而言之，“今日兵”“明日将”“后日率领三军打大仗”是“群体老板制”的三部曲。“群体老板制”不但增强了员工的凝聚力，促进了企业的快速成长，而且产生了巨大的磁石效应。国家“千人计划”专家郗涛、在世界 500 强企业担任过高管的电气工程师韩文等精英的加入，便是最有力的证明。

如今，“群体老板制”在盛隆电气已经产生了“裂变效应”。经过一茬儿又一茬儿的接力，盛隆电气的“老板”队伍像滚雪球一样，越滚越大。这 400 多名“老板”及其带领的团队，如同 400 多台大大小小的发动机，为盛隆电气的发展提供了强大而持久的动力。

“我们这个机制，对企业的发展，对社会的发展，都能带来正能量。对于人的影响，就是使人越做越健康，越做越提升，越做越享受。我们的‘群体老板制’，不发展、不前进，就做不下去；没有人与人互相帮助的思想，就做不下去；你只自己要自主，不给别人自主，根本就发展不起来。它非常硬性地制约了人性的弱点，让你只能朝好的方向发展，朝坏的方向一走就出问题。”谢元德透露，接下来，盛隆将全面发力“网通百城、携手百企、链接百校、创建百团”的新战略，造就盛隆产品“好看、好听、好用、好卖”的利好环境；发挥盛隆“配用电互联网监测中心”的创新科技优势，完善营销、设计、生产、产品、技术、运维一体的行业产业链和一条龙服务体系；夯实科技城、盛创院、中国锦的金三角格局，精心绘就盛隆的百年蓝图。

《中国工业报》记者　郭俐君

2018 年 7 月 30 日

目 录

001　第一章　盛隆足迹

003　1.1　四十年行急步稳　百年梦有底有根

020　1.2　发展才是硬道理　十亿元的奋斗目标

027　1.3　五营三角连环阵　三年规模再翻番

036　1.4　盛隆豪情闯天下　科学发展建乐园

045　1.5　在盛隆公司创建 30 周年庆典大会上的讲话

050　1.6　确立“一体三委”盛隆大纲　奠定“百年辉煌”制度保障

059　1.7　基本制度共遵循　百年辉煌必成真

063　1.8　让一度电创造更多 GDP　让智能用电使幸福生活更幸福　让智能用电使美丽中国更美丽

070　1.9　盛隆电气国家级　科技服务举大旗

073　1.10　不负高评厚望　扎实推进提升

077　1.11　盛创院、盛博会——我们同创共享的双盛（胜）大平台

079　第二章　盛隆风流

081　2.1　说句心里话

083　2.2　盛隆电气副董事长、创业一公司总裁谢清伦——创业青春在时代舞台上绽放

087　2.3　盛隆电气副董事长、创业三公司总裁周明旺——举旗创新向“万人百亿”奋进

092 2.4 盛隆电气创业四公司总裁谢远锋——为百年盛隆工程全力以赴
096 2.5 盛隆电气创业六公司总裁胡永泉——坚定做盛隆文化传播者
101 2.6 盛隆电气创业七公司总裁袁道金——仗技术之“剑”笑踞市场
106 2.7 盛隆电气创业八公司总裁胡玉琼——一身本事学在盛隆用在盛隆
110 2.8 盛隆电气创业九公司总裁王昌宝——盛世良企造就长胜英雄
115 2.9 盛隆电气创业十一公司总裁左长斌——幸福就是身在良企干成事业
119 2.10 盛隆电气创业十二公司总裁李平——从优秀到卓越需要内在驱动
124 2.11 盛隆电气创业十三公司总裁陈玉财——志存高远　成在盛隆
129 2.12 盛隆电气创业十四公司总裁何彦——楚楚不凡之才　成就船骥之托
133 2.13 盛隆电气创业十五公司总裁聂伟——好平台让人不断拓展自身边界
138 2.14 盛隆电气技术总监谢正新——固质量之本　保基业长青
143 2.15 光谷电气有限公司营销总裁章艳 ——与时代共振　创新图变成翘楚
148 2.16 盛隆电气创业十七公司总裁叶柳麟——32 岁的总裁是怎样炼成的
152 2.17 盛隆电气广州公司总裁夏威——让“盛隆造”从光谷走向世界
157 2.18 盛隆电气上海公司总裁周红芳——尽忠职守　不辜负每一份信任
162 2.19 盛隆电气北京创业一公司总裁夏辉——盛隆大平台　追梦好舞台
167 2.20 盛隆电气北京创业二公司总裁李洪英——在盛隆有梦想谁都了不起
172 2.21 盛隆电气北京创业三公司总裁杨斌——
选择决定命运　坚持铸就成功
177 2.22 盛隆电气北京创业四公司总裁段春燕——燃烧青春　超越梦想
182 2.23 盛隆电气北京创业五公司总裁王胜——志之所向　一往无前
186 2.24 盛隆电气北京创业六公司总裁杜其峰——以坚守书写人生华章
190 2.25 盛隆电气北京创业八公司总裁邓建忠——盛隆同龄人的盛隆奋斗史
194 2.26 盛隆电气北京创业九公司总裁黄敏——在盛隆　没有最好只有更好
199 2.27 盛隆电气北京创业七公司总裁刘吉斌——
在盛隆大平台用勤奋改变命运
204 2.28 盛隆电气天津公司总裁刘齐——在拼搏奋斗中创造幸福生活

209 2.29 盛隆电气光谷电气公司总裁龚圣德——以电为光 探索未来
214 2.30 盛隆电气西安公司总裁李兆龙—— 践行四百战略 挂帅西北铁军

219 第三章 盛隆观察

221 3.1 榜样的力量
226 3.2 大格局与大情怀
229 3.3 改革开放后最早民企：新一轮红利激发再次创业
232 3.4 盛隆档案
237 3.5 从做水泥瓦开始 “泥腿子”率先穿西服
239 3.6 华中科技大学教授陈波：只有坚守实体经济 才能在波动周期中披荆斩棘
240 3.7 “没做成的三件事”保护了盛隆
243 3.8 对话谢元德：坚守实体经济 核心是保持定力
245 3.9 盛隆以中国式智慧坚守实体经济
248 3.10 对话谢元德：干实体经济 要守住根本
251 3.11 持续创新推动盛隆“老树发新枝”
254 3.12 对话谢元德：创新就是把没有的产品和服务做出来
256 3.13 复旦大学管理学院院长陆雄文：盛隆案例提供了高质量的发展路径
258 3.14 “盛隆智造”走出去很有底气
260 3.15 “我不是在坚守而是在享受”
264 3.16 成功他人 定能实现自我——对“老百姓”谢元德的再认识
268 3.17 盛隆电气：从乡野草棚到跨国集团的 39 年嬗变
272 3.18 盛隆电气：不接质量迁就客户的订单
276 3.19 百家校媒荆楚行侧记：110 名大学生记者眼里有 110 个盛隆电气

281 第四章 盛隆有我

283 4.1 追梦写精彩 奋斗创未来
288 4.2 做最好的自己 就是给孩子最好的教育
291 4.3 盛隆文化让我受益终身
294 4.4 来时小书生 如今大老板，丢了铁饭碗 捧上金饭碗
295 4.5 盛隆人闯北京
297 4.6 在盛隆 这么多"第一次"
300 4.7 在盛隆成长蝶变
303 4.8 我在盛隆的成长经历
307 4.9 我是盛隆文化的坚定执行者和受益者
310 4.10 帮助他人成功自己 累积跬步可以千里
315 4.11 在盛隆 遇见了更好的自己
317 4.12 我与盛隆的 15 年
319 4.13 当青春遇见盛隆
321 4.14 在你的舞台上呈现我最美的身姿
324 4.15 盛隆伴我成长 我随盛隆同行
326 4.16 在盛隆沃土里扎根成长
329 4.17 我与盛隆的点点滴滴
331 4.18 改革元年立身起 披荆斩棘潮头兵
334 4.19 理性与智慧并存 盛隆与国际文化共融
336 4.20 遇到盛隆 我的世界变得很大很大

第一章
盛隆足迹

1.1 四十年行急步稳 百年梦有底有根

谢元德 2019年元旦

百年工程图稳步实施推进 “三大件”“五大营”建功立勋

中国锦商务空间投入使用；武汉创业学院已投入运转，智慧工厂随着时代发展应运而生；北京科技中心正在中关村上地嘉华大厦扩建中。五大营发展为“网通百城、链接百校、携手百企、创建百团”的四百战略。

北京科技中心（中关村上地信息产业园——科技人员的集中地）

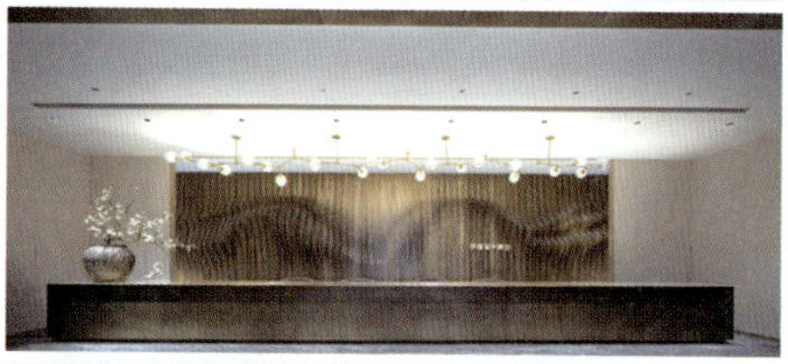

中国锦商务空间——世界五百强聚集地

正在建设中的盛隆大厦（老板大楼），距武汉地铁 2 号线黄龙山站 200 米。

盛隆大厦

盛隆大厦封顶仪式现场

盛隆体制、盛隆文化日益健全完善
建构打牢盛隆集团扎实发展的“四梁八柱”
盛隆电气“一体三委”组织结构图发布说明

根据“群体老板 241”战略，为了使老板们更清晰地了解、认识公司组织结构，整合、利用公司内外资源，方便参与、监督各部门工作，达到相互沟通方便，凝聚、提升整体执行力的目的，公司对现有的管理组织结构进行了适当调整，并设计成了 结构简图。

群体老板 + 十大部门 = 必胜必成

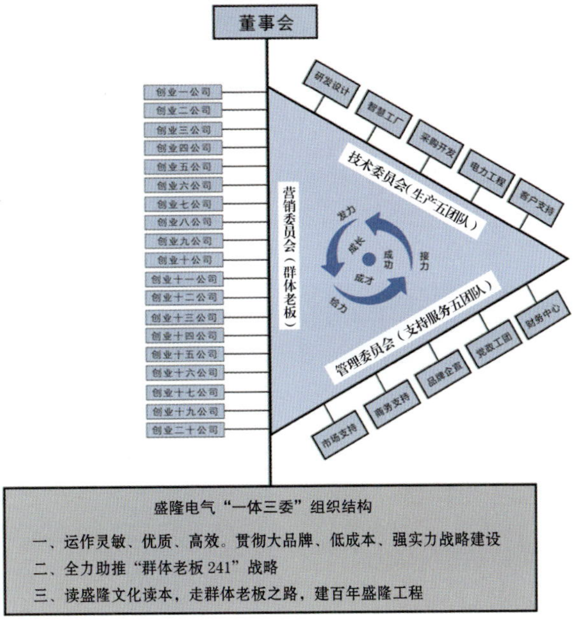

盛隆电气“一体三委”组织结构图

调整后的组织结构图，以董事会为首脑，主体由营销委员会、技术委员会、管理委员会构成，呈大三角形。大三角的主边是“群体老板”，即营销委员会。两个侧边是技术委员会和管理委员会，分别由生产五大块和支持服务五大块组成，即十大总经理负责制。

党和政府大力支持　社会影响不断扩大　外部环境日益优化

国家部委、湖北省、武汉市、东湖高新区相关领导，先后通过多种方式关注和指导盛隆电气的发展。

2017 年 10 月 24 日，时任湖北省副省长周先旺考察盛隆电气时，用手机拍摄盛隆电气百年工程图

周先旺细看盛隆电气“传家宝”[1]

盛隆电气“传家宝”正面内容

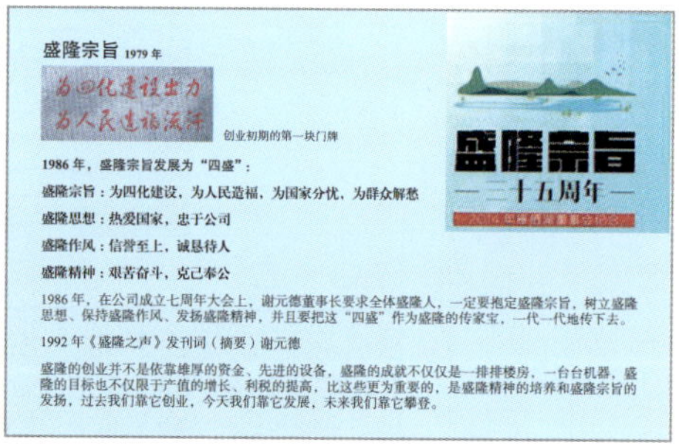

盛隆电气“传家宝”底面内容

[1] 传家宝：“传家宝”为长 15 厘米、宽 10 厘米、厚 2 厘米的水晶体，内镶盛隆电气企业文化宣传页。

2018 年 3 月 7 日，时任湖北省副省长陈安丽调研盛隆电气

2018 年 3 月 7 日，时任东湖高新区党工委书记程用文（左一）、

东湖高新区管委会主任刘子清（右二）调研盛隆电气

四十年踏石留印　行急步稳　打下百年发展深厚根基

1979 年：为四化建设出力，为人民造福流汗

《盛隆之声》发刊词

盛隆的创业并不是依靠雄厚的资金、先进的设备；盛隆的成就不仅仅是一排排楼房，一台台机器；盛隆的目标也不仅限于产值的增长和利税的提高。比这些更为重要的是盛隆精神的培养和盛隆宗旨的发扬；过去，我们靠它创业，今天，我们靠它发展；未来我们靠它攀登。

1984 年：进县城，建工厂，培养人才，发展工业

1984 年，“513 公司”与长江航运管理局合资办厂。

鄂北电气遥控设备厂（枣阳开关厂前身）在枣阳市南岗开业投产

1984 年公司奖励的70 多套西服之一

“我认为我们公司买了七十多套西服，就是一种进取的精神表现。但是，我们的同志有没有胆量去穿！我看主要是个认识问题。一个国家的变革，在现象上都有一种反映。穿西服是一种健康的生活方式，表现出新时期的新面貌，只要同志们有了正确的认识，我相信大家是会穿的。西服穿出以后，可能会遇到社会上的闲言碎语，我们一定要经得起别人的讽刺。吃饭穿衣不犯条例，在王城地区内穿西服这个头我们不带谁带。总之，两个文明建设是相辅相成的，缺一不可，我们一定要做两个文明建设的带头人。”

——摘自 1984 年 12 月 24 日“513”公司年终总结大会董事长讲话

1988 年：成立科技咨询协会，走科技发展之路

科技咨询协会成立大会在枣阳市烟厂礼堂召开，襄阳市领导及枣阳市委、市政府、市人大、市政协相关领导出席会议。

科技咨询协会成立大会现场

中国电力科学院首席专家盛昌达讲话

科技咨询协会成立

（左为张万萍，右为谢远锋）

“我是盛隆人，盛隆是我家”公司成立十周年大会现场

“我是盛隆人，盛隆是我家”公司成立十周年合影

1994 年：大力推进产学研合作

盛世同襄盛举，隆情共创隆图。1994 年 5 月 13 日，盛隆电气 15 周年之际，在湖北省政治文化中心洪山大礼堂召开新闻发布会。

1994 年在洪山礼堂举行公司创建 15 周年暨“官、产、学”研讨会

1999 年：庆祝盛隆电气创建 20 周年暨北京枣开电器设备研究所成立仪式在人民大会堂举行

1999 年 5 月 13 日，盛隆电气创建 20 周年之际，在北京人民大会堂召开新闻发布会，标志着盛隆电气集团正式进驻北京。

北京枣开电器设备研究所成立座谈会现场

2017 年被国家评为产学研示范企业及合作好案例

2004 年：谋划百年不倒，明确武汉定位

我们的发展战略是什么呢？我们也有个三步走战略：第一步，武汉市场始终是我们的重中之重！武汉市是我们的重中之重！重中之重！重中之重……

武汉是盛隆电气的家，这是个定位。那天我要回武汉，代莉说“你要过来了”，我赶紧纠正，什么过来了呀？回来了，这是家。定位这儿是家，要做到，在外地干的人感觉这是家，我爱我家，回家的感觉真好。在武汉工作的同志要做到像个家，这个家很温暖，很漂亮，让不在武汉工作的同志爱这个家。所以这也是个定位，武汉是盛隆电气的家……

武汉在盛隆电气百年不倒的作用，就是这样三点作用：第一，武汉不倒，盛隆不倒；第二，武汉是盛隆电气的家；第三，武汉支持各地……

——摘自“盛隆电气百年不倒武汉定位研讨会”会议记录

2004 年关东科技工业园 2 号楼一楼（盛隆创咖）

培养老板奖获得者、
创业一公司总裁谢清伦

2009 年：科技的盛隆，服务的盛隆

盛隆电气始终坚持走高质量发展道路，将创新作为第一动力，花大力气构建以市场为导向、企业为主体、产学研深度融合的技术创新体系。

新产品发布，为客户提供电气智能化及节能的完整解决方案、系统及服务。

盛隆电气研发中心谢洪潮博士发布新产品

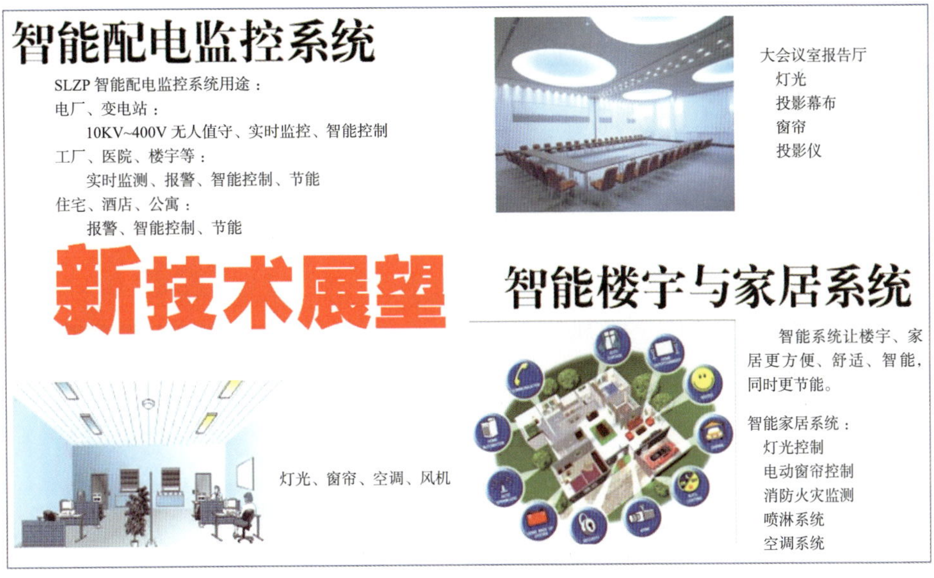

2009 年新品发布的主要内容

2014 年：大学必有大师

在讲到盛隆的成就时，谢博士引用了清华大学校长梅贻琦先生说过的一句名言："所谓大学者，非谓大楼之谓也，有大师之谓也。"是说大学之间的差距取决于大师的多少，而不是大楼有多高。盛隆大学的成就也是取决于大师的多少，盛隆大学是一个出大师的地方。

在国家会议中心召开盛隆电气发展高峰论坛暨盛隆电气成立 35 周年纪念会

2018 年：智能用电新行业

盛隆独家精准人性化服务，供给侧改革创 361 特色行。从宏微观为企业运营提供决策依据，致力于把智能化带入每一个企业级用户，帮助他们打造智慧园区、智慧学校、智慧工厂、智慧社区、智慧楼宇、智慧物业。

2018 年盛博会主题造型

2018 年盛隆电气智能用电（2018）博览会在盛创院正式启动

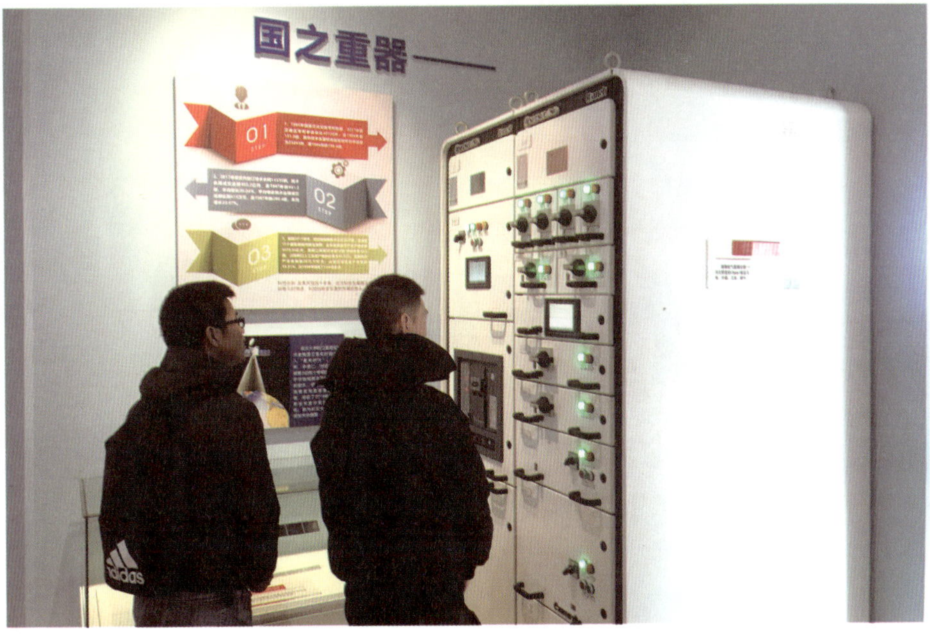

iPanel 作为“国之重器”在武汉革命博物馆展出

不忘初心，继续前进

《盛隆之歌》歌词：

五月花开红，盛世有盛隆。

群体创建大平台，携手并肩雨和风。真心圆你一个梦，真情帮你去成功。

盛隆是家园，盛隆是天空。

有爱有家更有梦，有苦有乐有成功。大道大业有你我，创新发展强盛隆。

水迢迢，山重重，盛隆沃土出英雄。豪迈走向大时代，为国为民做先锋。

我拼搏，我光荣，众人划桨破浪东，百年辉煌我的盛隆！

盛创院学员合唱《盛隆之歌》

四十年前后的变化

四十年前后的变化令人自豪且幸福，我们要感恩国家、感恩时代、感恩盛隆。没有国家、时代和所有盛隆人的支持，就不会有这四十年的跨越发展。

1979 年 10 月创业初期的工厂全貌

参加 2019 年全国硕士研究生考试（北大考点）

2019 年春节期间，董事长谢元德给全体盛隆人发送的新年祝福

各位亲爱的同事：2018 年是盛隆电气的丰收年，我和大家一样，也是我个人的丰收年。年终大会很成功。时间紧促，我没有讲话。对过去的一年，我十分满意。我的获得感、幸福感和大家是一样的。对时代、社会，对盛隆的所有同事，满怀着感谢、感恩之情。感谢大家一起努力奋斗，我在海南小诗一首，表达我此时此刻的心情，与各位同事分享。给大家拜年。祝愿大家新年快乐，家庭幸福美满！

岁末小憩到海南，
海涛声里忆旧年。
忙碌一八很充实，
铭记难忘是学研。

六十八岁上北大，
几番圆梦登燕园。
博雅塔下背英语，
未名湖畔共言欢。
参加全国大统考，
三百同学齐训练。
学府盛庆幸分享，
光华受教览众山。
天涯海角眼前景，
诗和远方不遥远。

董事长谢元德，在“光谷 30 年，创新 30 人”表彰现场与少先队员合影

盛隆电气集团董事长谢元德入选“光谷 30 年，创新 30 人”影响力人物榜单，并接受表彰。未来，盛隆电气将与中国光谷一起，继续高举科技创新、高质量发展旗帜，引领行业发展，让“盛隆智造”永远立于时代“智”高点。

今日盛隆大观

第一，契合中国特色理论新型企业的独特样本。

第二，青年老板辈出，“凤凰”企业家竞飞的金梧桐园。

第三，会通中外，“政、产、学、研、用”同盛共隆的超级平台。

第四，锻造大国重器，智能用电的新行业领军。

第五，并肩国际品牌，智慧能源管理的前沿先锋。

第六，筑梦圆梦，享有诗和远方的美好人生家园。

结束语

四十年行急步稳，百年梦有底有根，紧紧跟着伟大祖国的发展目标，前进！前进！前进进！

1.2 发展才是硬道理　十亿元的奋斗目标

——盛隆电气下一步前进的方向和目标研讨会会议纪要

2003 年 11 月 29 日

董事长谢元德：我们公司今年截至目前，实现有效订单 9500 万元，到年底实现一个亿没有问题。企业发展到这一步，尤其是北京市场的快速增长，让我作为

第一排从左至右依次是：池丛旺、曹华国、胡玉琼、李洪英；第二排从左至右依次是：罗波、徐明慧、黄敏、段春燕、杨斌；第三排从左至右依次是：尹剑飞、曾祥宏、王胜

公司的主要领导人，不得不考虑“公司下一步前进的方向和目标”这个重大问题。历史经验告诉我，在这种时期很自然会出现两种思想：一种是见好就收；一种是乘胜前进。当然，在公司的发展历史上见好就收的人，现在看来吃亏了、后悔了，乘胜前进的人中很多却创造了奇迹。尽管现在停下来，不再向前走的人，可能会很少，也可能会根本没有，但是该怎么走，前进的方向和走到什么时间、达到什么目标，不一定心中有数。这就是今天要开这个研讨会的原因。

有很多人这样讲，企业的“企”字，去掉上面的“人”字，就是“止”字。企业是由每个人组成的，要讨论企业的问题，首先要讨论企业里每个人的问题，这当然也就是以人为本。路在何方？要讨论企业下一步的方向和目标，首先要讨论的是我们每个人的需要、每个人的目标，包括短期目标、中期目标、长期目标。小池（池丛旺），你的目标是什么？你的短期目标、中期目标、长期目标，包括你一辈子要实现的目标是什么？

池丛旺：我也没有很好地考虑过，我只是从销售角度来讲，自己的命运和公司命运绑在一起，公司的发展与个人利益紧密相关。公司发展好了自己也好了，就像国家发展好了公民也好了一样。我想紧密地团结在企业的周围，让企业发展壮大。在这样一个大框架下，自己能够做更多的订单，让企业好、自己也好。

董事长谢元德：你的需要是不光要自己好，而是首先要公司好，是将企业摆在了第一位。

池丛旺：公司好了，自己才有更大的发展空间。如果大的环境不好，自己再怎么努力也熬不到头，费的周折也比较大。

董事长谢元德：小李（李洪英），你的需要和目标呢？怎么想怎么说。今天开会不是说好听的，不是说企业的需要，主要是说个人的需要，实话实说才有意义。我相信小池说的也是实话，因为他在公司干的时间很长了，他对这个事有认识了。个人取得成绩，企业情况也会好；企业的情况不好，个人也很难取得成绩。这不是虚话，也不是假话，是实话。

李洪英：对我来说，短期目标就是2008年前抓住机会，跟公司一起掘取第一桶金。

董事长谢元德：你的第一桶金是多少？你的目标是多少？

李洪英：100万，到2008年赚到100万。

董事长谢元德：杨斌呢？

杨　斌：个人和企业是紧密联系的，我想通过个人的努力，为公司作一定的贡献；反过来，公司的发展也能为自己提供更大的发展空间。作为销售而言，在北京实现个人目标，很实际的问题就是，个人的房子、车子、票子。第一桶金也是想赚到100万，这是短期目标。

董事长谢元德：100万解决不了这么多问题呀？

杨　斌：这是短期目标。

董事长谢元德：房子、车子、票子，房子有价，车子有高低，还好估计，票子就没边了，票子要多少？

杨　斌：争取做到比北京人更像北京人。未来怎么样，我个人无法预见。盛隆能发展到哪一步，就不可预计，今后能发展到多大，更是无法想象。

董事长谢元德：段春燕？

段春燕：首先是拿到更多的订单，能在北京生存下来。然后，实话实说（笑）……

董事长谢元德：肯定实话实说。

段春燕：希望自己跟谢厂长（谢清伦）一样，拥有自己的事业。

董事长谢元德：你的目标是做老板。小周（周红梅），他们说的是做销售、做经理的需要，你们是才毕业的学生，刚参加工作，你们的需要是什么？

周红梅：大家好！我刚毕业，我的需要是希望做好本职工作，然后与公司一起成长发展。

董事长谢元德：这是很短很短时间的需要。

董事长谢元德：小曾（曾祥宏），你在财务部门，你的需要是？

曾祥宏：一方面我需要给销售、生产等各方面提供更好的服务；另一方面，就是满足个人的生活需要。

董事长谢元德：罗波，你是车间来的，谈谈你的需要。

罗　波：一方面，我的需要，就是保证每个月吃饭、生活后，有多余的钱存起来。

董事长谢元德：吃饭的需要、穿衣的需要，最基本的需要。小徐（徐明慧），你的需要呢？

徐明慧：多拿订单。

董事长谢元德：光要订单，订单伴你过一生？她只需要订单（笑）。黄敏，你的需要呢？

黄　敏：跟徐明慧一样，作为销售人员，都是一样的。

董事长谢元德：睡觉做梦，都梦到订单？

黄　敏：这不也是老总希望的吗（笑）？

董事长谢元德：你们新做销售的代表谈谈。

尹剑飞：2006 年前赚到 50 万，然后……以后再说。

王　胜：希望公司后勤方面，给予销售更多的保障。我们这次做“唐山市国际科研中心”项目的标书，遇到困难。现在的发展趋势是设计院用光盘保存图纸和设计要求，标书拿回后，预算部打不开，因为时间紧急，后来章艳去密云搞了两天。我想公司在这方面要配备力量，这是我的需要，也是大家的需要。

董事长谢元德：这是一个很迫切的需要。

王　胜：然后，我个人的需要是多拿订单、多赚点钱，公司各方面都多盈利，大家一起在北京买房、买车。

董事长谢元德：以上是大家有代表性的讨论。根据马斯洛的需求层次理论：生理需求、安全需求、归属需求、尊重需求及自我实现，都包含进去了。每个人都有短期、中期、长期，不同对象、不同层次的需要，个人有这么多需要，企业怎么办？

我们公司是从零起步的，这一点新来的同志要明白。我们是从零到几千元，不是几千万，再从几千元到十万元，从十万元到百万元，从百万元到千万元，今年即将达到 1 个亿。截至目前，今年报表的数字是 9500 万，但实际不止 9500 万。因为武汉那边的报表要滞后一些，有的订单还没有报上来，还有 1 个月时间，今年 1 个亿肯定没问题。

一个亿对有些企业算不了什么，但对我们很重要，很了不起。因为起点不一样，我们是从零起步，踏踏实实、老老实实、规规矩矩、一步一步走来的。我们的走法不一样，没有任何投机，没有任何人的施舍，没有任何水分，所以说我们的这 1 个亿和有些企业的 1 个亿不是一个概念。

我们过去不到 100 万，很想达到 100 万；达到 100 万，又想什么时候能达到 1000 万；到了 1000 万的时候，我们又想达到 1 个亿。我们今年终于达到 1 个亿了，下一步的奋斗目标是什么？

刚才我听了大家的目标，要说高就算高，要说低就算低。总的来说，大家的目标比较积极。既然个人目标比较积极，企业就要适应个人，要一致。因此，企业也要有一个比较积极的目标。我们现在讨论是否将下一个目标就定成 10 个亿的目标。

公司有了这个总的目标，个人、各部、各处才能制定自己的分目标，知道自己下一步该怎么走。我们这个目标既要积极又要稳妥，如果定得不够积极，使大家很失望，个人的抱负、才能不能够发挥，那企业就不能满足个人的需要；但如果将目标定得过高，不稳妥、很难实现，对大家打击也很大。

我们现在制定10个亿的目标，是不是既积极又稳妥呢？当然，我们说10个亿，没有说多长时间完成，我们暂且不说时间吧！

大家相不相信我们能够完成10个亿的目标？杨俊丽你相信吗？

杨俊丽：我想有实力的企业实现10个亿，应该不是问题，只是时间的长短而已。

董事长谢元德：你认为多少年可以实现10个亿？

杨俊丽：我是新来的，不知道以前实现1个亿用了多长时间。实现10个亿的话，可能三四年吧！

董事长谢元德：胡玉琼，你相不相信我们能实现10个亿？

胡玉琼：我相信。

董事长谢元德：需要多长时间？

胡玉琼：大概到2006年吧！

董事长谢元德：2006年？你们都太积极了（笑）。

我们到底应该朝什么方向走，归根结底一句话：发展才是硬道理。只有发展，才能实现我们谈的很多需要，包括个人的需要、企业的需要。

第一，发展能使企业永葆青春。永葆青春，一方面指年龄青春，公司能够不断吸引年轻人；另一方面指企业永远保持不老化，没有负担，没有包袱，没有无法解决的隐患。

第二，发展能将人的作用最大化。比如小池这样，当经理招了一批人，经理照样拿订单，你的作用发挥到了极限，否则只能当个业务员，你这个经理将来做多大谁也说不清。

第三，发展能满足个人不同时期和不同层次的需要。发展才能解决企业存在的问题，只有依靠企业发展才能满足个人的各种需要。

同志们！盛隆的基础是坚固的，盛隆的架构是合理的，盛隆的文化是先进的，盛隆的机制是科学的，盛隆的人是能干的。只要大家认识上一致，在行动中相互支持，我们一个又一个的个人目标和一个又一个的企业目标就一定能够实现、实现、再实现。最后，用毛泽东主席的诗作为这个研讨会的结束语：

七律·长征

1935 年 10 月

红军不怕远征难，万水千山只等闲。
五岭逶迤腾细浪，乌蒙磅礴走泥丸。
金沙水拍云崖暖，大渡桥横铁索寒。
更喜岷山千里雪，三军过后尽开颜。

1.3 五营三角连环阵　三年规模再翻番

——在盛隆电气市场战略研讨会（上海）上的主旨讲话

谢元德　2007 年 12 月 15 日

同志们！我们这次会议的议题是认真学习领会十七大精神，总结盛隆电气的发展实践，研究确定下一步市场发展战略，启动公司的第三次创业。为实现盛隆电气百年不倒的战略目标，迈上一个新的台阶。

我主要讲三个问题。

第一个问题，关于十七大精神与盛隆的基本经验。

为什么要提出学习十七大精神？是否唱高调，装样子？当然不是。十七大解决了中国举什么旗，走什么路，达到什么奋斗目标的问题，和每一个企业、个人的前途、命运息息相关。

盛隆电气市场战略研讨会（上海）合影

十七大报告反复强调，要坚持科学发展，把握发展规律，创新发展理念，转变发展方式，破解发展难题，提高发展质量和效益，实现又好又快发展。要加快转变经济发展方式，推动产业结构优化和升级，由主要依靠增加物质资源消耗向主要依靠科技进步、劳动者素质提高、管理创新转变，促进工业由大变强，淘汰落后的生产能力，提升高新技术产业。从一定程度上讲，电气开关行业面临着企业规模、设备技术、经营管理、产业结构的改造、调整、升级换代。一轮新的优胜劣汰，强上弱下即将展开。电气开关行业将会出现新的"洗牌"，出现新的组合，新的格局。这本身就既是一个挑战，更是一个大的机遇。我们要不失时机地去竞争，去比试、较量。在这一轮很大的更新换代中，在淘汰落后生产能力，发展先进生产能力的竞争潮流中，显身手、显能量，敢于当优者、强者、胜者。敢于"攻城略地"，占据点，争市场，扩份额。这是盛隆持续稳定发展，生机蓬勃，百年不倒的需要，也是国家产业结构调整，发展先进生产能力，贯彻科学发展观，实行新型工业化的需要。上合天时，中合地利，下合人心。

第二个大问题：盛隆下一步发展的战略设想。

为了便于大家了解和记忆，我把它概括成四句话：

分兵七路扎据点，百员大将抢外滩。
五营三角连环阵，三年规模再翻番。

上面四句话的核心是第三句。什么是"五营"？即企业大本营、大基地。哪五营？武汉、北京、东莞、重庆和上海。"三角"，是指武汉、北京、上海构成的这个三角。为什么叫"连环阵"呢？因为五营三角，营营相通、角角相连，环环紧扣、环环相套。五个重镇是"中环"，北京、上海、武汉构成的"金三角"，是我们下一步要首先开发的一个"内环"。另外，这个三角周边的河北、河南、山东、山西、安徽、江苏、天津七省市连成片。这就是"五营三角连环阵"的基本意思，是我们下一步排兵布阵的大格局、大模样。

现在返回来，说第一句："分兵七路扎据点"。它的意思是说，在北京、上海、武汉这个三角周边七省市布下据点，一路一个点，五营三角构成线，三角七点连成片，多点构成线，多线连成片，形成较强战斗力，占领新区、开拓市场、打开局面。

第二句："百员大将抢外滩"。这是这个战略的中心焦点，是最重要的战略目标与战略措施。我们提出挥师东进的计划不是一年两年了。我在2001年总结表彰大会上有一段顺口溜，着重谈了开拓上海的设想。原文是这样的："中部立足创业兴，京城开发传佳音。拼搏三年人致富，挥师东进再富人。黄浦江畔多商机，浦东浦西盛隆行。摩天大楼办汇兑，功告外滩再起程。"现在，武汉、北京已经成熟。但两点成一线，成不了圈，成不了环，成不了片。如果我们能在上海发展到现在武汉、北京的水平，就可形成盛隆电气迈上新台阶的金三角、核心层、中心圈，"五营三角连环阵"就成功了一半，盛隆电气的大棋盘就更加生龙活虎、活力大增。所以，要作为主攻目标，大投入，下大力气。"百员大将抢外滩"就是这个意思。

第四句："三年规模再翻番"。就是通过近3年的拼搏奋斗，在现有5个亿总产值的基础上，到2010年达到10个亿。10亿元的奋斗目标，我们在2003年11月就提出来了，当时我们的总产值只有1亿元。按照20%的年增长率，应该在2016年达到10个亿。如果按30%的增长率，也要到2012年。但现在我们的基数达到了5亿。从2003年1亿，增加到2007年5亿，增长幅度为50%。而按2010年翻一番，即达到10亿，增长幅度是25%。在企业具备了比以前任何时候更加雄厚的物质基础，更加完善过硬的各项软硬件的条件下，这一目标，步子虽然定得比较大，但其难度并不比过去大。经过努力奋斗，各方面创造条件，加强措施，是有实现把握的。有了"五营三角"新的战略阵势，加上10亿产值的经济实力，我们就为盛隆电气百年不倒的宏伟目标，打下了更加扎实的根基，铺设了又一级重要的台阶。

提出"五营三角"新战略的具体考虑：提出这一战略，除了宏观大环境对企业的要求之外，还有一些从企业发展的实际与现状出发的具体考虑。这一战略的大前提，总的目标是盛隆持久稳定发展，实现百年不倒。

提出“五营三角”新战略的具体依据：充分发挥现有武汉、北京两个基地的作用，有利于盛隆向全国辐射发展。“五营三角”包括了中国经济实力最强、最具发展活力的东部、南部，以及发展势头强劲、正在蓬勃崛起的中部及潜力巨大的西部。

这一战略阵势有利于相互支撑，突破发展。这中间有两种特别的发力方式，包含有力学原理的发力方式，可以借力、助力，可以起到事半功倍之效。第一个效应是“弓箭效应”。我曾经给权威专家介绍，武汉地居中部，是南北枢纽，如同“弓弦”，而依托的中西部如同“弓臂”。借助中西部发力，箭头可直指长三角以及跨海越洋。第二个效应，就是借助北京基地，居高临下，由北京向外、向下发展，这就是我在 2003 年“发展才是硬道理，十个亿的奋斗目标”研讨会上讲的：“逆向开发似登山，顺向开发如破竹”，自然会有一种“京城来的”顺向顺势，势如破竹的“破竹效应”。还有我在 2003 年总结表彰会上讲的“长江、珠江、京津唐，营销先行后扎营。京汉破竹连珠响，华夏荡漾盛隆声”的“连珠效应”。再就是这种既有连环，又成网络的布局，沟通快捷、联系方便，信息、物流、资金、人员往来流通，相互支撑、彼此呼应。一个人可顶几个人，一块钱可顶几块钱，节约人力、物力、财力，实行集约化、节约化生产，充分利用资源、挖掘潜力。体现十七大倡导的“资源节约型”“环境友好型”发展。

这是从根本上破解现在营销与生产常常出现的矛盾，即解决生产难以实现均衡，造成不能准时交货，工人忙闲不均，生产资源闲置、浪费等突出矛盾的有效措施。据统计，生产系统忙闲不均，劳动量投入比例悬殊达到 8 : 1。忙时连轴转，拼人力、拼设备；闲时严重开工不足，资源闲置。这对于履行合同，保质、保量按时交货，搞好售后服务，维护保养设备，工人劳逸适度，保护健康、安全生产都十分不利。因此，必须着力解决。过去，我们只有两个基地，相互调剂，互相支援呼应比较困难，形成“五营三角”连环阵势，网络化后，就会提供方便，大大增加回旋余地。生产的集约化、均衡化，科学发展、改善结构、提高效益，就有了充分的基地保障。

在这里，我想着重指出一点。那就是这个战略是分析研究了新的客观形势、市场形势、行业形势，调查综合多方面意见，初步形成的。它的布局、阵势，包含的经营理念、指导思想，确实具有创新的内容。具体应该如何实施，有些什么机制、方法，值得深入研究，要在实践中探索、总结。还有一个广泛吸取意见，深入开展实践，逐步充实、完善、健全的过程。这是问题的一方面。

另一方面，还必须看到，这个战略阵势的提出，绝不是凭空的，绝不是一时心血来潮。无论客观还是微观，理论还是实践，都有充足的、深厚的根据和基础。理论方面，前面已讲到。从实践上看，这个"五营三角"，我们也早已考虑了、着手了。会议早有研讨，实践上已有进展。这次，我们正式以企业发展的新战略提出，既是企业发展的客观事实，是我们的实践经验，又是客观形势的要求，十分必要。对此，我们要有足够的认识，应该抱有充分的信心。

第三个大问题：实现新的发展战略的保障条件。

我们企业在市场经济的风浪中经过近 30 年的拼搏摔打、追求奋斗，坚韧不拔、锲而不舍，逐步成长壮大，取得了社会广泛公认的巨大成绩。企业综合实力大大增强，体制、机制富有活力，积累了多方面的能力、经验、智慧，已经成为一个可以跻身现代企业之林的比较成熟的企业。我们已经具备了实现未来 3 年新的发展战略的主客观条件。关于我们的优势和亮点，我们的制度、文化，已经多次讲到。今天，结合实现下一步发展战略，再简要作一下分析。

其一，我们具备了比较雄厚的企业实力。包括生产规模、设备、技术、人才等物质、技术基础。

其二，我们已经建立了一个充满生机与活力的体制和机制。前面一个条件是物质性的，属于生产力条件。生产力是第一位的，是基础。第二条讲生产关系。好的生产关系能解放生产力，保护生产力，创造生产力。我们的体制、机制基本包括三个方面：产权关系、权责利关系；分配关系；企业内部各系统、部门关系，包括上下级，领导职工关系。将来还有"三角"关系、"五营"关系，各据点关系等。

综合来看，我们的生产关系是合理的、科学的、先进的、优化的，甚至是强势的。它有以下特点：

第一，在产权关系上，吸取了不同所有制形式的优点长处，具有盛隆特色，可以成为从盛隆实际出发的新型股份合作经济，既有个体、分体明晰的产权责任，又有公司整体的承担、包容、依托、保障。

第二，在分配上，彻底打破大锅饭、铁饭碗，不养懒汉，实行多劳多得，多贡献多收入。实干者有实惠，能干者能致富。既拉开差距，又照顾到全体职工利益。发挥集体经济和企业大家庭的优越性，坚持以人为本，保障职工的合法权益和利益，让每一个热爱企业、踏实肯干的人感受到企业的温暖，干得踏实、顺心。正确处理国家、企业、个人和各方面关系。统筹兼顾、创造和谐，形成凝聚力、合力。

在这方面，我们也曾总结过几句话："统分结合，个体为基；统分共利，集强个益。"这样我们的体制、机制就有生机活力，是一个促进企业又好又快发展的机制。它是一个培养人才、创造人才，为青年人才提供发展平台，让他们快速成长，脱颖而出的机制；是一个人人可以发财圆梦，人人可以做老板，"今日是兵，明日是将，后天统帅三军上战场"的机制。从无钱的老板做起，战胜有钱的老板，做更有钱的老板；是一个形成"盛隆造英雄，英雄造盛隆"良性互动，双赢共利的机制。坚持这个机制，完美和提升这个机制，盛隆就可以生生不已，长盛不衰。

第三，有先进的、充满生机活力的盛隆文化。十七大把文化建设置于特别重要的地位，提出了许多重要的新观点。指出当今时代，文化是民族凝聚力和创造力的重要源泉，是综合国力竞争的重要因素。提出要兴起文化建设新高潮，激发全民族文化创造活力，提高国家文化软实力。这里，文化就形成了好几个重要的"力"：凝聚力、创造力、综合国力、软实力，可见其重要性。

欣慰的是，盛隆从创建的第一天，就重视企业文化。可以自信地说，我们的企业规模、市场份额、设备装备，并非都达到了全国一流水平，但我们的企业机制，特别是企业文化，绝对是全国一流的，是领先的、强势的。从我们最早提出“为四化建设出力，为人民造福流汗”，后来提出“盛世同襄盛举，隆情共创隆图”“创大家干事业最理想的天地，生活最美好的乐园”，还有我们企业文化规定的“表层文化：温暖和谐，昂扬向上；中层文化：科学合理，易知易行；深层文化：追求卓越，奉献社会”。我们的这一整套文化，十分科学、完整，既有先进性，又有群众性；既有理念性，又有操作性。它反映出了盛隆对企业文化建设的重视与成熟。因为我们体会到企业文化的重要，所以一直长抓不懈，不断创造、建设。有一句广告词说：“思想有多远，我们就能走多远。”从盛隆发展史看，我们没有任何物资设备、资金技术方面的优势，有的仅仅是不服输、不信邪、不怕苦的一口气，要突破、要发展的一股劲。这是我们唯一的优势，这也就是盛隆文化、盛隆精神的源头。

盛隆精神、盛隆文化在 30 年中，发挥了引领、凝聚、提升、创造、激发的重要作用，变成了巨大的物质力量。没有这种文化的力量，光靠简单的吃苦、蛮干，战胜不了市场经济的惊涛骇浪，我们也不可能成为胜利者。

今天的盛隆不断发展壮大，各方面形势发生了很大变化。盛隆文化、盛隆精神的地位作用改变了吗？没有。要说有，就是更加提升了，突出了。这也就是前面所引十七大的观点。在这个问题上，2004 年，我听到东莞公司李涛讲了一段话，至今印象深刻。他说：“我喜欢盛隆文化。在盛隆干，才是个真正的人。”这短短一句话，道破了盛隆文化的秘密，说到了核心和实质，有大道理、大学问。这就是“以人为本”的大原则，这是盛隆长盛不衰的根本源泉。在过去那么落后、穷困、艰难的条件下，不知有多少条件比盛隆好的企业都垮了，而盛隆一步一个脚印，由量变而质变，发展壮大起来，就是盛隆的先进文化激励了精神与灵魂，带来了凝聚力、创造力。这应当成为盛隆继续发展的法宝、传家宝。

其三，国家的宏观政策，大政方针对盛隆的发展更为有利。前面讲到，十七大强调科学发展观，淘汰落后产业，用先进技术改造传统产业，实行资源节约型、环境友好型生产，总之“好”字优先的发展，这些都有利于盛隆参与竞争，争取新的机遇和市场份额。因为多年来，盛隆一直坚持先进的企业发展方向。国家的宏观调控政策，为我们推行新的发展战略，创造了合适的宏观环境。

国家关于东部率先发展、西部大开发、中部崛起等宏观发展战略，也为盛隆提供了有利的外部环境和战略机遇。从一定意义上讲，我们的发展战略正是在国家宏观战略指导下研究制定的，就是要与国家宏观战略“接轨”。因此，国家发展，我们就发展，国家成功，我们就成功。

无论专家权威，还是普通民众，无论是中国自身，还是国际世界，一致看好中国经济，认为中国将会长期持续稳定发展，质量、效益将不断提高。这也将是我们良好的外部条件。

第四，我们还将在加强企业三大系统（营销、生产、管理服务）上采取一系列切实有力的措施。明年扩招各方面人员 500 人，进一步加强、优化我们的硬件和软件系统。还有一些什么有利的条件和保障，我不再逐一列举，大家还可进一步分析。

同志们！盛隆电气从家乡起步，到枣阳、到武汉，是第一次创业。从武汉到京津唐、到珠三角，是第二次创业。现在我们拟定了“五营三角战略”，可以视为第三次创业。这是盛隆电气百年不倒迈上的又一级坚实台阶。

我讲过，盛隆的基础是坚固的，盛隆的架构是合理的，盛隆的文化是先进的，盛隆的机制是科学的，盛隆的人是聪明能干的。我们的内部条件、硬件，比历史任何时期都强，我们的信心，比任何时候都足。十七大报告说，机遇前所未有，挑战也前所未有。机遇大于挑战。这一论断也非常适合盛隆。我们这次拟定的战略发展计划，比较放得开，步子比较大。但与前两次创业比，难度不见得更大。可以说，它是一个解放思想、态度积极，有一定困难的发展战略计划，又同时是一个实事求是，有充分主观客观依据，能调动盛隆人更大积极性，有把握可以实施和实现的战略发展计划。

希望大家珍惜这次上海会议的难得机会，积极思考，分析困难和有利条件，论证这一计划的可行性，建言献策，使这次会议能够集思广益，集中盛隆人的智慧，广泛调动一切积极因素，把我们下一步的发展战略制定得更加科学、合理，积极可靠。把会议精神变为推动企业实现第三次创业的强大动力，为创造新的辉煌业绩，打下牢固基础，向盛隆电气百年不倒迈出更加关键坚实的一步。

谢谢大家！

1.4 盛隆豪情闯天下 科学发展建乐园

——在2008年庆功大会上的讲话

谢元德 2009年1月18日

令人难忘的2008年即将过去，我们即将跨入象征强壮力量的牛年。

2008年对中国来说，是极不寻常、极了不起的一年，被国际舆论称为“中国年”。南方冰雪、汶川地震，北京奥运、神七飞天。这一年既有大灾大难，又有大功大喜，应对了非同寻常的风险和挑战，办成了非同寻常的惊天大事。这使我们更加热爱我们的国家，信任我们的党，对我们的生活和未来更加充满信心。

在这不平凡的一年里，我们盛隆电气也有可圈可点的表现。在汶川地震灾害中，盛隆人充满爱心，积极捐款。我们立足自身岗位，参与奥运场馆设施建设，这是值得盛隆人自豪的事情。

盛隆电气2008年庆功大会在北京瑞海姆酒店隆重举行

下面我将讲三个方面的内容，包括对2008年的回顾、对2009年的展望和未来十年的规划。

笑傲风暴送零八

2008年，一场从美国华尔街引发的金融风暴迅猛席卷全球，震惊世界。在世界总体经济下滑、紧缩、走冷的情况下，如何定位盛隆的地位、发展、对策，这是我们辞旧迎新首先必须研究的问题。

在过去的一年中，我们认真学习领会和贯彻党的十七大精神，坚持科学发展观。经过科学调查论证，广泛吸收公司广大干部、职工的聪明智慧，我们绘制了盛隆电气第三次大创业的宏伟蓝图。它的主体内容体现在上海会议提出的以“五营三角连环阵”为主体的市场布局计划，该计划是一个中长期战略发展目标。下半年以来，逐渐蔓延全球的金融危机给世界经济以巨大冲击，这对我们的计划有一定的影响。尽管如此，我们在这一年的发展和运行还是令人欣慰和乐观的。在巨大的金融风暴袭击下，大批企业破产倒闭，而盛隆电气虽然也感受到了冷风、凉气，甚至一些寒意，但我们没有“冷得发抖”，也没有“感冒发烧”。多年以前，我们公司就实现了零负债率，我们不靠银行贷款，而完全是依靠公司自有流动资金经营运转。这样，我们就好比砌起了一道避开金融风险，确保资金安全运行的“防火墙”。我们不存在资金链断裂的问题。

温总理说过，信心比黄金更重要。有句俗话说：“态度决定一切。”一个企业的精气神，决定企业的成败。我们在这种环境下，建起武汉、北京两个结构厂，并且已经投产。又正在北京建10个亿的生产基地，有3万多平方米，3栋大厂房，还有办公楼、住宅楼，将于2009年3月投入使用。为什么我们迎难而上？就是对盛隆的发展有信心。今天的盛隆与过去相比已不可同日而语，预计我们通过短暂的休整、练兵备战，又会迎来一波好的发展时期，所以我们要做好生产能力的充分准备。对于盛隆的2008年，我们可以用四句话来总结：

生产系统兵强马壮，
营销系统精兵强将。
管理系统充沛军饷，
市场广阔士气昂扬。

“以变应变”迎牛年

这里我要讲讲“变”与“不变”的辩证关系。世界在变，中国在变，盛隆也在变。有一句老话“兵来将挡，水来土掩”，就是以变应变，以招对招。但是，还有另一句话“以不变应万变”。就是说企业的根本宗旨、精神文化是不能变的。这次董事会是以“改变”为主题召开的。改革开放 30 年，盛隆拥有了大量新成就、新经验，同时也有新矛盾、新问题出现。这就需要深化改革，解决新矛盾、新问题，实现企业的新进步、新跨越。在这一理念的指导下，我们相继出台了一系列改革措施：

《资金配置与风险控制管理办法》和《董事会和营销队伍建制的改革决议》

文件规定：在公司注册 300 万资金，即授予董事、总经理职务和营销处建制，赋予和享有相应的责、权、利。我们将其定位为具有划时代标志意义。这一意义体现在两方面：

第一，从制度上设计、明确，公司总经理都变成真正的老板，是具有经济实力、有经营能力、有领导水平，能决策、能拍板的实力派老板。千金重担众人挑，公司综合实力增强，管理更加民主集中，公司运作灵活有效，公司风险分散、化解，都将是重大的改革。

第二，构建起公司大中有小、小中有大，更具有活力、有弹性的组织架构。

这一文件的出台，使我们过去很早设计的公司架构：大中有小，小中有大，有机结合，灵活弹性的架构，有了制度的保证。这一制度特别对公司的财力资源这一经济大权的民主分权做出具体设计、规定。这一制度的出台，使公司过去一直在运作的模式："统分结合，个体为基；统分共利，集强个益""鸡生蛋，蛋生鸡，整体生分体，分体生分体。"有了更加坚实的基础，就能够更有效地去实现目标。

我们不但可与星级同行竞争，也保持了与最小的同行、最小的厂家具有竞争上的绝对优势。俗话说："不能伸缩是个虫，能伸能缩能成龙。"有弹性才不僵化，才有生命的活力。把"小"做"大"是本事，是能力；把"大"做"小"，是智慧，是境界。

美国总统奥巴马的当选，是美国社会包容文化的胜利。他是美国有史以来第一位黑人总统。世界在变，中国在变，盛隆也要改变。2008 年 12 月 14 日，董事会进行了一场关于营销人才标准的大讨论，大家畅所欲言，十分热烈。大家思想更加明确、更加务实。我们在人才选拔上要坚持"实践是检验真理的唯一标准"，必须更加重视实战型人才。在这一理念指导下制定出的制度，使从"士兵"到"将军"只一步之遥，最基层的员工可以凭借自己的努力，走向盛隆电气的最高殿堂。

营销管理新举措

公司在总结多年市场管理经验教训的基础上，相继出台了《盛隆电气武汉市行政区域市场管理制度》和《盛隆电气北京市行政区域市场管理制度》。新制度对项目保护指标发放的规定更加民主，更加公平合理，更加科学，更有激励效果，新制度还有利于团结协作，有利于减少资源浪费。新制度强调所保护的项目只能成功，不允许失败，所保护的项目，必须由精兵强将进攻或把守。做好一个项目，不能像过去那样仅仅依靠一个人单枪匹马，孤军作战，处总经理要对所保护的每一个项目负总责，要集合一个处的力量来做，对一些特别的项目，将采取重奖重罚，尤其与不该败的竞争对手竞争时，如果败了，对处总经理要重重地罚。当然还有其他措施，确保 2009 年大大提高武汉市场占有率。

2009 月 15 日，我们在武汉召开了营销系统总经理会议，对 2008 年的营销工作做了深入的总结，对下一步的市场做了充分的分析，做出了 2009 年的订单计划，特别强调了营销系统所肩负带动生产的责任和义务，确保 2009 年有效订单的增长。会议还决定从 2009 年 2 月起，于每月最后一个周六上午 9 点，定期召开武汉市场总经理例会，例会内容以武汉市场交流研讨为主，由各董事总经理轮流召集主持。

2009 年，我们的工作重点是“金三角”大战。为了鼓励开拓新市场，董事会还决定，2009 年在“金三角”六省设定奖金 200 万元，重奖取得战果的功臣英雄。

生产管理新规定

生产系统年底借机修整，练兵备战，加强了各方面的培训、考核、淘汰，进行了管理制度的改革，出台了一系列的措施，我们相信这些改变必将起到很好的效果。

这里，我再用八句话来概括展望 2009 年：

零九三角大会演，北京武汉是主战。
市场管理新举措，生产管理创新篇。
士气高昂军饷足，拓展六省英雄显。
盛隆豪情闯天下，科学发展建乐园。

十年规划四大战　稳打稳扎五连环

为了把“五营三角连环阵”的战略部署继续向前推进，为了使这一战略具有可操作性，我有个初步设想，可供大家参考，即采取“十年规划、四大战役”的实施方案，力求把“五营三角连环阵”稳步推进，落到实处。我在这里作一个简单的说明。

十年规划表明“五营三角连环阵”是一个中长期战略计划。全面实现这一战略部署需要历时十年。这十年是指 2008 年至 2017 年。这十年，初步考虑分为上下两个阶段，“四大战役”阶段，具体时间为 2008 年至 2012 年。可以称为开阵、布阵、建阵、立阵的阶段，也可看作是第一个五年计划。这是关键性、决断性的阶段。第二个五年计划，是发展、完善、巩固提高的阶段。第二个五年是建立在第一个五年的基础上，时间相隔也比较远，所以现在不可能看得很清、考虑很细，只能是有一个基本定位。

我们首先要把第一个五年计划好、部署好、落实好。第一个五年的基本任务就是开阵、布阵、建阵、立阵，把“五营三角连环阵”散开、布齐、建妥、立稳。为了实现这一任务目标，准备分四步走，也就是打“四大战役”。

第一大战役（2008 年）：分兵七路扎据点，百员大将抢外滩。

可以说，去年我们在世界经济金融中心大上海点了一把火，插进去了一只脚。五营三角中，战略重镇上海这个“金角”已经进行了“预热”，就像建大楼，已经打进了一批基桩。这将是连环阵的核心生长点。“一把火”将形成燎原之势。通过一年努力，我们已经布下“东大营”。“七个点”的部署也初步展开，有了轮廓。

第二大战役（2009 年）：零九三角大会演，北东中部大营连。

2009 年，我们的工作重点是“金三角”大战。郑州董事会制定了北上、南下、西汇、东合的战略战术，即武汉北上，北京南下，上海西汇，北京、武汉、石家庄、太原、郑州向东同济南、合肥、南京、上海会合。加强点线联系，线面互动。先让北大营、东大营和中部大营连成一片。

第三大战役（2010 年）：扎营重庆连甘陕，撑起西北一方天。

重庆是国家开发西部的枢纽中心城市，是一个经济发展最快的国家直辖市。在这里扎下大营，就能带动四川、陕西、甘肃甚至内蒙古、新疆、西藏等。

第四大战役（2011—2012 年）：四营共进南营会，凯歌奏响五连环。

2011 年，连环阵的北部（北京、天津、唐山），中部（武汉、郑州、济南），东部（以上海为中心，包含南京、合肥、江苏），西部（以重庆为中心）有的羽翼丰满，有的打下基础，可以联手并肩南下，与南营的东莞会师，把南营做大、做强。

经过两年奋斗，我们的“五营三角连环阵”，就基本上达到“撒开、布齐、建妥、立稳”这一目标，真正实现营营相通、角角相连、环环相套，结成链、织成网、形成体系，胜利实现了第一个五年计划的要求。再经过下一个五年努力，把这一网络体系进一步建设、充实、完善，使之脉络活、气血畅。这样做能使资源、能量、信息得到整合、融合、升华，发生乘数效应、倍数效应，形成大气候、发出大能量，产生强大的造血功能，为大盛隆提供源源不绝的动力、活力。

在这里，我想强调的一点是，这个“十年规划、四大战役”的关键，就是 2009 年的任务，即“零九三角大会演，北东中部大营连”。第一，北部、东部、中部是中国经济版图举足轻重的龙头和腹地。能否抓住重大商机，能否在激烈的竞争中站稳脚跟，取得主动，关键看我们在北部、中部、东部的表现和绩效。第二，北部、东部、中部是“五营三角连环阵”的核心圈，直接决定连环阵能否布得开、扎下根、运转好，决定着西部、南部大营的发展。所以，一定要把 2009 年的工作抓紧、抓细、抓扎实。

下面简单讲讲，提出“十年规划、四大战役”的根据。

第一个根据是客观事物的规律。办事必须有步骤、有计划、有重点。饭要一口一口吃，路要一步一步走，仗要一仗一仗打。这样做，就是为了按计划、按章法，才不会胡子眉毛一把抓，打乱仗。

第二个根据是主客观条件。我们在武汉、北京已建成了牢固的战略基地，所以上海就成了我们构成“金三角”的关键。有了北京、武汉、上海这个强大的“金三角”，进军重庆就有了更强大的基地、后盾。而后再南下广东，就更加顺水顺风，事半功倍。

第三，这不但是摸着石头过河，而且是踩着石头过河，搭起桥来过河。毛主席说，不打无准备之仗，不打无把握之仗。有了这“四大战役”，我们实现了“五营三角连环阵”的战略部署，就能做到胸有成竹、手有实力、脚踏实地、稳扎稳打，少走弯路、少受损失。

最后，我们实现建立“五营三角连环阵”的指导思想、根本途径、具体措施、有利条件是什么？这个问题，我在上海会议已经比较详细地分析和论证过。这里再简单地提一下。

指导思想：就是坚持科学发展观，按照建立“资源节约型、环境友好型”社会的要求来建设、发展企业。做到低投入、低消耗、低成本，高效能、高环保、高回报。赢得客户，赢得市场。

根本途径：进一步解放思想，深化改革，完善激活相关体制、机制，充分调动职工的积极性。

具体措施：全面加强三大系统建设，加强职工的“充电”教育培训，提高综合素质，提高软硬件的科学含量、技术含量，大量吸纳运用先进的工艺、技术、设备等。

有利条件：国家巨额投资拉动内需，支持企业发展；公司有良好的制度、机制、企业文化；公司有良好的社会形象、社会信誉；公司的综合实力大大增强，不断增强；公司职工藏龙卧虎能人众多，是一支有优秀传统，过硬作风、能打硬仗、人才辈出，战功赫赫的队伍。

2009 年，对所有向往脱颖而出，实现跨越式发展的盛隆人都是一次好机遇。俗话说，英雄面前无困难，困难面前显英雄。盛隆的英雄好汉就是敢于迎接挑战，敢穿深府大院，敢见高官名流，敢于攻坚啃硬，敢于夺冠称雄。现在，我们的“金三角大战”为盛隆英雄提供了用武之地。英雄开创新市场，新市场造就新英雄，这就是英雄造时势，时势造英雄。

开发新市场对年轻人来说是一次极好的机遇。因为“老资格”虽然有优势，也有负担、顾虑，年轻人“光脚板，赤脚不怕穿鞋的”，没有包袱，可以大胆尝试。

失败一次无非从头再来，没有什么了不起的。在郑州会议上，我提出了公司的“六种新现象”，其中之一是：“后来者居上”。目前，北京、武汉、上海、东莞，都比较明显，名次排在最前的基本都是新面孔。所以我相信，在2009年，一定会出现一批新的营销英雄、新的将军。

盛隆的历史和实践案例证明，盛隆的机制、平台是一个造就人才，英雄好汉层出不穷的平台，是一个出神话的地方。“今日兵，明日将，后日统帅三军上战场。”所以我们一定要有信心，有勇气，满怀信心迎接挑战，把握机遇，精神抖擞地走向明天，创造自己的未来，创造新的美好生活。

同志们！2008年是中国改革开放30周年，2009年是我们公司成立30周年。盛隆是改革开放的产物，是与中国改革开放同步成长、前进、发展的。我们是中国历史新时期的参与者、开创者、见证者、受益者。我们的国家越来越强大，盛隆电气也会做大做强。回顾过去，我们充满自豪、感恩时代；正视现在，我们有成果、有喜悦；展望未来，我们有信心、有蓝图、有梦想，更有辉煌。让我们更加团结，更加努力！

1.5 在盛隆电气创建 30 周年庆典大会上的讲话

谢元德 2009 年 5 月 2 日

首先，我代表盛隆电气对尊敬的各位领导、嘉宾，在百忙之中远道专程赶来，放弃与亲友团聚共度五一佳节，与我们一起共庆盛隆创建 30 周年，表示热烈的欢迎和衷心的感谢！

盛隆电气创建 30 周年庆典合影

在这美好的五月，处处生机无限，大地万紫千红，身处金碧辉煌的钓鱼台国宾馆，回顾盛隆创建发展的 30 年历程，我感慨万千，心潮难平，内心充满感谢和感动。

经过全体盛隆人的艰苦奋斗，盛隆如今业务网络分布全国十几个省市，每年向国家纳税 2000 多万元，参与并圆满完成了北京奥运场馆工程，国家南水北调大型水利工程，中央军委有关工程等一大批国家重点工程项目，受到用户的肯定和称赞，在电气成套设备行业里，初步确立了盛隆品牌。

在当前国际金融危机袭击下，盛隆不但没有减产裁员，而且在北京、武汉一直在扩大招收员工。这既是我们扩大生产规模的需要，同时也是响应国家号召，扩大就业、为国分忧、为民造福、共克时艰。

盛隆敞开胸怀，广纳四方英才，恭请天下英雄，拜专家、教授、院士为师，拜有知识有经验和一切内行的人们为师。盛隆是家园，更是校园，形成了尊重知识、尊重人才、渴求学习、渴望成才的浓厚氛围。在盛隆这个大学校里，对电气、对经营了解不多的外行或是迈出校门不久的学生，在实践中学习锻炼，学科学文化、学经营管理，经风雨、见世面，成长快、上手快，历练成为能熟练操作现代设备的新一代产业工人，现代企业的管理者，在商海中劈波斩浪、潇洒自如的经营高手，成为年轻有为的经理、老板，还有的成为出入高等学府殿堂、向大学生传道授业的兼职教授。至于说买楼、买车、入住名流社区，在盛隆更不是新鲜事。这种 30 年前连做梦也不敢想的事，变成了普遍、活生生的现实。这种巨大的变化，可以用毛主席的两句诗来形容："虎踞龙盘今胜昔，天翻地覆慨而慷。"

更值得一提的是，经过 30 年的努力，我们创造性地建设了具有盛隆特色的公司组织、管理、分配、运行体制；建设了使盛隆充满活力、和谐的企业精神、公司文化；形成了增强企业凝聚力、创造力，能促进人才脱颖而出，人才队伍源源不绝、迅速成长的各种有效的激励机制，这是比高级厂房、高科技设备各种硬件更重要的生产力，比真金白银更珍贵的无价之宝、无形财富。这是盛隆电气最重要的价值，核心竞争力。正是因为具备这一点，我们可以不夸张地说，盛隆电气无论从硬件还是软件，从物质条件到精神条件，都已经步入现代科技企业的行列，这是盛隆历史性的跨越和变化。

我想就我们公司几次庆典会议的地点说几句。1989 年庆祝盛隆成立 10 周年，会议在枣阳召开，成为当时枣阳市的一大新闻；1992 年公司移师武汉，在东湖开发区扎下大营。1994 年我们在湖北省社会、政治中心洪山礼堂召开了公司成立 15 周年庆典；1998 年公司挺进北京。1999 年 5 月我们在国家社会、政治中心北京人民大会堂，召开了盛隆创建 20 周年庆典。时隔 10 年，今天，我们又走进金碧辉煌的宫殿，全球政治家风云际会、世界关注的焦点舞台——钓鱼台国宾馆，庆祝我们的盛隆 30 周年大喜的日子。

不需要更多地列举事实，无须讲更深奥的道理，任何人都可以从“枣阳—洪山礼堂—人民大会堂—钓鱼台国宾馆”，这几个辉煌里程碑构成的线路图上，清楚地看到盛隆大踏步跨越式发展前进的足迹。这是不断突破各种封闭、突破地域空间限制，走向开放的足迹；这是由发展的低级阶段向中级阶段攀登，并且一步步向高级阶段攀登的足迹。这一线路图生动说明，我们认准的方向、所走的道路是正确的；我们所付出的努力、留下的脚印是坚实的，我们的进步与成绩是明白无误的，是获得了国家、社会公认的。我们应当感谢我们遇上了盛世，赶上好的时代。这是国家的巨大进步，历史的沧桑变化，是 30 年改革开放的缩影。

我们要特别感谢广大客户，是你们的支持、认可，给予了我们不断进取攀登的信心和勇气；是你们的鼓励和鞭策，推动我们不断提高质量、降低成本、改进服务、精益求精。我们的一切成绩，都饱含着你们的信任和关爱。我们要感谢供应厂家对我们多年的支持，要感谢各级政府、社会各界，特别是包括中国科学院院士在内的众多专家、教授对我们的多年支持和帮助，还要感谢家乡父老的关心和爱护。

盛隆的成就依靠的是天时、地利、人和。但是，事物发展的根本动力在内因。盛隆 30 年发展的道路，还是依靠盛隆人一步一个脚印走到今天的。盛隆的成就的背后，是盛隆人的集体心血和智慧。我们这次庆典，请盛隆的员工当主角，到钓鱼台国宾馆隆重亮相，讲述自己打拼、奋斗、创业的故事，倾诉酸甜苦辣、刻骨铭心的人生感悟。用他们真实、切身的感受，唱响我们的《盛隆之歌》。“盛隆是家园，盛隆是天空；有爱有家更有梦，有苦有乐有成功”。这是盛隆真实、鲜活的历史，是对盛隆30年最好的庆祝和纪念，是赠予盛隆家园最珍贵的礼物，是启迪后来者、年轻人的生动活教材，是值得所有盛隆人永远珍惜的宝贵精神财富。

古人说，三十而立。就是说一个人到了30岁，应该有了自己的事业家庭，自己的生活轨道和社会地位，进入了完全成熟、完全独立的阶段。盛隆没有辜负和虚度30年，走过了30年的风风雨雨，已经成为一个独立成熟的现代企业。不只是立于湖北，而且立于北京，立于中国的中部、东部、西部、南部各个省市。我们承担起了属于自己的一份社会责任，为国家、人民做出了应有的贡献，交上了一份比较合格的答卷。同时，我们也赢得了国家、人民、社会各界的肯定、鼓励和多方面的支持。这首先是全体盛隆人30年艰辛拼搏、不懈奋斗的结果。借此机会，我要代表盛隆董事会和公司管理层向几十年来为盛隆付出辛勤劳动，贡献了心血智慧的全体盛隆人表示真诚的感谢，致以崇高的敬礼！你们是盛隆的创造者，是盛隆的功臣，盛隆的主人。你们的爱心与付出将与盛隆30年的历史同在！

“我拼搏，我光荣，众人划桨破浪东，百年辉煌我盛隆”，这是《盛隆之歌》的歌词，也是盛隆的历史和未来，是我们的奋斗目标和发展宣言。在公司创建25周年时，我们就提出了“百年不倒”的口号，在筹备30年庆典的过程中，我们把这一口号发展为“百年辉煌”，比“百年不倒”更主动积极，更雄壮响亮。这是对我们的战略、战术，对盛隆的每一个部门、环节，提出了更高、更严、更科学的要求。

2008年和2009年，我们围绕“五营三角连环阵”这一战略目标，做了研究部署，提出了“十年规划、四大战役”的实施方案。在国内外经济受到世界金融危机的巨大冲击下，许多企业停产甚至破产，但是我们盛隆还在发展、扩张、做大做强，可以说雄心勃勃。这表明了我们的追求，我们的战略，更表明了我们的基础，我们的实力，我们的信心。

展望未来，一个规模更加宏大，技术更加先进，市场占有率更高，综合实力特别是自己独特的核心竞争力更加强大，国内一流、世界知名的盛隆电气集团，清楚地展现在我们眼前。这将为盛隆“百年辉煌”打下更加坚实的基础。

今天，我们高唱盛隆之歌，登上了钓鱼台国宾馆。这是时代对盛隆人的肯定和褒奖，是盛隆人的光荣和幸运。同时，这又是一份更加沉甸甸的期望和责任。我们站到了一个更高、更新的起点上。我们有责任把盛隆的历史继续推向前进，书写新的篇章，创造新的纪录。站在钓鱼台，应当有更高远的眼光、更宽广的胸怀、更宏大的担当、更壮阔的雄心壮志，看到人外有人、天外有天。看到新的目标、新的高峰在前面等待我们去实现、去攀越。给自己提高要求、压重担子，迎接新挑战、创造新辉煌。一步一个脚印，扎扎实实地实现“诚信跨越百年峰”“百年辉煌我盛隆”的战略目标。

同志们！不久前，我们纪念了改革开放 30 周年，再过几个月，我们将迎来中华人民共和国成立 60 周年。盛隆 30 周年与这两个历史性的时刻高度重合，盛隆是中国历史新时期的参与者、开创者、见证者、受益者，盛隆与国家人民同呼吸、共命运。国家强，则盛隆强；人民富裕兴旺，盛隆昌盛兴隆。

现在，我以一首七言诗，表达我对盛隆 30 周年大庆的祝贺，表达我对所有关心、支持盛隆的社会各方人士，对全心全意为盛隆作奉献的全体盛隆人的真诚感谢。

盛世盛隆三十载，
庆典喜登钓鱼台。
金碧辉煌岂空叹，
江山锦绣情满怀。
三十而立责任重，
报国为民展雄才！

1.6 确立“一体三委”盛隆大纲 奠定“百年辉煌”制度保障

——在盛隆电气集团广州会议上的主旨报告

谢元德 2009 年 12 月 12 日

2009 年即将过去，这一次会议有三大议题。一是回顾并总结 2009 年公司的全面工作；二是研究制定 2010 年的工作计划目标；三是最重要的一个议题，研究我初步概括提出的“一体三委”盛隆大纲，把我们公司以制度建设为主体的总体建设提高到一个新水平、新阶段，为盛隆百年辉煌大业奠定坚强、扎实、稳固的基础。

盛隆电气集团确立“一体三委”盛隆大纲研讨会

关于 2009 年的工作

今年是公司成立发展 30 周年，各方面的工作卓有成效，可圈可点，亮点很多，超出预想计划。主要有以下几方面：

第一，全年订单接近 10 个亿，比 2003 年提出的“2012 年或 2016 年达到 10 个亿”的目标大大超前。

第二，“五营三角连环阵”“四大战役”按计划稳步推进。科学布阵、整合资源的模样和效能已经开始显现，阶段性成果已经完成。

第三，公司 30 周年庆典隆重辉煌、成功圆满，总结了经验、扩大了影响、鼓舞了士气。《盛隆之歌》唱响大江南北，声震京汉。

第四，在北京、武汉开始试行了“一体三委”的制度建设，是盛隆大纲的可贵实验与可喜开端。我们知道，2009 年是世界金融危机继续蔓延的一年，不少企业关门、破产，日子难过。在这种严峻形势下，盛隆逆势而上，如此大踏步超常发展，是一种奇迹。这里面是一种综合因素、综合实力起作用，但最核心的是企业的体制和机制。盛隆要百年不倒，创百年辉煌，关键是要弘扬、完善、巩固有盛隆特色的体制和机制。

关于明年和下一步要考虑的工作

具体的计划、内容、安排，我想请我们盛隆大纲的“一体三委”共同商议、决策。我在这里着重谈一下思路上的考虑。最重要的一点，我认为就是确立“一体三委”盛隆大纲，奠定“百年辉煌”制度保障。这是我们 2010 年最重要、最核心的一件工作，因为它关系到盛隆百年辉煌的战略目标能不能落实，有没有保障的问题。

可以开诚布公地告诉大家，我现在的所思所想、所言所行，不管是千方百计还是千头万绪，不管是千辛万苦还是千言万语，归根结底，只是为了一个目标、三个战略。一个目标:“百年辉煌”;三个战略:“五营三角连环阵”市场战略，“十万大军”人才战略，文化制度战略。

近几年，盛隆的发展与业绩十分可观，公司如同一部开足了马力的战车，南北驰骋、东西征战，动作很大、手笔很大、影响很大。古人云，文武之道，一张一弛。事物发展的客观规律是波浪式起伏，螺旋式上升，量变、质变交互进行。要认识规律、尊重规律，按规律办事。

经过一段主要表现为量变的快速发展（不等于其中没有质变，只是未表现为主导、主体的方面），需要更多地考虑怎样实现质的、新的突破、上升、发展。我们要在欢呼声中保持冷静、清醒，在大发展、大成绩中看到弱点和不足。我们要站得更高、看得更远、想得更深。从全公司、全体盛隆人，甚至从全国范围、世界范围认识、分析、考虑问题；从观念上、体制上、制度上、模式上、路线上，认识、分析问题；从今后五年、十年甚至百年的长远时间段认识分析、考虑问题。这样我们才能不为一时、一地、一部门单位、一个人或少部分人的现状、现象所局限，提高认识问题、处理问题的客观性、科学性。“人无远虑，必有近忧。”“不谋全局，不足以谋一域。”都是讲的这个道理。在北京举办的大型管理干部培训，就是本着这一想法付诸实践的一个举措。

经过一段时间的快速发展,要注意企业的安全、质量、档次;要回顾、总结、突破、提升，进一步上台阶；要为新的大发展找准方向、开拓路径、设计对策、制定方法;要有一些重要的举措、大的措施，来为发展蓄积充分的能量，上好足够的保险。本着这一点想法，明年要着力抓管理、提质量、上档次;在制度、质量、队伍、思想、能力上加强、巩固，成为一个管理年、质量年。

关于“一体三委”的盛隆大纲的基本内容

根据对公司30年发展建设经验的回顾，尤其是对近几年多种体制、机制创新的分析、总结，结合实现公司“百年辉煌”战略目标面临的新形势、新要求，我感到有必要把这几方面加以综合、整合，把过去实践、探索的成功经验归纳、整理、提炼、上升，成为具有条理性、规律性、制度性的东西，成为大家具有共识，能够操作、实施，大家共同掌握，共同参与、分享的公司治理、管理法宝，成为盛隆大纲。

经过一段在北京、武汉的实验，我觉得很有意义、很有价值、很有前途。当然，目前还是初步的、粗线条的。今天，在这里向大家先做一个说明，希望大家共同关注、认真思考、积极参与，促进它的完善、发展、提高。

它的基本内容可以概括为是让我们公司的营销、生产（技术）、管理三个系统的运转，实际上是整个公司的运转，走向更为规范、更为科学的制度化轨道。把公司的整体素质、效能提高到一个新档次。

这一被我初步命名为“盛隆大纲”的公司组织架构体系的大体内容如下。

第一，按地区设立营销总经理委员会。组成人员为各部门的营销总经理，市场办主任担任委员会秘书长。说直白一点，这就是公司的“群体老板会议”。其主要职责是汇总、研讨、决策公司以营销为核心的重大问题，包括经营及市场状况、动向、矛盾；相关信息、经验；队伍管理建设等。确保营销这个企业发展前进的火车头马力充足、强大，发动机运行健康有力，给整个企业发展提供持续长久强劲有效的动力。

第二，按地区设立技术委员会。组成人员为总工程师，设计室主任，质检部门主管等，总工程师任技术委员会主任。主要职责是设计、掌控、贯彻公司质量控制体系，把好质量检验关，确保公司质量控制并不断提升质量。

第三，按地区设立管理委员会。这是一个综合性公共部门，除以上营销、质管以外的其他职能系统的监管、掌控，都归入管理委员会，包括行政、财务、劳动人事、公关安保、企业文化等，组成人员为各部门负责人。其职能是控制、协调、综合服务，为公司各行业的“演员”提供一个设施设备完善、支持服务到位，环境良好和谐的“演出舞台”，使他们能放心地、放开地尽情展示；维护公司的正常运转秩序，确保公司的全面安全，保持公司良好的内外形象，从而使企业这部大机器正常、安全、有效地运转。

为了表达的简练、方便，可以把三个组织并称为“三委”。这“三委”的具体工作形式是每月最后一个周六举行工作例会。营委会（营销总经理委员会）采取“主席轮值制”，即每次会议的主持者由参加的营销老总轮流担任。“技委会”则采取主任负责制。“管委会”主任暂由董事长兼任。

所谓“一体”，即公司董事会是各地三个组织的总负责，是公司最高决策、权力机构。三个组织的意见、提案、计划、决定，都必须对董事会负责，由董事会审定、核准、拍板，方能生效实施。

盛隆已经建设发展 30 年，一直都在开放、改革、创新，体制、机制、管理一直都是与时俱进的，也是公司内外一致称赞肯定的。那么，这次我们提出“一体三委”的意义何在、价值何在？为什么把它提升到盛隆大纲的高度呢？根据我们初步的认识分析，我觉得可以从以下几点来理解。

其一，这是为盛隆几十年实践、探索建立的有特色的公司体制，寻找到一个简便有效、易行的实现形式，并使之制度化。所有制性质是企业体制最核心、最本质的内容，决定着企业管理的所有方面。盛隆归谁所有决定着盛隆的走向、兴衰。这个问题，所有的盛隆人都关心，我也几乎在所有的重要场合逢会必讲。我多次明白无误地告诉大家，盛隆绝不是董事长个人的，也不是管理层少数人的，而是全体盛隆人的。我们当然不是国有制、全民所有制企业，但我们也不是私有制，甚至与社会上典型的股份所有制也不一样。我们是具有盛隆自身特色的，集中了其他所有制形式优点的综合所有制。

12 年前，我就比较系统地讲到盛隆体制的创新发展。2003 年，我又讲到这个问题。这些年，我们一直是这么讲，这么做，没有走偏、走歪。我曾经归纳了四句话说明我们的体制模式：“统分结合，个体为基；统分共利，集强个益。”从我的指导思想上，就是要把具有中国特色的社会主义道路与盛隆的具体条件、具体情况结合起来，让它在盛隆落地生根、开花结果。再进一步说，就是要把社会主义倡导的以人为本，社会利益、注重公平为导向，与资本主义的金钱货币资本杠杆、个人利益导向、竞争促进效率相结合；达到公平与效益两者兼顾，国家、企业、个人三方共赢的良性互动、和谐发展的全面效果。我认为，这是盛隆 30 年发展的基本方向，是盛隆成功的基本经验。

现在，我们建立这个“一体三委”的制度，正是把盛隆成功的体制、机制，进一步制度化、易操作化，稳固和成熟化。它的特点是把原本较为分散，比较易于受到个人个性、禀赋等随意性影响的一个个个体老板，有机地组合起来，成为一个紧密的老板联合体。在这个联合体内，任何一个老板，不管本钱、资本再大，资格再老，也不能一个人说了算，你只有一票的权利；但它不会限制个人的才能智慧，不会影响、埋没任何一个老板的真知灼见。相反，通过联合体，会使这些积极因素成倍、几十倍放大，发挥出更强大的作用。当然，如果是有问题的、有风险的、有错误的方案、计划、建议、行动、就会在联合体这个强大的“评审团”面前充分暴露，受到批评、抵制、加以“拦截”，把问题、风险解决在萌芽状态，极大地消除隐患、减少损失。

也就是说，让每一位老板的权力，其正面作用最大化，其负面作用、消极影响最小化。从另一个角度说，也就是把资本与社会，把个人与集体，把效益与公平很自然、融洽地结合起来。再说彻底一点，在盛隆，不管任何人，包括董事长、总经理，如果你爱护盛隆，建设盛隆，帮助盛隆，你就有很大很大的舞台、空间，会得到超过你本人能力无数倍的组织、集体的帮助、拥护、支持；反过来，如果可能损害、危害企业，你也必然遭遇重重关卡。尤其是，有了这种老板联合体，任何单个老板的去留和行为，他个人的素质、好恶、性格都不会从根本上影响、动摇企业的发展。这对于从制度上保障盛隆百年不倒、百年辉煌显然有重大意义。

其二，这是把盛隆特色的企业文化制度化、易操作化的有效形式。文化是企业的根、企业的精气神。对于盛隆文化，我们也有不少讨论、概括。但如果用最简单、精炼的语言表达，我认为还是我们在 15 年前提出的“盛世同襄盛举，隆情共创隆图”。这里说的盛世，不仅仅是一个时间标志、时代概念，而是指我们的企业文化要吸纳盛世精神，利用盛世机遇，包括环境、制度、政策各种资源。而“隆情”也不是一种简单的感情、情绪、精神表现，而是说企业的向心力、凝聚力、创造力、生机活力。这里的关键词是“同襄”“共创”。无论是客观、外部宏观的有利环境，还是企业职工渴求发展的热情、士气、都只有通过“同襄”“共创”才能变为“盛举”“隆图”，即实际的经济效益、社会效益，造福于职工、企业、社会、国家。“一体三委”的制度最直接的特征，最鲜明的表现，就是公司的大政方针是“共襄”“同创”，不是老板拍板、个人专断，而是集体智慧、科学程序，不是“眉头一皱，计上心来”，也不是个人爱好、心血来潮、即兴发挥、随随便便。这样的策划、决定，更能符合实际，反映民意、凝聚人心，实施起来更顺利，效果也会更好。可以说“一体三委”把软文化变成了硬制度、铁规矩，构建了把文化实力变成经济实力、综合实力的宽阔平台和阳光通道。

其三，让盛隆的决策系统、执行操作系统、管理监控系统进一步走上规范化、制度化的轨道。“一体三委”能充分调动每一位经理人、老板、职工的积极性，民主、科学、广泛、充分、严谨地将群体的智慧、力量集中起来。通过这一制度形式，更好地体现公开、公平、公正。在三个委员会中，再大的老板，也只拥有一票的权利，可将其身份在一定程度上还原成一名普通的员工。而且这种“委员”身份、“老板”身份不是固定不变的，其大门向盛隆的每一名员工敞开。只要你的实力或能力达到了，随时可以获得老板的身份和权力，得到在“三委”中的发言权、参与权、决策权。在这样的机制、体制下，老板不可能有居高临下、高人一等、为所欲为的权力和平台；而普通员工也不会觉得自己的权利、命运全都掌握在老板手中，一举一动都要看老板的眼色行事，抱着压抑的心情干活。

这种身份平等，公平参与，各有发展路径、机会的体制、机制、氛围、文化，是企业动力、活力、生命力、创新力最重要的来源，最根本的保障。它可以把正面的积极因素放到最大化，同时，对于消极因素又形成强有力的抵制、修正、破解、删除机制。这对于企业的强劲发展、安全发展、科学发展、绿色发展、和谐发展具有根本意义。

正因为上面的几点分析，这个“一体三委”就具有纲领性作用。纲举目张，把这个基本的制度抓住，我们的三大系统就有了条理，有了规矩，有了准头，有了灵魂，整个公司这部大机器就会安全、有效运转，不会出大的问题。所以，我们暂且把它命名为“盛隆大纲”是有道理的。

哪怕这个人非常了不起，是伟人，制度好，好人会更好，不会干坏事，坏人不敢也不能干坏事；制度不好，坏人如鱼得水，会兴风作浪，变本加厉，好人也可能会变坏。制度的重要性，在于它是生产关系与生产力的连接纽带和转化桥梁。缺少制度，制度不好，生产关系再好，也是悬空的，不能真正影响生产力，保护、促进生产力。同时，生产力也只能是分散杂乱的，组织不起来，不能产生应有的效果、效率。大至国家，小到企业，没有制度这个规矩、章法，就会是混乱的、软弱涣散的，成不了方圆、结不出正果。

保持盛隆百年不倒，实现三个战略目标，靠什么？要靠营销、靠生产、靠科技、靠管理、靠队伍、靠能人，因素很多，但最根本的，还是要创造形成一个好的制度，包括体制和机制。什么是好的制度？有这样几条基本要求。

第一，效率与公平的统一。两者应兼顾，缺一不可。

第二，激励与约束的统一。凡有利企业的积极、正面因素，应得到鼓励、支持、促进、放大、强化；反之则被批评、抵制、封杀、解除、惩处。

第三，与时俱进与强化稳定的统一。制度不可能一成不变，成为僵化的条条框框，应该有自我改进、完善的空间，善于随着形势吸收新鲜因素；但不能过于灵活，更不能随意解释改变，朝令夕改，随领导人的性格、脾气、心情而改变。

从以上几条分析，我们的“一体三委”体制，是符合这个原则方向的。当然前面说了，目前还只是粗线条、初步的。如何充实、完善、细化，还要待在座各位、全体盛隆人的探索、实践、努力。但是，对于这一制度的意义、价值，我们要有足够的重视、珍惜。它是盛隆建设发展 30 年实践经验的积累与总结，是全体盛隆人智慧心血汗水投入付出的成果结晶。绝不是什么人一时心血来潮、灵机一动就提出来了。盛隆持续长久、安全健康、积极和谐的发展，不是靠某一个因素，某一个人,而是靠以“一体三委”为核心的盛隆制度体系。抓好盛隆大纲的建设完善，按照大纲治企治厂，以制度保证盛隆百年不倒，实现“五营三角连环阵”市场战略，“十万大军”人才战略，以及文化制度战略，这就是我们最近一个时期和今后长远的任务。这个任务完成好了，企业就比较能经受得起风吹雨打，甚至风浪变化，百年不倒、百年辉煌就不仅仅是说在嘴上、写在纸上、贴在墙上，而是扎根在每一个盛隆人的心中，扎根在盛隆的每一个决策、计划、行动中，每一个部门、单位、班组、环节里。这是任何风浪吹不垮，任何人事变化带不走的。

1.7 基本制度共遵循 百年辉煌必成真

——在“颁行《盛隆电气集团基本制度文件》仪式”上的讲话

谢元德 2012 年 8 月 25 日

经过北京饭店董事会讨论通过，后又广泛征求意见，反复斟酌审议，认真编辑修订，《盛隆电气集团基本制度文件》现在正式在集团公布颁行。今天，我们隆重地举行这个颁行仪式，就是要求集团所有员工充分认识其重要意义，认真学习理解、深入领会宣传，结合部门、个人实际，切实贯彻执行，充分发挥其特有的强大作用。

《盛隆电气集团基本制度文件》颁发仪式

关于《盛隆电气集团基本制度文件》的价值、意义，“编印说明”做了概括：文件反映了盛隆体制、机制、文化的基本内容，是盛隆几十年不懈奋斗、艰辛探索的宝贵成果，是所有盛隆人心血、智慧的结晶和共同意志的集中表达，是盛隆最重要的精神财富和软实力，是盛隆持续、稳定发展，实现百年不倒的基本大纲和可靠保障。希望大家在学习时能切实加以领会。结合这个说明，我再就几个基本观点，讲讲我的认识、体会。我认为，我们必须牢牢把握和确立以下三点基本的重要的认识：

第一，基本制度的颁行，宣告富有时代特色和盛隆特色的盛隆企业体制、机制、文化已经基本成熟，正式确立。这是我们对中国社会主义特色企业体制创新的一份贡献。

盛隆是改革开放、探索创新的时代产物。在 30 多年的创业发展中，我们不唯书、不唯上、只唯实。不受条条框框束缚，一切从盛隆发展的实际出发，敢于突破、敢于创新，走前人所没走过的路。30 多年风风雨雨、起起落落，不知多少大牌企业、创业英雄被淘汰了，但是盛隆站住了、发展了、壮大了。说明我们的探索、创新是成功的，我们的道路是正确的。实践是检验真理的唯一标准，我们的体制、机制、文化是具有真理价值和意义的。

怎样认识盛隆的体制特点呢？我们不是国企，不是私企，不是股份制，不是一般人认为的民企。拿现在社会通行的框框套，我们都套不上。但是我们不是石头缝里钻出来的，我们是中国这块热土上土生土长而成的。我们是“土特产品”，生命力强、营养丰富、风味独特。既不盲目照搬现成模式，又充分吸取各种体制、机制的优点和有效、有用元素、成分；既敢于标新立异、打破流行套路，又反映、遵循社会主义性质要求；既是盛隆特色，又是中国特色。其中的核心意义是，我们的体制、机制、文化，较好地处理了国家、集体、个人三者的利益关系；权力、责任、利益的关系；统与散、合与分的关系。把各方面的积极性调动起来，发挥企业各种要素的能量和作用；灵活而不散乱，有序而不僵化；使生产关系能动地、积极地服务和促进生产力的发展。这是盛隆体制的生命力、活力所在，也是盛隆建设、发展、壮大的力量所在、秘诀所在。

社会主义市场体制、企业体制并没有一个统一、固定、绝对的模式。党和国家一直大力倡导解放思想、大胆探索、勇于改革创新。经过30多年艰苦探索、创新形成的盛隆体制，也许只是百花园中的一朵，但它是盛隆人心血、智慧的结晶，具有无可替代的独特价值，是盛隆人对时代、社会，对改革创新的贡献。

第二,《盛隆电气集团基本制度文件》的颁行，是盛隆电气走向以法治企、以德治企的里程碑。

社会学专家和历史学专家认为，人类社会的治理经历了神治、人治、法治几个阶段。企业的治理，我们现在基本处于人治、法治并存，相互交错的状况。其发展趋势应当是法治取代人治，并且德治、文治越来越重要。

几十年来，我们在大力发展营销、生产的同时，一直在花同样的力气甚至更大的力气，探索创建独特的体制、机制、文化。我们一直有一个明确目标，就是绝不能以人治企，必须要以法治企，以德治企。基本制度的颁行，是我们30多年来艰辛探索的成果，经过实践检验证明，它是正确、可行、有效、必需的。我们现在举行这个颁发仪式，就是要进一步宣示它的正确性、真理性，明确它的法规性、权威性，大力推进它的贯彻应用，发挥它的效能威力。

以法治企，以德治企，绝不仅仅是董事长、董事会的责任。而应当是每一个部门、每一位员工，企业整体都应当确立的观念，奉行的法则。我们要把基本制度的学习、遵行，从少数人推广到多数人，推广到全体员工，从不自觉的、被动的、局部的行动变为自觉的、主动的、全面的学习、了解、实行。努力达到人人知晓了解，个个坚持奉行。把以法治企、以德治企的根深深扎到盛隆的热土民心中，这是战略之策，百年大计。

第三,《盛隆电气集团基本制度文件》的颁行，为盛隆百年不倒、百年辉煌保驾护航。

实现盛隆百年辉煌的目标，是每一位盛隆人时刻关心的问题。我们颁行基本制度，就是为解决这一问题提供制度保障。盛隆前 30 几年的发展，主要不是靠个人的个性和特长的发挥，不是个人人治的结果，而是发挥了体制、机制、文化的作用。因此我们要特别重视制度建设，有了好的制度就要尊重和维护它，树立它的权威。有了制度的权威，就会制约人治。制度会挑选人，制约和改造人，淘汰人。人的差别性、消极性对事业产生的不利影响，就会限制到最小。

无论从成熟度、成效性、公认性，我们都可以将现在颁行的盛隆基本制度比喻为“盛隆宪法”。我们要以“集团宪法”的高度确立它的权威。我们坚信盛隆体制制度的正确性、生命力，也就对盛隆百年不倒充满信心。在盛隆体制探索、创立的过程中，实现了 30 多年的超常发展。在这一体制更加成熟、完善的今天，在各方面条件更加提高、改善的今天，充分发挥这一体制的作用，它一定能为今后 30 几年、甚至更长年代的发展保驾护航。

有些同志担心现在的体制以后会不会改变，实践已经给予了回答。它顺应时代发展的方向和社会潮流，符合广大盛隆职工的根本利益和需求，是真理、是规律。要说变，只能是进一步健全、完善、发展，绝不会从根本上改变。我们的“盛隆号列车”，马力会越来越强大持久，道路会越来越通畅宽阔。

下面我用几句顺口溜结束讲话：

盛隆成功世所钦，制度创新是本因。
艰辛探索结硕果，实践检验炼真经。
创业靠物更靠制，治企依法不依人。
基本制度共遵循，百年辉煌必成真。

1.8 让一度电创造更多 GDP 让智能用电使幸福生活更幸福 让智慧能源使美丽中国更美丽

——盛隆电气集团 2012 全国“三委会议”主旨讲话

谢元德　2012 年 12 月 8 日

各位同事，党的十八大是中国关心、世界关注的大事。在十八大前后，我一直在思考党的十八大召开与盛隆发展的关系。通过逐步深入地学习、贯彻十八大

盛隆电气集团 2012 全国三委会

精神，我越来越感到，十八大不但给中国、给世界带来重大机遇，为我们盛隆发展也带来了重大机遇。我们一定要提高认识、敏锐把握、科学谋划、正确应对，抓住宝贵机遇，实现盛隆的突破式跨越式发展。以下，我围绕这一主题，讲几点意见和看法，供大家讨论参考。

新口号　新理念　新商机

首先，说新口号。这就是会场会标上的三句话。也印在了发给大家的《智能电网技术》这本学习资料书的页面上。这三句中的第一句，是 2012 年 11 月 23 日《楚天都市报》报道盛隆“创新企业跨越路径”的大标题。第二句、第三句是我学习十八大精神后，结合盛隆实际，为我们未来发展提炼、归纳的我们新的发展方向、发展路径。

为什么说它是新口号呢？我们盛隆以前没有提过，也基本没有见到过、听说过。它只能在中国的十八大以后出现。但是，说它新，更重要是指它包含的新理念、新商机。

其次，关于新理念。第一句话“让一度电创造更多 GDP”的含义就很丰富。作为电气设备供应商，在传统概念上，只是生产、提供质量合格、安全适用的设备，保证电能通能用。至于你怎么用，耗高耗低，一度电创造多少 GDP，那是你的事，与我无干系。更谈不到与你的幸福、美丽有何干系。想也没人往这儿想。现在这一口号，就把商家与客户，供方与用方，企业与社会，原有的隔阂、界限打破了、拆掉了，对方成为同方，两家成为一家。企业的资源、能量、市场、领域、机会，也就大大打开、拓展、广阔了。

第二句话和第三句话，“幸福生活”“美丽家园”，人人热爱、家家向往、处处追求、时时需要。而没有电，一切都无从谈起。列宁说，共产主义就是苏维埃政权加全国电气化。电是幸福生活、美丽家园的动力和神经。世界辉煌的一半是电创造的，但是，电对幸福生活、美丽家园的关注、关心、关切，对它所做的贡献，还远远不够。还有许多空白点，许多未知的、未被发现的空间，这就是广大的商机，是我们的关注点、创新点、新的生长点。它把我们的目光从产品生产、营销，引向人民生活、公众生活、社会生活的各个环节，幸福追求的方方面面，美丽家园的角角落落。这是无限广阔的天地，没有边际的市场，无穷无尽的空间。回顾电力产业的发展，家电产品的发展，无一不是因为与幸福生活、美丽家园挂钩，才创造了空前发展、巨大跨越的传奇。

总之，这一理念把经营为本与以人为本统一起来；把企业本位与社会本位统一起来；把科技产品的设计、生产、服务与人们的日常生活、衣食住行、文化娱乐、精神消费、追求爱好、幻想、梦想结合了起来。实现从传统制造商向服务商的转变；从单纯销售产品到提供知识、信息、技术、效能，保障，综合性、全方位服务的转变。毫无疑问，这是很大的突破，根本性的变革。

最后，关于新商机。新的理念就是新的空间，新的空间就会产生新的方式、新的项目、新的产品。这也就会形成新的需求、新的市场。这可以说是可以预见，能够分析得到、自然的发展链条，必然的走向趋势。

我要强调的是，上面提出的新口号和理念，与党的十八大精神一脉相承，是十八大精神在盛隆的具体化，应天时、合地利、顺人心。它本身就包含着巨大的动能、势能，是党和国家、社会、群众的要求，是必须要实行、一定能实行的，是符合客观规律，必然会开花结果、走向成功的。

我们提出的新的发展理念，与十八大相关的内容很多。简单说几点。第一，科学发展观。更节能、更环保、更高效、更人性化。这正是盛隆电气新的发展追求。第二，以人为本，民生第一。让人民生活更幸福、美好。更大的民生投入，更多的民生工程，这就是机遇，就是市场。第三，2020 年建成小康社会。大力推进工业化、信息化、城镇化、农业现代化，无论哪一化，都离不开电气化。这对电气行业是全球难找的空前需求，无比巨大的市场商机。第四，大力推进生态文明建设，建设美丽中国。这就是对绿色电气、生态电气、智能电气的呼唤。就是需求、是商机。此外，十八大的许多内容，都能与我们所提出的发展理念、发展主题挂上钩。

海尔电器老总张瑞敏曾经说，没有成功的企业，只有时代的企业。所谓成功，不过是踏准了时代的节拍。我想盛隆过去的成功，正是“踏准了时代的节拍”。要继续这种成功，就要响应十八大的号召。我们之所以提出三句话的新的发展理念，就是因为这是贯彻十八大精神，呼应十八大发出的时代的节拍。只要踏准了、跟上了、弘扬了这个时代的节拍，你就有滚滚而来、潮流汹涌一般的商机。

演大戏　盛隆要扮演有特色的角色

新的形势下，时代呼唤绿色电气、生态电气、智能电气。国家电网公司老总刘振亚主编的《智能电网技术》一书中也证明，这是电气行业紧跟时代节拍的一场大戏。登上这个舞台，参与这个大戏，企业才能与时俱进，可持续发展。只有认清自己的角色，演好自己的角色，才能在大舞台、大戏中占有一席之地，取得发言权、发展权、主动权、优胜权，才能把新的发展理念落到实处，把握新的机遇、抓住巨大商机，实现跨越发展、突破发展。

首先，我们应理解，电气行业的升级换代，如智能电网等。其开发建设，是错综复杂、艰巨浩大的系统工程、综合工程、社会工程，涉及政府、企业、行业组织、科技研究、社会管理、广大群众、消费群体等众多方面。电气行业的升级模式绝不仅仅是一两个垄断巨头，能垄断、包揽，可以包打天下的。只要我们有特色，有能力，这台大戏就会欢迎我们，甚至不能缺少我们。

《楚天都市报》在报道盛隆时，标题中用了三个创新：定位创新、管理创新、技术创新。华中科技大学经济学院院长、博士生导师徐长生点评说，盛隆成功的奥秘在于成功地实现了三级跳。三个创新正是我们实现三级跳的基本途径和经验，也是我们参与新时代电气创新变革大戏的传家宝。这三个创新加上盛隆体制、机制、文化，我们就拥有一个其他企业所不具备的特别身份，就能扮演一个别的企业演不了、演不好的角色。《楚天都市报》报道我们的“定位创新”是“做其他企业所不能做”，就是说有唯一性、无重复性，这就是特色。

在传统的经济体制下，经济上有什么大举措、大动作、大项目，一是靠行政、靠政府，再就是靠国企，特别是垄断性的企业。但事实证明，行政命令型、国企垄断型，虽然经过多年的改革，但还存在一些问题。改革到位不是一朝一夕之功。但我们盛隆有与生俱来的机动性、灵活性、创新性、“草根”性。不但吃苦耐劳，还敢想敢干，敢于破旧立新，敢做第一个“吃螃蟹”的人。你放不下架子，我没有架子；你挑肥拣瘦，我肥瘦通吃；你嫌苦怕累，我用户第一，信用至上；你因循守旧，抱残守缺，我随机应变，与时俱进，不断改革创新。这样，我们就能巩固老客户、吸引扩大新客户，不断发现商机、把握商机、用好商机，巩固市场、拓展市场、积小胜为大胜，创品牌、树形象、做大做强。

《楚天都市报》所讲的“做其他企业不能做”，主要还是指的尊重客户，满足客户工期，吃苦加班这种精神。我们不会满足这种状况。我们要做一个有特色的角色、精彩的角色、高端的角色，做别人扮演不来、顶替不了的角色。要更加朝观念领先、科技领先、品质领先、服务领先的顶层设计、智能高端方面去创新、攀登。那样，我们就会成为一台大戏的主角、灵魂人物、台柱子。盛隆的百年辉煌，就会成为众望所归、不争而来、水到渠成的事情。

全面创新升级　让盛隆的每一分钟创造更多的 GDP

我们一直强调，也一直在创新。但达到生态电气、绿色电气、智能电气，实现会议主题的三句话理念，要有更高层次、更加全面、更有力度的创新。

要进一步创新观念。要从造箱子、柜子，卖箱子、柜子向创造并且销售观念、思想、方案、服务品牌转变。要让软实力在企业发展中发挥更大的作用。要看到新的商机、新的经营方式、新的服务项目、对象。观念变了，眼光就会不一样。以前没问题，可能看出问题，以前没商机，可能看出商机。稀土过去就是泥土，懂行了，就知道是宝贝。

要创新技术、创新生产、创新管理营销。怎样让一度电创造更多的 GDP？

就是增加科技含量、文化含量、服务含量。同样一斤铁，造锤子、锄头是一种GDP；造手表、电脑又是一种GDP；造航空、航天高级仪表的则更高。这要求全面创新提升。我现在着重讲两点创新。

关于企业运转方式、经营方式的创新。生态电气建设要依靠改革、开放、创新、合作。我们要善于和政府合作，与电力系统合作，与施耐德等国际知名企业合作，与清华大学、华中科技大学等高校合作，与广大客户、用户、中间商合作。合作能产生新的生产力、新的能量、新的效率、新的成果、新的机会。今后，我们要善于和多个角色合作，唱多幕戏、连续剧、唱大戏。

关于营销方式的创新。单卖箱子、柜子是一种营销方式，卖思想理念、设计品牌、服务方案，卖科技尖端、高端产品，肯定要求新的经营方式。这里重要的一点区别是，传统营销是用户产生需求，提出要求。供货方是被动响应，以用户所想为想，生产销售用户需要的具体产品，最多是提供售后服务。用户给你多大一个舞台，你就只能使用多大舞台。而新的营销方式，很可能是供货方要先想用户所未想，先急用户所未急，发现用户尚未发现但是对用户的发展很有价值、很重要的需求。为用户、客户操心明天“幸福生活、美丽家园”的所需，并且帮他们策划设计，把潜在的消费需求挖掘出来，变成现实的购买需求。

这就是社会发展、科技发展创造出智能消费品、高端消费品，以及智能、高端消费方式以后，必然要求的营销方式转变。供货厂商要由被动地满足客户需求，提升为主动帮助用户开发需求、发现需求、设计需求，创新、实现新的需求，甚至实现梦想、超越梦想，引领消费潮流。由被动地跟随市场、适应市场，提升为主动地开发商机、创造商机，创造新的市场，影响以至引领市场走向。“低手跟市，中手争市，高手做市”，如果能够创造商机、创造市场、引领市场，则必定能把握先机、占据高端，取得话语权、主动权甚至支配权，不战而屈人之兵。

在学习十八大精神，思考电气行业和盛隆电气创新发展的过程中，我们经过反复琢磨，提出了作为这次会议主题的三句话。我反复自问，用这几句话作为我们的发展方向，会不会是空话、大话？在思考和琢磨中，我想起30多年前刚刚创业起步时，我们打起的牌子上的两句话："为四化建设出力，为人民造福流汗。"当时，这两句话也可能有人认为它是空话大话，但我们就是把它坚持到了今天。盛隆能发展到今天，这两句话的指引、鼓舞功不可没，我们见证了这两句话蕴涵的真理和能量。

今天，我们各方面的条件与当年不可同日而语。但我们需要继承、发扬当年那种不甘平庸落伍，登高望远、爱国爱民、胸怀天下的精神。企业做大了、个人致富了，敢想敢干、勇创一流、艰苦奋斗、奉献社会的创业精神不能丢、不能松。会议主题的三句话与30多年前的两句话同根同源，一脉相承。从"草根"创业的艰苦环境开始，盛隆能够做大做强。今天，我们的综合实力比当年不知强了多少倍，天时、地利、人和的有利条件，不知好了多少倍。有强有力、助推发展的内外环境，有政府及社会各方面的支持，有盛隆30多年的雄厚基础，我们今天的三句话是有理有据、有情有义、有血有肉、有彩有神的话，一点也不空。我们一定能实现新的发展理念，在创建生态电气、绿色电气、智能电气、幸福电气的突破性、跨越性发展中，在使幸福生活更幸福，美丽中国更美丽的辉煌事业中，做出盛隆人独特的、不同凡响的贡献。

今天，我们在武汉二妃山庄召开2012年全国"三委"干部会议，感到亲切和踏实，更感到充实和振奋。相信大家会在本次会议中再现头脑风暴，产生更多的创新成果。前不久在出国考察期间的多次会议讨论中，我一直坚持倡导也坚持认为，干部思想创新升级，盛隆电气做大做强。现在我用一段七言诗结束这个讲话：

智能电气创神奇，度电超产GDP。
幸福生活更幸福，美丽中国更美丽。
中外市场大无比，宏观微观尽商机。
创优争先看盛隆，百年辉煌举大旗！

谢谢大家！

1.9 盛隆电气国家级 科技服务举大旗

——纪念盛隆电气创建 35 周年

谢元德 2014 年 3 月 30 日

跨入国家级企业行列是全体盛隆人的光荣使命

2013 年 7 月 18 日，武汉市委领导在一个小型座谈会上，对包括盛隆电气在内的与会者发出召唤，希望在座企业努力建成本土国家级企业。这是政府和社会对我们盛隆电气的最大鼓励与鞭策，也是对盛隆 30 多年奋斗拼搏的最大肯定与褒奖，更是对盛隆电气今后一个相当长时期企业发展目标与前进方向的明确策划与定位。

盛隆 35 年的历史，是不断拼搏、攀登，向主流企业、国家级企业目标奋进的历史。30 多年来，我们提出了不同的奋斗口号和发展目标。但是，没有明确提出国家级企业的口号和目标。这是因为，无论外部环境和内部实力，都还不具备条件，或者说条件一直没有完全成熟。但是我们每一天的努力，每一步的前进，都是奔着这个目标，通向这个目标的。这就像一个胸怀远大目标，执着追求、锲而不舍的运动员，脚步不停、奔跑不止，向往打破一个又一个纪录，向往着不断提升，由乡县而省市，由省市而国家，由国家而世界。

国家级企业，就是“国家队成员”，当然不是地区级、省市级，也不仅仅是专业级、行业级，而是综合的、系统的、全面的。代表着国家水平、国家实力、国家规格、国家形象。具体来说，它要包括基础设施、厂房装备、生产规模、产品质量、市场份额、绩效贡献，要有人才队伍、品牌影响、社会美誉，更要有体制机制、发展战略、企业文化。总之，硬实力要硬，软实力要强。能打旗、能领军，特别要有技术、品牌、质量、服务方面的核心竞争力，有独立自主的核心知识产权，能抢占科技和产业发展的制高点。能承担国家急需的重大科技发展任务和关键项目，在国际市场和产业行业领域占有一席之地。

有这么一个说法："松下是日本的左脸，三菱是日本的右脸。"世界正是从这些有巨大国际影响的企业巨头来认识日本的。一个企业获得了国家级名片，也就相当于获得了市场的权威认证，意味着进入了国家主流队、主力队，可以与国家同发展、共进退，有最大的发展空间、最优的生存环境，能够在激烈的市场竞争中占据高端的有利地位。这对于一个企业健康、稳步、长期可持续发展，是最有力的支撑，最有力的保障。对我们民营企业来说，这是我们从创业打拼的那天起，就当作最大的梦想来追求的。我们一直有一个隐忧，怕落伍、怕掉队，更怕被边缘化、另类化。时时希望有一个公正、公平、平等的竞争发展环境，盼望有一个强有力的政治、政策保障。我们现在与国企获得了同等的竞争平台、发展环境。和过去相比，有了很大变化。我们的使命就是，经过五年或更长的一段时间努力，通过全体盛隆人的奋斗拼搏，成为当之无愧的国家级企业、国家队成员。那样就可以为盛隆赢得一个长期稳定发展的内外环境，为国家和社会做出更大贡献，为盛隆人开创更加灿烂美好的未来。

盛隆创建国家级企业的有利条件

巨大的改革红利

盛隆的创建得益于党的十一届三中全会的改革春风。经过35年发展，我们又迎来党的十八届三中全会新一轮的全面深化改革，迎来打造中国经济升级版的新机遇。国家每一项新的改革举措，都会为企业发展注入新的活力，对企业提出新的更高要求。这次十八大三中全会明确提出了公有与非公有经济都是社会主义市场经济的重要部分，要毫不动摇支持、鼓励、引导非公有经济发展。要把市场经济的基础性作用提升到决定性作用，还要发展公有与非公有相互融合的混合所有制经济。非公有制经济的地位进一步显著提升，与公有经济的政治差距大大缩小，两者的等级界限进一步淡化，处于同等重要的地位。这对于我们盛隆是又一次思想观念和生产力的大解放、大促进。为我们开辟了新的增长和发展空间，打通了一条条新的发展途径。

30 多年建设发展的坚实基础

无论是物质基础、装备厂房、产品质量、生产规模、市场占有率，还是体制、机制、企业文化；无论是人才队伍、专业力量，还是企业品牌、社会形象、舆论关注，盛隆都已经成为一个国内著名、广泛认可，蒸蒸日上、蓬勃兴起的新兴企业，处于本行业的第一方阵。正因为这样，省市领导才会向我们发出建设本土国家级企业的召唤。无论从哪方面，我们都处于企业三十几年发展的最佳状态，处于冲击“国家队目标”的最佳位置。套用一句老话，我们准备了三十几年，现在是时候了。

最重要的是，30 几年我们培育了深入人心的盛隆精神，建设了硕果累累的盛隆文化。其主题就是《盛隆之歌》所唱的：“水迢迢，山重重，盛隆沃土出英雄。豪迈走向大时代，为国为民争先锋。”其核心就是“追求卓越，奉献社会”。我们不甘落后、拒绝平庸，看高的、想远的、干大的、创新的。困难面前有盛隆，盛隆面前无困难。30 多年来，我们创造了一个又一个新的纪录，攀登了一个又一个高峰，书写了一个又一个传奇。今天我们已经成为一个综合实力达到较高水平、具有一定核心竞争力，日益走向成熟的现代企业。现在的外部条件、宏观环境，十分有利于企业的跨越发展。从内部说，经过扎根养力、破关聚力，我们正处于能信发力的最佳状态。我们一定能不辜负国家和社会的厚望，攀登新的高峰，创造新的辉煌，书写新的传奇，实现跨入国家级企业行列的新目标！让我们向国内外市场和全社会，喊出我们响亮的口号：盛隆电气国家级，科技服务举大旗！

1.10 不负高评厚望 扎实推进提升

——在“学习苗圩部长批示、《中国工业报》典型报道，扎实推进盛隆电气全面提升主题演讲会”上的讲话

谢元德 2018年8月18日

各位同事！上午好！

中华人民共和国工业和信息化部部长苗圩，最近对盛隆电气给予充分肯定，并做出重要批示。代表中国工业领域国家声音的核心主流媒体《中国工业报》，精

学习苗圩部长批示、《中国工业报》典型报道，扎实推进盛隆电气全面提升主题演讲会

心策划准备，以特别郑重高端的形式，在 2018 年 7 月 30 日，刊发大版面专题报道，全面推介、高度评价盛隆电气创新发展的典型经验及模式。我看到这些材料后，既感到欢欣鼓舞、心潮难平，又觉得盛隆肩负的责任更加关系重大，心生敬畏。

如何理解、认识部长批示和国家级媒体的重磅报道？以什么样的行动和方式回应国家和社会的关注、厚爱？怎样扎实推进我们的全面提升，做到无愧于“大国之筋骨”“中国工业榜样”的崇高称誉？这是近些时来一直在我脑海萦绕的问题，也是全体盛隆人需要认真思考、积极面对的问题。这也就是我们今天会议的主题。前面好几位同事做了演讲，结合自己的实际，对我所提出的问题做了分析解答，各有特色亮点，对我们大家都有启发。下面，我就自己的思考，讲几点认识体会。

工信部的批示和典型报道　是对盛隆模式的高规格表彰与点赞

首先，工信部是国家最高工业主管部门，中国工业报是中国工业的喉舌。它所发出的声音，代表着国家、中央。其次，这一报道，不是日常性一般新闻报道，而是在《壮阔东方潮　奋进新时代　庆祝改革开放四十年　致敬中国工业榜样》这样具有历史关键节点意义的特别策划专栏中出现，具有特别意义。最后，盛隆典型报道，是作为特别专栏的开栏之作、开篇之作出现的，具有独一无二的特殊性、代表性，是一篇亮相、点题之作，关键之作。门槛里有门槛，重要中挑重要。突显这一报道在编导者、主持者心目中的特别分量和地位。无疑也是对报道主体——盛隆电气高规格、重磅级的表彰与点赞。

工信部的批示和典型报道　是对“盛隆精神”的规律性总结

苗圩部长的批示和工业报的报道，对盛隆电气给予充分肯定。这 40 年，盛隆做了什么？概括说，就是勇于开新局、做先锋、强体魄，逢山开路、遇水架桥，书写激情澎湃的奋进史，实现从优秀到卓越的伟大跨越。就是实践和传递时代精神，塑造并践行主流价值，引领与推进社会潮流。

整个典型报道的内容，是对盛隆精神带有规律性的总结提升，比我们认识深、站得高，可以帮助我们更好地总结经验、坚守初心、发现不足、继续努力、不断前进。

工信部的批示与典型报道　是对盛隆发展道路的战略性概括

典型报道内容丰富全面。但主要围绕三个大的方面。

第一，坚守实体经济。

第二，智能先行，高质量发展。

第三，独创“群体老板制”。

这是盛隆40年发展道路的三大关键，也是盛隆成长壮大的三大法宝。典型报道以客观、生动的事实说明，它不仅是盛隆的发展之路、提升之路、强壮之路，更“成为中国民营经济的一个独特样本，为中国企业发展开启了一扇奇妙之门。盛隆的样本意义弥足珍贵。”报道特别指出：“无论从时间的纵深还是空间的延展来看，盛隆电气都是最契合中国改革开放四十年发展脉络的一个独特存在。”历经40年奋斗拼搏，获得国家人民这样一个肯定评价和高端赞誉，这就是我们最大的收获，最有价值和意义的成就。

谦虚谨慎　戒骄戒躁　扎实推进素质提升

苗圩部长的批示，中国工业报的典型报道，我接连读了几遍，内心有一种深深的感动、感谢、感恩之情。我们取得的成绩，当然首先是自身拼搏努力，但离不开大时代、大环境，离不开政府及社会各方面的支持帮助。我们一定会更加努力，坚定不移地向互联网智能用电新行业出发，响应习主席号召，把实现人民对美好生活的向往作为坚持不懈的奋斗目标。

同时，面对如此高规格、重磅级的表彰赞誉，更觉得心生敬畏，压力很大。我们远没有达到完美，还有很多不足和短板，还有艰巨的任务、高新的挑战、未知的领域在前面。古人说，盛名之下，其实难副。面对高评盛赞，我们一定要保持清醒的头脑，看到自己的不足和短板，谦虚谨慎、不骄不躁。不要出现名不副实，德不配位的情况。通过学习部长批示，典型报道，好好珍惜我们40年艰苦拼搏积累的经验，不忘根本、坚守初心。以诚实的态度、踏实的作风、扎实的劲头，继续埋头苦干。弘扬盛隆精神、拓宽盛隆道路、完善“群体老板制”，追求卓越、精益求精。以无愧“大国之筋骨”，勇于担当国家工业榜样企业的高标准，借东风、提素质、补短板、再升级、创宏图。以新的业绩、更大的奉献，回报国家、社会、人民。谢谢大家！

1.11 盛创院、盛博会——我们同创共享的双盛（胜）大平台

——在第三届盛隆电气智能用电博览会开幕式上的讲话

谢元德

尊敬的各位领导、各位嘉宾、各位同志、同事：

大家上午好！

在我们热烈欢庆伟大祖国成立 70 周年，盛隆电气创立 40 周年之际，我们高兴地迎来了盛隆电气第三届智能用电博览会。我谨代表盛隆电气全体员工，向来自四面八方的海内外嘉宾、贵宾，向热情莅临盛会的各位客户、朋友、同事、同志，表示最诚挚的欢迎，最衷心的感谢！

五月花开红，盛世有盛隆。盛隆电气是伴随中华人民共和国又一个发展春天，伴随国家改革开放的伟大历史潮流诞生成长的。

盛隆奋斗拼搏 40 年的最大成果，就是我们秉持党的基本路线、方针、政策，建设、夯实、壮大了盛隆大平台，帮助人、培育人、提携人，真心圆你一个梦，真情帮你去成功，成功地建设了独具特色的“群体老板制”，由此发展成为“大道大业大舞台”的“盛隆群体老板 241”战略。其核心思想，就是“立人已立，达人已达”的盛隆哲学；“盛世同襄盛举，隆情共创隆图”的盛隆理念。其表达形式、实践路径、运作枢纽，就是敞开大门、充分开放、没有隔阂阻碍的创业创新大平台；其经济效果、社会效果就是国家、集体、个人同命共体，利益融合，各方双赢、多赢、共赢。

作为这个大平台的一个主体性、标志性建筑实体——盛隆大学创业学院大楼已经在近期落成。而我们正在隆重召开的“盛博会”——今年已经进入第三届，正是这个大平台又一主体性标志。

盛创院大楼是建在武汉光谷的实体大平台，盛博会则是面向全国甚至世界的软性大平台；盛创院是线下的平台，盛博会则是线上线下相结合的平台；盛创院是现代化大型基础设施，是硬件、硬实力；盛博会是现代化网络大平台下的四海群英会，是盛隆大平台的创新升级版。既是软件、软实力，更是软硬结合的综合实力。如果说，“群体老板 241”是我们健康扎实的躯干主体，那么，盛创院、盛博会就是强壮有力的双盛（双胜、双升）双翼。

这个新的“一体两翼”，代表着盛隆的理念、体制、文化进一步走向成熟、完善，具有发展里程碑意义，将由此开创一个新的更高的发展阶段。这是盛隆创建 40 年所获得的一份珍贵的大礼，同时又是我们向改革开放 40 年、中华人民共和国成立 70 周年奉献的一份特别答卷与献礼。

各位嘉宾、朋友，各位同志、同事！这个新的“一体两翼”，是盛隆人 40 年艰苦拼搏、创业创新的最大收获，更是广大客户、社会各界、行业朋友认可盛隆、帮助盛隆、爱护盛隆的丰硕成果，是盛世同襄盛举，隆情共创隆图，企业内外同心同德、群策群力的心血智慧和友谊结晶！借此机会，我要向在座各位，向所有盛隆的客户、合作伙伴以及所有关心爱护盛隆的社会贤达、各界朋友、再次表示真诚的感谢！

在新的“一体两翼”强大机制推动下，我们已经迈向机制动能、经营模式转换、产品自主创新换代、管理科学升级、核心竞争力跨越提升，开始与国际领先品牌比肩并跑的高质量发展新时代。一体两翼的盛隆大平台，属于盛隆，更属于我们大家，是行业的平台、社会的平台、大家共同的大平台。我们同襄共创的道路更加平坦，多赢共赢的空间更加广阔。现在，我衷心祝福我们大家共同的第三届盛博会收获满满、圆满成功！祝福各位嘉宾朋友生活愉快、吉祥如意！谢谢！

第二章
盛隆风流

2.1 说句心里话

——摘自 2004 庆功大会董事会

谢元德：盛隆电气百年不倒是我最大的需要。有技术的传授技术，有经验的传授经验，这是我最大的希望。年轻的朋友们，快成长、快成长、快快成长，这是我长久的期盼。互敬互爱、相互关怀、大家开心、人人发财，看到你们一代一代，事业有成、夫妻恩爱，这是我最大的心愿！

谢清伦：进入盛隆是我人生最正确的选择。培养更多的营销人员，开发出更大的市场，是我的责任和回报。盛隆文化是培育精英的沃土。在座的与我当初一样的小姑娘们，我成功了，你们中肯定会有更多的精英。

曹华国：选择盛隆在王城，如今安家到北京；帮助新人理应该，盛隆年轻我年轻。

张万萍：公司号召我响应，98 来到北京城；营销理念我传授，叩开城门大家赢。

谢正亮：有幸来到 513，进军武汉住龟山；总部撤离枣阳厂，发誓舍命保襄樊。

谢远锋：无怨无悔到盛隆，技术打底营销攻；二十春秋超梦想，再为盛隆打冲锋。

王昌宝：而立之年来盛隆，恰遇盛世造英雄；十年定单数第一，争做长胜不倒翁。

伍公平：选择盛隆我有幸，传授经验是本分；哪里需要哪里去，愿为盛隆献一生。

王用明：盛隆派我到北京，解决问题传本领；有了困难找老王，相互关怀都开心。

袁道金：盛隆教我学成才，我为盛隆带人才；人才敬我我爱他，人才兴旺财富来。

柯森林：学校任教来盛隆，经历波折似秋冬；盛隆发展遇春风，东莞一搏定成功。

谢正新：学校毕业来盛隆，电脑画图我先锋；感谢前辈教过我，传授技术情理中。

周红芳：盛隆为我带好运，我为盛隆操点心；盛隆发展我成功，家庭幸福谢盛隆。

李洪英：学校毕业来盛隆，盛隆沃土出英雄；一搏三年出硕果，百年盛隆再立功。

代　莉：青春有缘遇盛隆，美好未来不是梦；百年不倒我有责，明日盛隆旗更红。

胡大才：销售大王盛隆颁，愿为盛隆传经验；武汉重庆北京跑，你好我好笑开颜。

黄　敏：高高兴兴来盛隆，欢欢喜喜离盛隆；再来盛隆我发展，盛隆时时有春风。

杨　斌：来到盛隆是向往，北京更是我梦想；盛隆培育我成才，誓在盛隆创辉煌。

胡玉琼：华工毕业进盛隆，短兵初练转首都；支持营销责任重，博得双赢是我福。

2.2　盛隆电气副董事长、创业一公司总裁谢清伦

——创业青春在时代舞台上绽放

《楚天都市报》 庞正

“我一直在努力奋斗，没有虚度每寸光阴，没有辜负青春年华……我敬畏这个变化的世界，我害怕被这个时代所抛弃……”2018 年新春伊始，这是谢清伦跟家人和同事们分享的一段心里话。

楚天都市报

08

盛隆电气集团有限公司副董事长谢清伦——

创业青春在时代舞台上绽放

□楚天都市报记者 庞正

赊账成就人生第一笔生意

开拓外地市场闯出新天地

站上高校讲台传递励志正能量

这也是她 30 多年来在盛隆创业奋斗的历程写照。梦想不息，创新不止；生命不息，奋斗不止。顺应时代潮流，响应市场需求，巾帼不让须眉，绽放青春芳华。

得道多助　赊账成就人生第一笔生意

谢清伦 1964 年出生在湖北枣阳县。1985 年，枣阳开关厂（盛

隆电气前身）提出“培养人才、发展工业”计划，招收一批有创业梦想又有闯劲的学生，谢清伦就在那时进厂。

彼时，改革开放刚刚开始，民营企业尚处在发展初期，充满希望也面临诸多挑战。1986 年，枣阳开关厂董事长谢元德，要求几位管理干部发挥所长、创造效益。

那年谢清伦才 22 岁，凭着一股敢想敢干的劲儿，到处找商机。了解到邻县一个酒厂需要酿酒的原料高粱后，她用真诚赢得信任，与酒厂签订了半年的供货合同。

随后的几十天，谢清伦就早出晚归地在河南各县市镇及乡村跑动，最终锁定一个县，找到了符合要求且物美价廉的高粱。她找到该县粮食局领导，请求购买一大批高粱，但因交不出订金，粮食局领导不答应。她天天蹲守在该负责人的办公室，此计不成，便找到对方家里，一直等到他九点多吃完饭回家。在软磨硬泡后，粮食局领导总算答应了她提出的一个方案：租用该县的运输车队，将高粱拉到酒厂，酒厂直接给粮食局结算货款，盛隆只从中赚取差价作为劳务费。

一晃 30 余载，谢清伦仍记得那天的糗事。她从那位领导家里出来，已是晚上 11 点多了，或许是因为方案确定后的放松，抑或是过于疲惫的恍惚，竟一脚踏进一个石灰水池里，周围一个人都没有，眼看自己越陷越深，她忽然抓住一把竹排，借力爬了上来。回到旅社的锅炉房后，她把衣服洗净烘干，天已经亮了。

请车队是一个问题，没有钱，也交不出订金，甚至连请十多位师傅们路上吃饭的钱也没有，但执着的小姑娘硬是凭着执着和真诚打动对方，接了这个活儿。

货送到了，粮食局的货款和车队运输费都结清了，劳务费酒厂却迟迟没有结算。时至年关，酒厂忙着出货、收款，谢清伦就利用自己做财务的优势主动帮忙，早到晚归，比酒厂职工还积极，甚至把清洁和生炭火的活儿都主动担了下来。

历经一个多月，终于收回了全部劳务费。数万元的现金回款及盈利，不仅补充了企业的现金流，也提振了团队的士气，更提升了年轻人能拼敢闯、自主创业走出一条新路的自信心。谢清伦说，这段经历成了她一生的财富。

坚韧不拔　开拓外地市场闯出新天地

1996 年也是一个特别的年份。那年，电视上播放了一次对李光耀的采访。他认为，新加坡与中国香港相比，缺少一批像李嘉诚这样的成功企业家，大批企业家带动了中国香港的繁荣。盛隆电气领导人深受触动，便提出了内部培养企业家、老板的倡议。

很快，谢清伦响应公司倡议创建团队并在武汉开拓市场，销售配电柜。从招纳团队伙伴，到带头跑市场，谢清伦用不服输的劲儿，带领团队在第一年就拿下了近百万元的订单。

2003 年年底，谢清伦前往天津开拓市场。她人生地不熟，又没有团队在同城提供后援，很难打开局面。前两年，人员流失严重。刚毕业的大学生，经过培训后来到天津，可能三个月或者半年没干出业绩来，就打退堂鼓回武汉或离开了。谢清伦调侃道，有些大学生，一下火车就感觉水土不服、气候不适，工作不好做。到了天津后，出租车送他们到驻地，有的车都未下，调头就回火车站，买票回武汉。

当时，有人建议把人从天津撤回来保存实力，但谢清伦提议坚持做下去。她说："前期已经做了那么多铺垫和培育的工作，不能轻言放弃，更不能知难而退。"谢清伦有恒心，有韧劲儿，一方面坚定信心、增加投入，一方面从北京调来得力干将——章艳。章艳有销售经验，又善于调动公司资源，而且人也年轻，有激情，愿意和这个年轻的团队一起学习和成长。

同时，谢清伦更加注重团队建设，经常组织大家交流互动，开展集体活动，等等，团队渐渐形成了强大的凝聚力及战斗力。在市场投入方面，盛隆不计成本地为客户定制高质量、高标准、价格实惠的产品方案，赢得客户交口称赞。几年下来，盛隆靠积攒的口碑、过硬的产品服务和逐渐提升的品牌影响力，终于全面打开天津市场，获得不菲的业绩。

"现在回想起来，我们为天津的发展做出了贡献，提升了行业整体水平，也助力几百个年轻人实现就业、创业，这是让我们感到最自豪的。"谢清伦说。

突破自我　站上高校讲台传递励志正能量

去年，盛隆电气集团推出智能配电柜新产品。有了自主知识产权的高科技产品后，谢清伦有了更大的底气:“现在已经到了智能电网时代，市场需求必将井喷。”根据她的计划，今年她的团队要在广西、贵州、深圳、成都等地开设分公司，加强在“一带一路”沿线国家的布局，在此前 60 个团队基础上，再孵化 11 个新团队，每个团队争取向 3 年 5~10 个亿的销售目标迈进。

此前，谢清伦和她培养起来的新生代老板们，已经在陕西、云南、内蒙古、河南，乃至海外的越南、斯里兰卡、马来西亚、柬埔寨等国家和地区建立了分公司或办事处，用盛隆的优质产品和服务助力当地经济的发展。

谢清伦的人生追求并没有停留在事业上。在与企业共同成长、进步的过程中，为了更好地充实自我、提升眼界和格局，她坚持挤出时间来不断学习，先后攻读了武汉大学 EMBA，武汉大学经济管理学院博士，在浩瀚的书海中汲取生生不息的力量。

而后，谢清伦还受邀担任中南民族大学客座教授，北京大学和谐中心研究员，武汉大学创业导师等。她在武汉大学开设的《企业领导力》课程，广受学生们的欢迎。从学生到老师，谢清伦在高校校园里又一次实现了华丽蝶变。

不忘初心，砥砺前行，谢清伦已做好准备，迎接人生更多的可能。

摘自 2018 年 3 月 8 日《楚天都市报·创光谷》8 版

2.3 盛隆电气副董事长、创业三公司总裁周明旺

——举旗创新向“万人百亿”奋进

《楚天都市报》 庞正

“择高处立，就平处坐，向宽处行。”在周明旺办公室雪白的墙壁上，这几行字格外显眼，而这也正是他做人格局和胸襟的高度概括。

创 光谷 创客行 08

楚天都市报

盛隆电气集团三公司总裁周明旺——

举旗创新向“万人百亿”奋进

发展新业务 15年前即拿下千万订单

拓展新市场 数百次投标高价投出经验值

大胆用新人 帮助年轻人成长成功成才

以远见卓识不断开拓创新，放手大胆起用新人，踏实做人、低调务实，这样的周明旺，“举旗西大营”，连续获得集团标杆奖，培养出亿元订单英雄，向着“万人百亿”的宏伟目标扎实奋进。

发展新业 15年前即拿下千万订单

开民办加工厂，2年；办水泥预制厂，2年半；开罐头厂，1年；在盛隆，22年……

周明旺从来都不是一个因循守旧的人，年纪轻轻就开始连续创业，但他总觉得那些小打小闹的生意,不是他想要的。直到1996年遇见盛隆,他全身心扑了进来。

“在盛隆这个平台,创业轻松多了,也容易成功多了,所以我很珍惜这个工作。”周明旺说。盛隆产品更有市场和技术含量，企业也鼓励员工创新，这些都大大激发了他的工作热情。从完全不懂配电设备，到成为开拓市场的专家，他摸索出了越来越多的门道。

2003年，一名山西客户在关南片区投资建设一个生产激光设备的企业。周明旺找到他，向他推介盛隆的配电设备。对方说：“买你的设备没问题，但我在这里人生地不熟，你得帮我去供电局把报装手续都办完。”周明旺一口答应了下来。

虽然跑手续花了很多精力，但一个原本十几万元的设备订单，最后变成了数十万元的合作协议。这件事开拓了周明旺的思路。此后，他大力推广电力工程总承包，加上了报装、设计、安装等一系列服务项目，比单卖设备的订单更大、效益也更好。

2003年年底，在一个地产项目中，他靠做电力总包签下了1000万元的订单，在集团公司引起了轰动。而如果只销售设备，这个项目订单额大概只有100万元人民币。在他的建议下，集团2006年成立了盛隆电气电力工程公司，全面开拓工程业务。

周明旺还能跳出传统行业的圈子，率先成立新能源事业部，承接以光伏发电为主导的新能源项目，2017年实现逾2亿元人民币产值。

近年来，做了20多年供应商的周明旺，又跳出原有的合作模式，琢磨着跟甲方一起做项目，不再是电力供应商，而是甲方的合作伙伴。在谈判桌上，他有了更多的主动权，收获也更丰厚了。“在这种新模式下，我对董事长提出让我们三公司今年完成10亿元的营收目标很有信心。”周明旺笑着说。

拓荒新市场　数百次投标高价投出经验值

2007年年底，周明旺招收了一批大学生，前往重庆开拓市场。

打开新市场的过程很艰难，重庆公司刚开始也很难拿到订单，还面临士气不足、人员流失的情况。周明旺为大家解决免费食宿，买来三辆车供大家使用，怕年轻人在外吃不好，还专门建立食堂，充分消除大家的后顾之忧。

作为一个外地企业，不熟悉当地环境，还要面临同行业的竞争，重庆公司用不断投标的方式，摸清了市场的脉络。当时，只要有电力方面的招投标，周明旺就鼓励大家去投标，“假设一个标书要1000元，我就补贴员工2000元，为的就是让大家在投标过程中不断了解市场、了解客户。”

刚开始的两年，重庆公司投标了数百次。在这个过程中，从标书的规格到投标技巧、客户心理、市场环境，他们都摸了个门儿清，逐渐打开了局面。

与此同时，公司产品质量过硬、品牌影响力不断提升，也为重庆公司与当地市场接轨供应了强大的基础。有一次，重庆供电公司工作人员来盛隆电气抽检产品质量，最后写出了4条无关紧要的意见，他们告诉周明旺：“盛隆的产品质量确实比较高，但好歹来了一趟，总得象征性地写几条意见吧。”

靠优良的口碑和扎实的服务，重庆分公司在当地站稳了脚跟，并进一步打开了宜昌、成都等地区的市场。

进入一个地区的市场时，周明旺还特别注意跟当地企业的合作，响应集团公司“四百战略”中“网通百城”“携手百企”的号召。周明旺在四川与晟嘉电气合作，借用对方公司的优势资源，在提高对方公司产值、拉动经营的同时，也进一步拓展了盛隆在当地的市场，达到两家公司双赢的效果。为此，周明旺还专门成立“四百战略”工作部，帮助和推进各项工作。

大胆用新人　帮助年轻人成长、成功、成才

在盛隆电气集团2017年度庆功大会上，亿元订单英雄刘小庆受到嘉奖并发言。他说，从“打工者”变成“创业者”，实现自己的创业梦，凝聚着三公司周明旺总裁和整个盛隆大家庭的包容与关怀。

这是刘小庆的真心话。2009年，刘小庆来到重庆分公司时，不太懂销售，重庆市场也还没有打开，但周明旺看中他踏实肯干，就重点培养他，让他当小组长，带队出去跑市场。后来，在重庆一次竞选营销委员会轮值主席的活动中，周明旺力推年轻的刘小庆上任。发现他有业务问题，及时帮他纠正；项目中有难啃的硬骨头，带着他一起去解决，3年时间，周明旺帮他快速成长了起来。

比刘小庆更早到重庆公司的肖雅，爱学习、悟性高，做事稳妥，但有点惰性，喜欢睡懒觉。于是，周明旺每天早上8点10分打电话给肖雅，推着他向前走。后来，肖雅果然没让周明旺失望，订单越接越多，还推荐大学同学也加入盛隆奋斗创业。

为了更好地与学校合作，吸纳更多人才，三公司与文华学院共同设立了校企合作促进会。在校学生竞选主席、副主席和秘书长时，三公司给他们提供活动经费，支持他们在学校开展宣传盛隆品牌和校企合作的各类有益活动。

校企合作促进会的成员热情高涨，周明旺引导他们积极参加盛隆的活动。学生们参加完活动后，都主动交上了心得体会。

在这样的合作中，一年里，文华学院有40多人加入盛隆，为公司带来了新鲜血液。而更多的在校生则加深了对盛隆的了解，对盛隆产生了情感。在盛隆电气集团2017年度庆功大会上，校企促进会的主席、副主席和秘书长还合作了一个小品《盛隆岁月》。为了表演这个小品，他们放寒假后在武汉待了十多天，晚上写剧本到凌晨3点，其中一人还担任了庆功大会的主持人。

去年10月，在省领导调研盛隆电气集团的座谈会上，周明旺发言说，计划未来五到十年，创业三公司员工达到一万人，实现产值一百亿元人民币。这个目标激励着周明旺，也激励着更多的盛隆人。

“周帅举旗西大营，盛隆之歌响重庆。四百战略当领先，携手百企建川军。链接百校共追梦，双创学子明日星；智能用电新商品，万人百亿梦必成。”这是盛隆电气董事长谢元德在 2017 年度庆功会上总结出的“周帅梦想案例”。周明旺说，在集团“四百战略”的旗帜下，实现“万人百亿”的奋斗目标，他底气十足。

摘自 2018 年 3 月 22 日《楚天都市报·创光谷》8 版

2.4 盛隆电气创业四公司总裁谢远锋

——为百年盛隆工程全力以赴

《楚天都市报》 庞正

第一份工作就是最后一份工作，一干就是一辈子；一个人加入盛隆，一家人都加入盛隆，把公司当成家；碰见不错的人才，就推介盛隆的“群体老板制”……朋友说谢远锋是一个“爱盛隆爱到骨子里的人”，如今年纪大了身体不好，但还在开拓市场的第一线拼搏。

如果说这话的朋友来到谢远锋的办公室，会看到阳光穿过明净的玻璃窗照进来，墙上的“百年盛隆工程图”闪闪发光。

恪尽职守 “我手上出去的东西不能有问题”

谢远锋是枣阳人，1982 年高中

毕业就加入了盛隆，1983 年开始从事技术方面的工作。

从车间主任到技术科长，再到“谢工”和“谢总工”，他不断学习理论知识和专业技能，提高自己的业务水平，技术工作事必躬亲。他说：“我要确保从我手上出去的东西不能有问题。”

1988 年，谢远锋到武汉学习了一种新式配电设备的生产方法，回到枣阳后，决定付诸实践。新设备的原材料跟以前的不一样，要到苏州去买元器件。让别人去谢远锋不放心，怕买的不对，决定亲自跑一趟。他一个人带着一万多块钱出发了，临走时，董事长谢元德还叮嘱他，路上要注意安全。

到了苏州，元器件买到了，6 大纸箱，一箱将近 15 公斤，谢远锋还得把它们扛回来。肩上扛两个，胳肢窝下面夹两个，手上再拎两个，一个人像一个行走的小货车，汗水湿透了全身。那时，从苏州到武汉还没有直达的火车。谢远锋拎着 6 个大箱子，从苏州坐火车到郑州，从郑州坐火车到武汉，再从武汉坐汽车到枣阳，整整 26 个小时，他都没有合过眼。

1988 年，谢远锋还通过成人高考，进入武汉测绘科技学院（现已并入武汉大学），学习应用电子技术。他抓住这难得的机会，如饥似渴地学习专业知识和技术。后来，因为厂里技术科事务繁忙，市场部的同事谈合作也经常需要他在场谈技术、谈价格，他不得已放弃了在学校的学习，这也成为他心底的遗憾。

1995 年，他还带队到西安交通大学学习电气制图等，努力掌握前沿技术。

一直到现在，虽然早已不负责技术工作了，但他对集团的技术了如指掌，仍然还在不断学习新的技术提升自己。他发现自己对光伏发电这一新兴领域不太熟悉，先后于 2016 年在郑州、2017 年在武汉，自掏腰包，接受了相关业务的培训。

谢远锋说：“责任在我心，做什么事都一定要做好。”技术是个严肃的事情，错一点都不行，不管是做产品还是做市场，都要懂技术。

鞠躬尽瘁　出重症监护室的第一句话是问工作

1997 年，谢远锋响应集团号召，从技术岗位转向市场岗位。谢远锋去跟妻子杜英商量，杜英鼓励他说:“想做就去做，你还年轻得很，失败了也可以从头再来。”

妻子的支持不止停留在口头上，直到现在，谢远锋到哪里去开拓市场，杜英都会陪着他，为他鼓劲、加油。

从 1997 年到 2016 年，谢远锋及其团队去过青岛、北京、天津、大连、太原，以及马来西亚、斯里兰卡、非洲的马里……所到之处都有不错的业绩，湖北省内更不用说。谢远锋说，除了恩施，省内其他地级市的各县他都走遍了。

总为市场奔波，无暇顾及自己的身体，2016 年，谢远锋的身体突然出了问题。痛风、糖尿病不说，心脏也停跳了一段时间，只能做心脏搭桥手术。因为病情严重，他做完手术后观察了很长时间，浑身插满管子，杜英现在想起那一幕还忍不住落泪。

没想到几天后出了重症监护室，谢远锋对杜英说的第一句话 :“到年底了，北京的业务现在怎么样？”前来看望他的集团董事长谢元德握着他的手，流着泪说:“身体是事业的本钱，你先好好养身体，不要操那么多心了。”谢远锋答应着“好好好”，一个月后，他一出院就立即坐车去了北京。

去年 3 月，谢远锋发现缅甸有市场需求，便想去开拓那里的市场。杜英知道了，担心他的身体 :“不是说好要好好养身体吗？还去那么远的地方？”谢远锋谈起自己的事业和志向，谈起盛隆大家庭的好和盛隆的百年宏图，便决意要去。身体再不好也要挺住。聊着聊着，两人都哭了起来，杜英最后还是决定支持丈夫，陪他到缅甸去。

杜英也是个老盛隆人，她理解丈夫的感受。盛隆也是她的第一份工作，一直做到现在。后来，两个儿子大了，也都先后加入盛隆，一家人在公司见面的机会比在家里还多。

甘为人梯　乐意给年轻人当“司机”

2009年四公司成立后，十年来谢远锋培养出了罗曼丽、陈玉财两位创业公司总裁，以及一大批优秀的“群体老板”。

谢远锋“育良才”的方式比较独特——给他们当司机。

刚成立公司没多久，谢远锋便着力挖掘优秀人才。有一天，他在森林公园门口碰见了正出门赶车的罗曼丽。罗曼丽这个人他以前就听说过，表达能力比较强，又有热情、有活力，谢远锋就希望她能加入盛隆。

询问得知她要坐车去小东门，谢远锋就执意开车送她。其实，当时他只是准备从森林公园门口到位于佳园路的公司，仅仅几分钟的车程。为了跟罗曼丽好好交流，特意绕到了小东门。一路上，谢远锋不停地给罗曼丽讲盛隆的优秀文化，盛隆“群体老板制”的优越性等，逐渐打动了罗曼丽。

不久，罗曼丽到盛隆来了，谢远锋带着她跑市场。为了某市水泥厂的项目，他还开车带她去外地跑了好几趟。有一段时间，罗曼丽在工作上思想出现波动，谢远锋就和杜英一起给她做工作，告诉她盛隆要做成百年企业，可以放心踏实地干，是金子总会发光的。当发现罗曼丽兼顾事业和家庭有困难，夫妻俩还帮她找来了保姆。

罗曼丽成长起来后，包括张军等一批“好苗子”，都曾经常坐谢远锋开的车。在车上，从谈判技巧到执行细节，谢远锋一点点地教他们；从家务琐事到身体状况，谢远锋事无巨细地关心他们，让他们没有后顾之忧，放开手脚在盛隆干事创业、快速成长。

其实，谢远锋以前有司机，但往往司机跟谢远锋一段时间后，就会被盛隆的产品和体制打动，投身到盛隆的市场开拓大军中去了。谢远锋先后有3名司机和3名助理都离开了原有的岗位，成为盛隆的市场精英。“盛隆要做百年企业，要走正道、办良企、育人才，要的就是大量人才。我要司机做什么，自己开车就行了。他们都去跑市场了，干出业绩来，我才真的开心。”谢远锋笑着说。

摘自2018年4月4日《楚天都市报·创光谷》8版

2.5 盛隆电气创业六公司总裁胡永泉

——坚定做盛隆文化传播者

《楚天都市报》 庞正

26年前，他加入盛隆，担任《盛隆之声》主编，宣传公司大事，传播企业文化；如今，他工作之余在重庆大学读EMBA，借着这个平台将盛隆文化在全国各地的精英群体中进一步发扬光大。

创 光谷 创客行 08
2018.4.19 星期四
责编 庞正 美编 何玲 电话 88557919
楚天都市报

胡永泉

胡永泉和妻子付宏清

26年前，他加入盛隆，担任《盛隆之声》主编，宣传公司大事，传播企业文化；如今，他工作之余在重庆大学读EMBA，借着这个平台将盛隆文化在全国各地的精英群体中进一步发扬光大。
而他在盛隆20多年的创业奋斗史，更是用实际行动践行和传播盛隆文化，踏石留印，抓铁有痕。

盛隆电气集团创业六公司总裁胡永泉——
坚定做盛隆文化传播者
□楚天都市报记者 庞正

A 两次选择 一个答案
盛隆更像是一个温暖大家庭

B 夫妻转型 勇创佳绩
一年跑坏八双鞋不觉得累

C 培养新人 不遗余力
手机24小时开机接受咨询求助

而他在盛隆20多年的创业奋斗史，更是用实际行动在践行和传播盛隆文化，踏石留印，抓铁有痕。

两次选择 一个答案 盛隆更像是一个温暖的大家庭

胡永泉是枣阳人，高中毕业后成为乡镇政府的一名宣传干事。1992年，胡永泉面临再次择业，组织部门帮他推荐了三个地方：派出所、文化站和盛隆电气。去派出所和文化站工作，就端上了“铁饭碗”，但胡永泉却毫不犹豫地选择了盛隆。

“当时，全镇 11 个企业，另外 10 个加起来的产值还没有盛隆一家的高。”胡永泉说，“这说明盛隆做的事顺应时代需求，有广阔的发展空间。”此外，盛隆还涌现出了很多的“英雄人物”，让胡永泉心生敬佩。

加入盛隆后，胡永泉负责《盛隆之声》的采编工作。通告公司大事、宣传企业文化、报道模范人物……胡永泉回忆，他被昂扬向上的盛隆文化所感染，总是哼着歌儿写稿的。

1996 年，胡永泉随公司的发展来到武汉。此时，他的妻子付宏清是枣阳王城镇中学的一名优秀教师。一家人要在一起，要么胡永泉留守枣阳，要么付宏清辞职到武汉。

没有过多考虑，付宏清辞职了。“他在盛隆的这几年，我看他各方面都有很大的进步，我都快赶不上他的步伐了。”付宏清说，她也想加入盛隆。盛隆当然对这样一名大学生也很欢迎。

没想到付宏清加入盛隆才 4 个月，就查出了纵隔肿瘤，做手术至少需要 3 万多元钱。在举目无亲的武汉，一点积蓄都没有的胡永泉和付宏清，急得直掉眼泪。董事长谢元德听说了，马上表示可以从公司借钱支付医药费，同事们也纷纷前来看望。好在肿瘤取出来，检验结果是良性的。有位同事还拎了 8 只老母鸡来给付宏清补身体，让他们夫妻格外感动。

因为这次经历，付宏清果断放弃了原单位停薪留职的资格，一心要在盛隆奋斗。此后，夫妻俩同心协力，共同创业、共同发展，成就了共同的事业。

而胡永泉至今提起此事，仍感动得热泪盈眶：“盛隆不像是一个企业，更像是一个家庭，董事长更像是一位家长。”

夫妻转型　勇创佳绩　一年跑坏八双鞋不觉得累

1996 年 9 月，付宏清的身体刚刚康复，家里还欠下了不少债务。此时，胡永泉一个月的工资是 900 元，还债压力很大。

董事长谢元德找到胡永泉谈心，建议他转型去做市场，胡永泉一口答应了。考虑到开拓市场前期可能收入不稳定，而他家里确实面临着困难，董事长便提出胡永泉每月的工资照发，直到他拿下订单为止。

胡永泉怀着感激之心开始了转型之路。没有巧办法，只能一家家地去找客户。一个多月后的一天中午，他冒着大雨来到武汉交通科技大学，向房产科的负责人介绍盛隆的配电设备。没想到，初次见面，对方就被他的诚意和认真劲儿打动了，当即表示有购买意向。没过两天，胡永泉就签下了第一笔 4 万多元的订单。

拿到订单去向董事长汇报，董事长说：“这个订单太小了，不算，你的工资还继续发。”胡永泉更加卖力了。半年后，拿下了一个近 20 万元的订单，得到董事长的表扬，公司这才把他的固定工资给停了下来。

付宏清身体痊愈后，也投入市场开拓中来。每到周末，她就乘坐 702、518 路公交车，沿路记下有塔吊的单位，周一到周五的工作日逐一登门拜访。中午热了，她就在银行大厅纳凉，一年跑坏了 8 双鞋。功夫不负有心人，她第一年就拿下了 30 多个订单，合同额达 100 多万元，当年在公司排名第 7 位。

“虽说跑坏了 8 双鞋，但我们一点儿也不觉得累。盛隆的品牌越来越响，产品质量过硬，我们在外面开拓市场有底气、有成绩，心里甜滋滋的。”胡永泉说，“走正道、办良企，这是盛隆百年工程的根基和原则，也是盛隆文化的重要组成部分，激励着我们不辞辛劳、毅然前行。”

培养新人　不遗余力　手机 24 小时开机接受咨询求助

胡永泉从 2008 年开始就不自己拿订单了，而是将更多精力放在了培养新人上。

怎么带新人？手把手教。

有一名叫曹成兴的同事，加入盛隆一段时间了还没有业绩，胡永泉就让他每天晚上到家里来，沟通白天拜访客户的情况。客户那边是什么情形，说了哪些话，曹成兴是怎么介绍产品、怎么答复客户的，都一一“复盘”。胡永泉会帮他一句一句地分析问题，告诉他沟通的方法和技巧。有时，半夜三更曹成兴打电话来，说有个问题没想明白，胡永泉也会请他到家里来，一聊就是两三个小时。就这样聊了两年，曹成兴终于找到了门路，越干越起劲，现在已成长为集团公司董事，团队发展近 50 人。

就像董事长当年关心他的成长一样，胡永泉也特别注意关心年轻人的成长。同事贾双龙有一阵子总是喝醉酒，特别伤身体，胡永泉就提醒他:“你的胃怎么样？要多吃饭、少喝酒。”贾双龙取得一定成绩时沾沾自喜，胡永泉又提醒他不要故步自封 :“永远有比你优秀的人，盛隆永远有你的榜样。”1986 年出生的贾双龙现在已经是集团营委会轮值副主席，并且开始打造自己的团队。

直到现在，六公司每年新增数十名同事，每位新同事都有胡永泉的手机号，他 24 小时开机，随时准备接受同事的咨询或求助。

“帮助别人就是成全自己，成功他人定能实现自我。”胡永泉说，这是盛隆文化的要义，也是他一直践行的准则。他和妻子还决定，未来几年，家里不换车、不换房、不买奢侈品，拿出一千万来，用于吸纳和培养 50 名聪明、勤奋、懂盛隆文化的年轻人，壮大六公司，为盛隆电气引领智慧城市的建设储备人才。

胡永泉还紧跟集团“241”战略，多方开拓电气市场。何依明是六公司重庆市场的负责人，刚去重庆的前 3 年，他只拿了少量的设备订单，心里打起了退堂鼓。胡永泉夫妇多次前往重庆，认真分析市场形势，确立了以承接电力工程为主的战略。从此，何依明连年成为集团公司的营销排头兵，为集团公司西部大营的成功立下了汗马功劳。

去年，胡永泉认识了河南一位地产界的企业负责人，对方想要转型发展，胡永泉提出双方合资办公司，开拓河南的电气市场，实现双赢。合资公司成立没两个就拿下 5000 万元的订单，创下了让人振奋的“河南模式”。

在重庆大学读 EMBA 期间，这位盛隆文化的传播者也不忘向千余名优秀企业家同学介绍盛隆的优质产品和服务优势等，2017 年 8 月还邀请同学们来盛隆参观访问，并成立了重庆大学 EDP 中心电气工程专委会，要将盛隆的优秀文化惠及更多人，辐射更多的地方，共创更加美好的明天。

摘自 2018 年 4 月 19 日《楚天都市报·创光谷》8 版

2.6 盛隆电气创业七公司总裁袁道金

——仗技术之“剑”笑踞市场

《楚天都市报》 庞正

从 19 岁高中毕业加入盛隆，袁道金从技术岗位转到市场岗位，再回到技术岗位，最后又到市场岗位。几番转型让他对技术和市场都有了深刻的理解，对如何利用技术优势开拓市场，更是有了独到的见解和做法，并取得了不凡的成就。

楚天都市报
盛隆电气集团创业七公司总裁袁道金——
仗技术之“剑”笑踞市场
初试牛刀 现场画出图纸震撼合作方
克难攻坚 用技术和品质打开市场
勇于创新 青藏铁路上盛隆有贡献

直到现在，离开技术岗位 10 多年了，袁道金仍时常从技术的角度思考问题、解决问题。他说：“我很享受做技术。越是有难度、有挑战的事，我越喜欢，越能显现我们盛隆的实力和优势。”

初试牛刀 现场画出图纸震撼合作方

袁道金 1987 年加入盛隆，至今有 30 多年了。在他办公室的墙上，挂着三幅盛隆电气集团的大合影。“一方面，激励我们奋进，提醒我们肩上的责任；一方面，也时时让我们感到，盛隆大家庭在一起的温暖、和谐。”袁道金说。

刚进公司时，他从车间工人做起，焊接、装配，扎实地掌握了电气车间的各种技术。1993 年，他随公司的发展来到武汉，并开始第一次转型，前往鄂州开拓市场。

当时，鄂州、黄石一带有很多水泥厂，但交通条件比较差，又加上人生地不熟，袁道金跑得很辛苦，不到一个月就跑坏了一双鞋。后来，他索性花 20 多元钱买了一辆二手自行车，骑车跑遍各村镇。那时，武汉工厂还在筹建过程中，客户要求到公司考察，只有去枣阳的工厂。袁道金租了一辆车，从鄂州开到枣阳，客户参观考察结束后，他陪着客户返回鄂州，到家门口了都没回去看一眼，一干就是三四个月。

跑市场的过程中，袁道金发现，那里的很多村镇企业办的水泥厂没有电气图纸，全是凭经验建起来的，有很大的提升空间。

有一次，他来到一家塘角头水泥厂，跟厂里的电工和当地村主任一起交谈。对方在描述厂里的用电负荷需求时，袁道金就把电气图纸画出来了。对方大吃一惊，既折服又感动，当场请他报价，现场拍板成交。

那是袁道金的第一笔订单，13.8 万元，他到现在都记得清清楚楚。这笔订单的商品，也是在武汉工厂投产的第一批货物。

后来，那位村主任又陆续介绍了多家水泥厂的业务给袁道金，通过熟稔的设计制图技术，袁道金得到了用户的高度认可和赞扬，弥补了电气方面的短板，提高了用户的效率，也让他在不到一个月里签下了 3 个订单，总金额接近 50 万元，这在那个年代算是比较大的订单了。

克难攻坚　用技术和品质打开市场

1993 年，袁道金在鄂州开拓市场才几个月，刚刚熟悉了环境，也建立了一定的销售渠道，但为了响应公司号召，又重新回厂里做技术、管生产。

干一行，爱一行。袁道金知道，要以技术指导生产，生产支持营销。他白天跟负责市场的同事们一起去见客户，了解客户的需求，晚上加班画图纸、审图纸，周末也从来没有休息过。

有一次，袁道金正在车间里工作，忽然来了一些人，询问一款商品，要求三天内送货。当时盛隆的车间里没有这种规格的货品，但他了解到这是一家从未合作过的重要客户，现在又急需这款商品，便当机立断，一口答应“3天没问题”。

按照以往的经验，要根据需求设计方案、画出图纸、购买元器件、焊接拼装，形成成品，至少需要半个月的时间。但袁道金答应了客户，就一定要按时、保质保量地完成。元器件没有现成的，就先从别的产品上拆下来，特殊的部件，紧急从全国调货，专车运送，装配方案不断调试……技术小组的几个人两天两夜不眠不休，提前把符合要求的三台特定配电设备送到了指定地点，立马安装合格，通电投入运行。客户十分满意，从此开始大力跟盛隆展开全方位的合作。

还有一次，北京一家单位订购了一批特殊高压双电源柜。在当时来说，这种货品的技术难度很大，此前也没有做这种产品的经验。货品交付后，机械联动部分不能满足使用需求。为确保客户能正常投入使用，袁道金赶紧带领一个小团队奔赴北京，紧急调试、整改，每天晚上忙到凌晨，第二天早上6点又准点开工。经过反复试验，一个多月终于攻克了难关，产品顺利投用。

“做技术的，肯定会遇到一个又一个难题，但什么问题来了都不要怕，努力想办法解决。”袁道金说，“有时候一个问题没解决，整夜都睡不着觉，但最后一定会保证产品优质出厂，给开拓市场的同事们提供坚实的后盾。”

勇于创新　青藏铁路上盛隆有贡献

2006年，袁道金再次转型，投身市场。

“经常跟做市场的同事们打交道，很受触动。”袁道金说，“有一些同事刚开始什么都不懂，经过学习和锻炼，成长为老板，带起了团队，这说明我们公司的‘群体老板制’是很先进、很优秀的制度。在这样的制度下，我相信我去开拓市场，也能成功。”

刚开始，袁道金就碰见了一个大单、难单。

那时，青藏铁路建设进入后期，袁道金有机会拿到了 11 个站点的 35 kV 高原型箱式变电站的供电订单。在青藏高原上装配箱式变电站，这在以前是从来没有过，甚至想都没想过的事情。高原上空气稀薄，爬电距离电气间隙要比普通的配电设备大，当时没有成熟的技术。用什么规格的元器件，怎么组装才能达到相关标准要求，这些都需要自己摸索和开发。

为此，袁道金专门花了两三个月的时间，到全国各地去找方法，特别是在高压元器件发源地西安，长时间驻留，到元器件厂家实地考察、请教专家。

好不容易按要求做好了细化的电气图纸，再逐个选购元器件，拿出装配方案，袁道金一刻也不敢放松。要让电气开关能正常运转，同时又便于操作，设备的操作结构也经过研发设计，反复试验。

最后，11 套 4 米高的配电设备做好了，用十几辆大平板车拖了二十多天拖到目的地，全部合格，一次性通电成功。

青藏铁路通车那天，袁道金在电视上看到通车仪式的画面，国家领导人为通车剪彩，他的内心也十分激动，倍感荣幸和自豪。因为让世界瞩目的青藏铁路有盛隆的贡献，而且盛隆的工作完成得十分出色。

“从最初的一个想法，到图纸，到造出实物，再到投用，这里面凝聚了我和很多同事的心血，最后成功了，我们都很自豪。”袁道金说，“这样的工程，有的单位是不敢接这样的订单的，但我们盛隆做到了。”

明白技术的重要性，袁道金至今要求七公司所有同事都要懂技术，每月组织专家来七公司进行指导和培训。他相信，掌握了技术的人，才能更好地跟客户谈合作，更好地为客户提供优化方案和建议，降低成本、提高效率，实现共赢。

“利用技术来开拓市场，这是盛隆的优势，也是七公司的优势。集团公司里年龄不到三十岁成立营销处的老总，创业七公司就有几位，希望今年能培养出两位公司总裁来。”袁道金说，“2018 年集团公司提出人员订单双翻番的目标，通过盛隆全体人员的智慧和拼搏，盛隆正向着更高效能去奋斗、攀登，回报国家改革开放四十年，迎接盛隆创建崛起四十春。在‘群体老板 241 战略’的指引下，盛隆正向着更高的目标迈进。”

摘自 2018 年 5 月 10 日《楚天都市报·创光谷》8 版

2.7 盛隆电气创业八公司总裁胡玉琼

——一身本事学在盛隆用在盛隆

《楚天都市报》 庞正

25 岁当上工厂厂长，成为行业里最年轻的厂长；34 岁组建创业八公司，又成为集团最年轻的总裁……胡玉琼把这些归因于“幸运”。她说，去北京管理工厂和回武汉开拓市场，都赶上了当地飞速发展的几年。因为遇上了好时代，身在一个好企业，又有董事长的指引、帮助、给机会，所以个人才能得到快速成长进步。

创 光谷 创客行 08

楚天都市报

盛隆电气集团创业八公司总裁胡玉琼——

一身本事学在盛隆用在盛隆

□楚天都市报记者 庞正

管理生产 高要求客户成回头客

开发市场 “玉琼团队”捷报频传

带领队伍 “五虎上将”声名远扬

管理生产　高要求客户成回头客

胡玉琼 2001 年从华中科技大学电气专业毕业，准备找工作时，在《楚天都市报》上看到盛隆电气的招聘启事，就前去应聘。600 人参加应聘，最后只招收 6 人，胡玉琼就是其中之一。

胡玉琼加入盛隆，从技术员做起。在武汉工厂的9个月，她迅速学习，掌握了电气设备的研发技术。2002年4月，她前往北京工厂，服务当地市场。

有一次，同事接到一个项目订单，配电设备要用在洁净区厂房内。这就要求配电房不能随时进去检修，设备也绝不能出故障。同时，对方还要求设备使用方便，外形美观。更难的是，客户要求设备研发、装配的每一步，都要先用图纸画下来，经过审核才能执行。而以往，只要按照行业标准来操作就行了，做起来顺手，但得每一步都画成图纸却不容易。

胡玉琼便带领团队开始技术攻关，画图纸，反复审核、修改，研发、生产、装配，忙得废寝忘食。当时，工厂的办公室和宿舍在一栋楼里。在为这个客户服务的一年多里，胡玉琼和伙伴们经常十天半个月都不出那栋楼，焚膏继晷，不知疲倦。

后来，客户对产品和胡玉琼团队的服务很满意，几年来又陆续签订了共计数亿元人民币的订单。而胡玉琼也很感谢这段经历。她说，遇上高要求的客户是好事，更能锻炼人。

2005年，做大项目从不掉链子的胡玉琼，开始担任北京工厂厂长。当时，北京的同行圈子里都说，盛隆真是敢用人，任命一个这么年轻的厂长。但胡玉琼没有让信任她的人失望，一方面抓好技术和生产，一方面还积累了不少用人经验，以及跟客户打交道的经验，逐渐成长为一个多面手。

开发市场 “玉琼团队”捷报频传

2009年年底，胡玉琼申请转型开拓市场，董事长谢元德答应了。很快，就有北京工厂和武汉工厂的一些同事愿意加入她的团队，这给了她很大的信心。

但团队最初的十几个人，都是从生产管理岗位转过来的，大家手上没有资源、没有客户，也没有资金，有的是技术和经验。

团队碰到的第一个客户就是襄阳万达。听说这个项目招标后，他们就积极准备投标。团队 8 个人，有负责商务报价的，有负责技术的，有负责财务的，有负责采购的，大家集中智慧，把项目的方方面面都分析得很透彻，最后以合理低价成功中标，订单额达 1540 万元人民币。

那是 2010 年春节前夕，团队里一个女孩子到襄阳去领取中标通知书。看着那个盖了客户大红印章的通知书，她万分激动，哪儿也没敢去，一路捧着搭车返回了武汉，生怕弄丢了。

这次成功，大大鼓舞了大家的士气，也让大家学习到了直接面对客户的经验。其中，重要一点就是团队协作，发挥各人专长，协同作战，这成了团队的法宝。胡玉琼说，当时他们有了信心，只要有机会投标，他们就一定能集中团队的力量把项目拿下来。

襄阳万达对他们的服务也很满意，因为帮他们解决了很多专业问题。后来，襄阳万达项目负责人把胡玉琼的团队推荐给宜昌万达，而后是武汉万达。胡玉琼每次都不负所托，帮助客户有效地解决问题、节省成本，口碑越来越好。现在，从西双版纳的万达主题乐园，到无锡、合肥的万达城，全国近 60 个城市的万达项目都用上了盛隆的配电设备。而玉琼团队的账簿上，每年万达的订单都有数亿元。

此后，玉琼团队还靠过硬的产品、技术和服务，以及良好的口碑，开发了中建一局、中建二局、中建八局等总包单位客户，订单额大大增加。

团队刚开始接订单时，面临的另一个实际困难就是资金不足。按照以往的经验，只能向公司申请先垫资生产产品，但胡玉琼转换了思路。她想，既然资金不足，那就跟客户商量，让客户先打一部分款项来，分批生产产品，再来一笔资金，再出一批产品。这样既可以减少客户的流动资金占用，同时弥补自有资金不足，又能消除一次给客户送去大量货品产生的存储压力。前提是胡玉琼用能力和信用换来的客户的信任，客户同意按照胡玉琼的方式来合作。这在电气行业一时传为佳话，“玉琼团队”也成为盛隆电气集团的英雄团队，并作为盛隆电气三大战略之一，写入集团基本制度文件，将这一重要创新理论指导实践工作，开创了新的工作局面。

带领队伍 “五虎上将”声名远扬

随着市场和团队规模的发展，玉琼团队的不少人都能独当一面完成订单了。胡玉琼又根据他们每个人不同的特点进行组合搭配，以达到最好的工作效果。

比如，方芳原来是集团办公室的管理人员，对企业文化很了解，见客户时也很大胆，敢于直接去敲对方董事长的门，上前介绍盛隆文化及产品，但她的弱项是不太懂技术；而团队里的孙杰瑞恰恰懂技术、能吃苦。胡玉琼就安排他们俩作为搭档，客户十分满意。

还有杨俊，他以前在别的企业有销售经验，能拼，又聪明，但他对专业技术不是特别了解，而汪丹从大学毕业就加入盛隆，做过财务、采购，对企业文化和生产环节都很了解，但缺少销售经验，他们俩搭配也十分默契。

团队里的叶静，做过生产副厂长，懂技术、懂生产，但跟客户打交道，有时大大咧咧，胡玉琼就给她配了一个很细心的助理协助她开展工作。

知人善任，在胡玉琼的搭配和指导下，方芳和孙杰瑞在 2011 年到 2013 年签回了一亿元的订单，杨俊、汪丹组合一年订单额就达到 6000 万元，叶静的业绩也非常突出。2012 年，他们 5 个人被集团董事长谢元德授予“五虎上将”之称，声名远扬。

“能够看准每位同事的长处和弱项，合理用人，这是我在北京工厂里积累的经验。”胡玉琼说，“董事长常说我在北京工厂学到了一身的本事，我就把这一身的本事全都在盛隆发挥出来。”

去年以来，胡玉琼所带的团队吸引进来了很多优秀的年轻人，也积极响应集团的“四百战略”，带领团队开拓长沙、兰州、郑州等地市场，与当地企业和高校紧密开展合作，取得了一定成效。今年，八公司将继续深入贯彻“四百战略”，努力实现本公司人员、订单双翻番目标。

摘自 2018 年 5 月 24 日《楚天都市报 · 创光谷》8 版

2.8 盛隆电气创业九公司总裁王昌宝

——盛世良企造就长胜英雄

《楚天都市报》 庞正

“而立之年来盛隆，恰逢盛世出英雄。十年订单数第一，争做长胜不倒翁。”“十年第一又带兵，徒弟收成过千金；装备现代粮草足，精兵良将‘宝丽军’。”

创 08

楚天都市报

盛隆电气集团九公司总裁王昌宝——

盛世良企造就长胜英雄

而立之年来盛隆

瞒着家人“下海”破釜沉舟

连续13年获得集团营销冠军

四代老板沐浴盛隆文化成长

这是盛隆电气集团董事长谢元德在2004年和2015年先后写下的称赞王昌宝的诗句，简短而又精准地概括了王昌宝在盛隆近三十年的峥嵘岁月里，所取得的个人成就和团队荣誉。如今的王昌宝早已功成名就，但依然亲自带领着自己的精英团队奔赴在市场的第一线，他总说，盛隆太好了，他要更珍惜时代给予的机会，带领更多人在盛隆取得成功。

而立之年来盛隆　瞒着家人“下海”破釜沉舟

王昌宝是枣阳人，20 世纪 80 年代，是村里第一个大学生。大学毕业，被分配到当时的国企——枣阳野马自行车厂科研所工作，主要从事新产品开发和机械工艺工装设计。1992 年，随着改革开放政策的深入，国企全面深化改革，30 岁的王昌宝怀着干一番大事业的人生梦想，跃跃欲试准备“下海”到枣阳开关厂，即盛隆电气集团的前身。

从当时年产值过亿的出口自营国企辞职，选择民企，是需要莫大的勇气的。在那个年代，作为一个出身农村的青年人，考上大学，跳出“农门”，有一份城市里的稳定工作，实属不易。好不容易得到了又放弃，王昌宝都不敢告诉家里人。在盛隆上班 3 个月后，他才忐忑不安地给哥哥打电话告知此事。

起初，他还是从技术做起，通过师傅的培养和自己刻苦踏实的学习，顺利完成了从机械工程师向电气工程师的转变。当时，作为技术人员，他经常要和业务经理一起去现场和用户沟通，做生产前的技术交流，这让他感到很新鲜。在这个过程中，遇到问题解决问题，让他学到了很多知识，为他后来自己创建团队，走向市场打下基础。

既然已经做出了选择，为了父母家人，也为了干一番事业，王昌宝打定主意：“我已没有退路，破釜沉舟，必须成功！”而后，在盛隆的近 30 年里，王昌宝一直相信并追随着集团董事长谢元德，脚踏实地地坚守着自己的信念和梦想。“跟对了人，做对了事！”在被问到为什么能够在盛隆取得这样的成就时，王昌宝如是说。

争做长胜不倒翁连续　13 年获得集团营销冠军

1994 年，用户和市场这个全新的领域深深吸引了王昌宝，他向谢元德请求转岗做营销。获得批准后，他兴奋地开启了挑战自我的征程。

那时，盛隆刚从枣阳进驻武汉关东科技工业园，各方面条件还没有那么完善。

开拓市场，远比想象的艰难。王昌宝回忆，那时候就是靠脚来丈量武汉，不知道走破了多少双鞋，也不知道吃了多少次闭门羹。那时的信息也没现在这样发达，能获取信息的渠道就是新闻联播和报纸，所以那个年代，晚上 7 点钟的新闻联播，王昌宝基本上从未错过。

王昌宝回忆，经过努力争取，克服重重困难，他成功地与沌口开发区武汉可口可乐公司签下设备订单。为履行好这个合同，王昌宝在设计、生产、现场安装等环节都全程参与。当时，用户配电房地坪土建和设备安装基础还未完工，厂区道路也未形成，就需要交货以配合用户建设工期，王昌宝就和同事从漫过脚的泥泞里把设备抬进配电室。由于工期紧，王昌宝和几名负责安装售后的同事一起，白天、黑夜在客户厂区连轴转。为节省住宿费，他们六七个人挤在旅店的一个房间里睡觉，早上起床腰都是痛的。

经过不懈努力，团队保质保量按时完成合同，得到了用户的好评。此后，王昌宝就把可口可乐公司的配电室当样板，多次带新用户前去参观。老客户的交口称赞，帮他赢取了不少新客户。

1994 年，王昌宝的 3 个订单总额达到 150 多万元人民币，占当年枣阳厂营业额的近一半。一直到 1998 年的 5 年间，他马不停蹄地开发沌口市场，经常只能用泡面和矿泉水充饥，有时候疲惫到饭也不想吃，就找个地方打十分钟盹，再接着起来跑。凭借过人的努力和技术出身的优势，王昌宝让盛隆的产品和服务占据了沌口开发区 70% 以上的市场。这些都为盛隆在进入武汉初期打开市场，起到了至关重要的作用。

“能取得这些成绩，要感谢我们这个伟大的时代，要感谢董事长当年给予的机会，感谢盛隆的体制，也要感谢各职能部门同事们给予的大力支持。”王昌宝说，他记得有一次早晨去车间催货，看到加了一整夜班的工人师傅累得坐在冰凉的水泥地上，靠着配电柜就睡着了，特别感慨和感动，所以他几乎从不对生产工人稍有责难。他常说，成绩绝不是一个人的，靠的就是这样的团队的共同努力！

这样奋力拼搏的王昌宝，连续 13 年当选公司营销冠军，成为盛隆无数年轻人的榜样和追寻的目标。2009 年，集团举行第一届营销形象标兵评选，王昌宝亲自征战，和集团的年轻人一起参与竞选。经过 8 轮评比选拔，他最终以遥遥领先的最高分获得了集团营销标兵的荣誉称号。

精兵良将宝丽军　四代老板沐浴盛隆文化成长

盛隆的文化是“立人己立，达人己达”的“传、帮、带”文化。从技术专员到营销专家，一步一个脚印踏实走过来的王昌宝，2004 年开始组建并扩大自己的营销团队，目前规模已达 100 多人，团队里基本人人懂技术，个个有绝招。

王昌宝带新人的办法，就是让他们通过执行合同来了解市场、建立人脉、积累经验。在执行过程中，遇到问题，让新人自己先想办法，拿出解决方案。“你不要只告诉我问题，你要告诉我你的答案是什么，我只做选择题，不做问答题。如果你的选项都不够合理，我会给出我的建议。”王昌宝如是对新人说。

同时，王昌宝信奉“不懂技术的营销经理不是好经理”，每周六举行公司培训，讲企业文化、讲产品及技术，讲市场及营销技巧，打造“学习型公司”。在九公司里流传着这样几句话：“第一年什么都可以问，第二年问过的就别再问，第三年什么都别问。”意思就是要大家勤学习、勤钻研，快速成长、进步。

一方面提高团队技术水平，一方面坚持诚信做人、诚实做事，王昌宝是这样做的，身边人都看在眼里，学在心里。

王昌宝早期培养的胡蝶，2006 年已带领团队开发天津市场；而后培养的马艳丽，也就是董事长作诗“宝丽军”中的代表人物，通过认真学习和个人努力，快速成长，如今个人年订单早已过亿，她也成立了自己的团队，并响应集团四百战略，开发了包头市场。

王昌宝先后培养了胡蝶、马艳丽、朱慧、余玲玲、贺静、李月异、王欢、孙振锋、马万强、蔡书通等人。他们已经成长为盛隆第二代、第三代、第四代“群体老板”，担任总经理、总裁或准总裁了，更新一代成员也在茁壮成长中。

2018 年 5 月 13 日，是盛隆电气成立 39 周年纪念日，盛隆大厦奠基仪式也如期举行。王昌宝作为此次建设筹备组负责人，激动地向全体盛隆人介绍了盛隆大厦的整体规划。他说盛隆大厦的筹建完成了他多年的心愿，盛隆就是这样一个不断造梦又圆梦的地方，一个值得奋斗一生的地方，“全新的起点，全新的盛隆，历经风雨，正值芳华！盛隆的明天会更好，盛隆必将百年辉煌”。

摘自 2018 年 6 月 7 日《楚天都市报 · 创光谷》8 版

2.9 盛隆电气创业十一公司总裁左长斌

——幸福就是身在良企干成事业

《楚天都市报》 庞正

左长斌的办公室里摆了十几盆绿植，还有一辆折叠自行车，生机勃勃。而他本人谈话间总是忍不住“嘿嘿”地笑起来。“因为我真心感到很快乐啊！”左长斌说，“在盛隆的每一天，我都觉得很幸福！”

创 光谷 创客行 08

楚天都市报

盛隆电气集团十一公司总裁左长斌——

幸福就是身在良企干成事业

从司机成长为创业公司总裁 这就是幸福

生生不息的大学生加入团队 这就是幸福

高标准实验室用上盛隆产品 这就是幸福

从司机成长为创业公司总裁 这就是幸福

1990 年，20 岁的左长斌加入了家乡最知名的企业——枣阳开关厂。因为不懂专业技术，他只能从开车做起。

但这个年纪轻轻的司机很特别。车开到目的地了，他不是在车上睡觉或干等着，而是跟业务经理一起下车，帮忙拎包、拿资料，听他们跟客户谈业务。世上无难事，只怕有心人。左长斌次次跟着去听，逐渐对公司业务熟悉起来，还学会了一些谈判技巧等。

“最重要的，我还学到了他们勤奋、用心、尊重人的品格。”左长斌说，有段时间，他给一位业务经理开车。那位经理是一个工作特别认真、特别拼的人，每做一项业务，都提前把功课做足，时时为客户着想，有时候连客户没想到的，他都替客户想到了，赢得了客户的交口称赞。左长斌想，这就是董事长谢元德讲的，“真心实意为用户着想，就一定能得到用户的认可和支持”。

1996 年 5 月 30 日，左长斌在太原出差一个月后回到武汉，向董事长申请开始跑市场，董事长同意了。6 月 1 日，左长斌正式拎包进入市场。

只会谈业务还不够，还要懂技术。左长斌刚开始见客户时，总要请一名技术同事同去，后来听得多、学得多，便能自己画图了。从销售配电设备到承接电力工程，又是一次提升。刚开始，他不懂电力工程，为了一个 500 多万元的项目执行，他跟懂行的同事合作，平分订单额。舍弃了利益，但自己却从中学到很多知识和经验，为个人进一步成长发展奠定了基础。

一路学习、一路进步，左长斌的事业越做越好。2016 年，他成立了盛隆创业十一公司，成为公司总裁。

“我的 QQ 签名是‘听妈妈的话’。现在母亲已经去世 5 年了，我也没改。”左长斌说，母亲教他要用心待别人，要记得别人的好。这些家训帮他成长、助他前进。

“同时，我能够不断学习、进步，主要是因为盛隆温暖和谐、昂扬向上的文化氛围好，大家都乐意互相帮助、指导新人。每个人在这里都能成长、成才。”左长斌感慨道。

高标准实验室用上盛隆产品　这就是幸福

刚开始开拓市场，左长斌也不知道往哪里去。因为他没有读过大学，对大学特别向往，就想到武汉大学去找找机会。

当时盛隆武汉公司门口，只有 518 路公交车，可以坐到街道口，再徒步走进去。左长斌在偌大的武汉大学里转悠，在一个 24 小时电话值班室里，听说了有两台供电设备需要更换的消息。他去找有关部门负责人，对方不在。他连着去了 3 天，每天上午 8 点之前到，一直等到晚上下班，终于在第四天见到了这名负责人，并最终签下 6 万多元的设备订单。

当时交通、通信都不发达，就靠一双脚走去和客户当面谈，中午也不回家吃饭，累了就在校园小树林里休息一下。就这样，左长斌又相继拿下了华中师范大学、武汉理工大学、华中农业大学、中南财经政法大学等多所高校的设备订单。

1998 年，他手上攒了十几万元积蓄，没有像别人那样急于买房，“房子以后会有的”，他买了一辆小轿车和一个“大哥大”，解决交通、通信问题，便于更好地开展工作。他的爱岗之心由此可见一斑。

最让他难忘和骄傲的，是 2004 年武汉大学生命科学学院一个存放某病毒毒株的实验室，要求绝对不能断电，也选用了盛隆的配电设备。

去年，左长斌一个朋友的孩子考上了武汉大学，左长斌请他们吃饭，跟那个孩子说：“你们大学里公寓、教学楼、图书馆，很多地方都是用的盛隆的产品，有盛隆的标识。”言语里充满了自豪。

前不久，左长斌跟助理王鑫签下的京沈高铁项目进行车辆试跑。那天，他在现场，车组从身旁飞驰而过时，他感到无比幸福。为了这个项目的 10 个站点，他经常从武汉飞往沈阳，在零下 30℃的严寒里坚持工作；工期紧张，集团公司协调各部门通力合作，在春节前完成了供货；在技术上，解决了高寒困难，相关经验将在“一带一路”倡议中涉及的很多高铁项目上推广、复制。

“盛隆是一个团结合作的大家庭，我们总能集合力量做成大事，就像‘盛隆之歌’歌词里写的：盛隆是家园，盛隆是天空。”左长斌说，“事做成了，人自然就幸福、快乐了。”

生生不息的大学生加入团队　这就是幸福

近年来，盛隆电气集团提出“四百战略”，要链接百校，广泛招收大学生，左长斌就是集团里最早大规模招收大学生的总裁之一。

2004 年，左长斌开始成立部门、组建团队。从一开始，他就广泛招收大学生。在他看来，大学生能考取大学，证明学习能力不错；同时，大学生知识面广、视野开阔，能把事做得更好。

张晓燕就是那时加入团队的，虽然这个姑娘在北京广播学院（现中国传媒大学）学的专业是播音主持，但她想去开拓市场，左长斌就支持她。

跑市场，就要会找项目。他给张晓燕安排的任务：每周一向他汇报上一周跑动的项目，他会带她去登门拜访客户，并从中筛选出一两个成功可能性比较大的项目，然后张晓燕再接着跑，他再接着帮忙筛选。手上积累了一定客户时，她就不再盲目寻找新项目，而是每周定期拜访有意向的客户，在左长斌的支持下，争取把订单谈成。

受左长斌的影响，张晓燕等人也都十分勤奋敬业。有一年，南阳一个项目招标，各方面工作进展得差不多了，客户要求第二天上午谈判。得知消息后，左长斌和张晓燕两人当天晚上 9 点多开车过去，大雨滂沱，在颠簸的国道上开了好几个小时车后，终于赶到。他们第二天一早出现在了客户办公室，当天下午就拿下了订单。

左长斌就是这样手把手地教大学生，个个都成了精兵强将。如今，张晓燕已经升任部门经理，个人年订单额超过千万元。目前，她的团队已有一百多人，并培养了像贺荣源、沈良玉、李房利、伍公平、赵自立、陈世华等“群体老板”，还不停有大学生加入，补充新鲜血液。

今年，集团提出了人员、订单双翻番的目标，对左长斌来说，践行“四百战略”，十一公司双翻番的目标一定能完成。

摘自 2018 年 6 月 28 日《楚天都市报·创光谷》8 版

2.10　盛隆电气创业十二公司总裁李平

——从优秀到卓越需要内在驱动

《楚天都市报》 庞正

每天上午不到8点，李平跟十二公司的同事们一起，便精神百倍地开始了一天的工作，自拍照片发到公司微信群打卡。绝大多数时候，她在市场一线奔走，从未懈怠。

创 光谷 创客行 08

2018.7.12 星期四

楚天都市报

李平

十二公司部分成员合影

盛隆电气集团创业十二公司总裁李平——

从优秀到卓越需要内在驱动

□楚天都市报记者 庞正

每天上午8点不到，李平跟十二公司的同事们一样，精神百倍地开始一天的工作，自拍照片发到公司微信群打卡。绝大多数时候，她在市场一线奔走，从未懈怠。

而在她办公室的书柜里，满满堆放着《哈佛商业评论》、《商界》、《自下而上》、《经营者养成笔记》之类的书，杂志每月必读坚持十多年，书籍每月两本不间断，书上密密麻麻进行标注，有的还摘抄下来。

脚踏实地、仰望星空。李平一直记得老师曾说过的话："家境和学历都不重要，持续学习很重要。"而在盛隆这样一个通过制度和文化充分激发大家内在驱动力的企业，李平得以不断学习、进步，不断突破自我，从一个职场新兵成长为带领团队开疆拓土所向披靡的创业公司总裁。

精诚所至　初探市场拿下数百万元订单

运筹帷幄　践行"四百战略"树标杆

大道至简　管理的最高境界是对大家好

而在她办公室的书柜里，满满堆放着《哈佛商业评论》《商界》《自下而上》《经营者养成笔记》之类的书，杂志每月必读坚持十多年，书籍每月两本不间断，书上还有密密麻麻的标注，有的还摘抄下来。

脚踏实地、仰望星空。李平一直记得老师曾说过的话："家境和学历都不重要，持续学习很重要。"而在盛隆这样一个通过制度和文化充分激发大家内在驱动力的企业，李平得以不断学习、进步，不断突破自我，从一个职场新兵成长为带领团队开疆拓土、所向披靡的创业公司总裁。

精诚所至　初探市场拿下数百万元订单

李平是枣阳人，中专毕业，20 岁加入盛隆。

“当时有一些国企和别的选择，但引荐人对我说，盛隆是一个能给年轻人机会、能让年轻人进步的地方，所以我来了。”李平回忆道，而后来的事实证明确实如此。

在工厂学习了一年多技术后，1997 年年底，李平开始开拓市场。一开始，她就在导师的带领下，盯上了用电大户武钢。当时，从公司到武钢没有直达公交车，她每天早上 5 点多起床，辗转一个多小时才能抵达。去了找到相关负责人，询问对方是否有技术服务需求。如果对方不需要，她也不着急走，每天照旧去，帮忙端茶倒水、扫地、打杂，做一些力所能及的事情。一个夏天过去后，李平的皮肤晒得黝黑，客户调侃她，劝她出门要做好防晒工作。一个冬天过去后，李平的手臂冻伤溃烂，打着绷带还每天去见客户。客户于心不忍：“这个单子不给你做，真是说不过去。”

除了为客户提供技术、商务服务，李平还凭借着自己的真诚、朴实，打开局面。市场越做越大，武钢、省劳动厅、省财政厅等单位，都用起了盛隆的配电设备。1998 年，李平拿下了数百万元订单。

“虽然当时很年轻，但通过自己的勤奋和努力，获取客户的认可和信任，这是成功的第一步。”李平说，每个同事出去，代表的是公司的形象，“客户从大家身上就能看出盛隆是一个可靠、讲诚信、追求品质的公司。”

她现在经常跟年轻同事讲，如果没有订单，不要抱怨，要找内因，想想客户现在需要什么，潜在的需求又是什么，都要摸清楚。要先付出，“我能为你做什么”，再谈回报。这是盛隆企业文化的一部分，也是开拓市场的成功法宝。

运筹帷幄　践行“四百战略”树标杆

奋力拼搏的李平，一路成长为年订单额过千万元的精英，2006 年开始组建团队，2016 年成立了盛隆创业十二公司。

有一年，李平的弟弟李兆龙要买房子，向她借钱，她要求弟弟写借条。“我是你亲弟弟，你还要我写借条？”“我不是不相信你，而是不看好你的行业。”李平说，当时弟弟已经是另外一个公司的营销总经理，但她觉得弟弟到盛隆来会有更好的发展。除了用激将法，她还带他到盛隆来参观。两个月后，李兆龙加入盛隆。

在李平的指导下，李兆龙第一年订单额达到 400 余万元，第二年达到上千万元，第三年达到数千万元。2016 年 3 月，春节还没过完，李平、李兆龙就积极响应国家“一带一路”倡议，前往西安开拓市场。抵达西安当天，他们租好办公楼，当天清扫完毕入驻，晚上就正式开始办公。

团队起初只有 6 个人，对当地市场也不太熟悉。李平指导他们，将客户进行分类，每人包片进行陌生拜访，并通过媒体、网络等各种渠道寻找潜在客户，积极与当地相关公司合作等。此后，他们逐渐掌握了一些客户。几个月后，他们成功与西安电子科技大学签下了设备订单。

没过多久，当地一个很大的乳制品企业供电设备招标，拦标价是 140 余万元。李兆龙递交了投标书，投标价 160 多万元。“一分价钱一分货”，李兆龙邀请这家企业的董事长到西安电子科技大学去参观已在运行的盛隆设备，工艺、选材、质量都属上乘。参观结束已是周五下午，这位董事长第二天早上乘坐最早的火车到武汉，李平又带领他参观盛隆武汉工厂和技术中心等。看完之后，这位董事长当即便要签合同，对盛隆提出的各种条件都一口答应，并从包里拿出早已准备好的合同。

回到西安后，被盛隆的产品和服务折服的这位董事长，又给盛隆西安公司介绍了好几位客户。口碑相传后，盛隆在西安的市场逐渐打开了。

盛隆西安公司还与西安交通大学、西安电力职业学院等高校开展校企合作，一方面进行人才引进，一方面探索技术合作与课题研究。同时，这些高校不仅自身是盛隆的客户，也是客户资源聚集地，对于开拓市场大有帮助。目前，西安团队已经有 30 多人，并自购了办公场地。

2017 年 6 月，李平又带领李游等人去南昌开拓市场，与南昌大学等高校开展合作，在江西市场的业绩也获得了突破。

盛隆电气近年来提出要“网通百城、携手百企、链接百校、创建百团”，十二公司努力践行，取得了不错的成绩。“董事长说怎么做，我们就怎么做，有时候可能刚开始没明白其中的意义，但董事长说：‘想，都是问题；做，都是答案。’”李平说，后来就会慢慢明白，董事长说的都有大道理。

大道至简　管理的最高境界是对大家好

十二公司是个特别年轻的公司，团队成员也都特别年轻，以“95 后”居多。怎么调动这些年轻人的积极性？怎么和他们打成一片？

李平经过认真思索，摸索了一系列完整的规章制度出来。比如，积分制，团队有问题大家集体讨论，能提出建设性意见的，可以积分；鼓励大家互帮互助，每人每月有 3 票投给帮助过自己的同事，得票多的人可以积分，等等。每个月积分到十分以上就可以参与抽奖。抽奖的形式有转盘、飞镖等年轻人喜欢的种类，奖品也是跟大家商量着来设置的，同时达到了考核、互动和团结的目的。

李平爱看书提升自我，也经常送书给同事们。“能看到的客户需求都是浅层的，存在同质化竞争，附加值比较低，要能够深入挖掘客户的潜在需求，能站在客户管理者的角度思考问题。”李平说，怎么挖掘？就是要靠学习，靠不断学习来提升自己的综合素质。

“董事长说过，管理的最高境界就是对他们好。”李平说，除了关心团队成员的工作和业绩，她还特别关心他们的身体、家庭状况、情绪状态等，发现问题就及时帮助解决。

像大姐一样的李平，成为同事们牵挂的对象。她在西安待久了，武汉的同事们念叨：“李总，你怎么还不回来？”她在武汉待久了，西安的同事们也会问出同样的问题。这种被需要和被牵挂的感觉，是李平的幸福和动力源泉；而这样团结和睦的团体，也成为市场上勇猛前进的生力军。

如今，李平心里惦记的，不仅是在“四百战略”指导下实现订单、团队双翻番的目标，还想着要把公司里这群孩子们带好，让他们能在这里有认识水平的提高，能树立正确的价值观，能在这里超越自我、成长和成才，发出自己的光芒。

摘自 2018 年 7 月 12 日《楚天都市报·创光谷》8 版

2.11 盛隆电气创业十三公司总裁陈玉财

——志存高远 成在盛隆

《楚天都市报》 庞正

勤奋、好学、乐于助人，这是绝大多数盛隆“群体老板”身上共有的标签，

楚天都市报

盛隆电气集团创业十三公司总裁陈玉财——

志存高远 成在盛隆

天道酬勤

出租屋墙上挂着武汉市地图

得道多助

两个意外而来的订单

手把手带新人成绩斐然

而这几个词似乎在陈玉财身上被诠释到了极致。

一周换一次皮鞋铁掌；一夜看完一本专业技术书籍；笔记本留存十几年；好心送重病邻居就医，没想到邻居家人主动打电话来咨询电力工程项目……陈玉财的故事很传奇，但他自己讲起来却云淡风轻。

志之所趋，无远弗届，穷山距海，不能限也。18 年前，那个对电气一窍不通的陈玉财，目前正计划带领团队实现营销 4 亿元的目标，志在必得。

天道酬勤　出租屋墙上挂着武汉市地图

陈玉财30岁之前，曾当过村干部，干过养殖，做过生意。而立之年，在四公司总裁谢远峰的感召下，他加入盛隆，一切从零开始。

他是真的从“零”开始。不懂技术、不懂产品、不会开车，甚至连武汉话都听不懂。进了车间，根本分不清什么是高压开关、低压开关，在他眼里都是些铁疙瘩，搬也搬不动。

就在这种情况下，他却豪情万丈，立志要干一番大事。第一件事，就是买了一张武汉市地图，挂在出租屋的墙上。他每天晚上在地图上画一个圈圈，计划好第二天要去的地方。他想着，即使不知道怎么跑，不知道哪里有项目，也要先用脚把全武汉市走一遍。

订下目标后，他就真的一天天走，走遍了武汉，从周一走到周六。周日休息，除了梳理一周的跑动情况，还有一件事必做——请修鞋匠帮忙换皮鞋的铁掌。一个星期跑下来，鞋掌已经磨得高低不平了，再磨就要破了，只能换新的。

白天沿街到处跑，晚上也不闲着，一回来就扎到车间去学习。不懂自家产品，怎么跟别人介绍？

每天他还要看报纸，从报纸上找项目信息，抄录到笔记本上。笔记本上，记着要跟客户说的话。每次跟客户打电话或者见面前，要说哪些话，先说什么再说什么，都先在笔记本上打好草稿，背熟了，再跟客户说。这些笔记本，陈玉财到现在还留着。

功夫不负有心人。大半年后，陈玉财终于拿下了一个教学楼的设备订单，实现了零的突破。

2005年，韩国一家企业在阳逻建生产基地，要运用PLC自动化控制系统。当时，懂这个技术的同行不多，陈玉财也不懂，投标前两次都失败了。既然是技术问题，那就攻克技术。陈玉财在街道口一家书店里，找到了一本讲PLC自动化的书，连夜学习，并牢牢将知识点记在心里。再去跟韩国人进行商务谈判时，他把技术谈得头头是道，对方总工连连竖起大拇指，一个600多万元人民币的订单就这样敲定了。那一年，陈玉财的年订单总额达到2000万元。

因材施教　手把手带新人　成绩斐然

2005年，陈玉财成立了营销部，开始组建团队，带领新人。

贺荣有是在2006年加入团队的，他能吃苦、有冲劲，但第一个项目谈得不太顺利，向陈玉财求助。陈玉财了解情况后，给客户方的负责人打了个电话，介绍公司情况，推介贺荣有。之后，对方的态度大大改观，最终促成了订单的签订。

没多久，贺荣有在谈另一个项目时，遇到了问题，又来请陈玉财帮忙打电话，陈玉财断然拒绝："第一次打电话是帮你，再打电话就是害你。"

陈玉财说，他完全理解贺荣有的心情和状态，他自己也正是从那个阶段走过来的。刚开始跑市场时，陈玉财有个搭档，每次跟客户见面，向客户介绍情况，他都把搭档推在前面，自己跟在后面。后来有一天，搭档离职了，陈玉财无可依靠，只能自己上。他去拜访客户，心里忐忑，迈不开脚，张不开嘴。早上5点多起床，6点多到客户单位，一直磨蹭到中午12点才去见对方。但只有迈出去这一步了，才能真正积累经验，获得快速成长。

他帮助贺荣有克服依赖心理，独自解决问题。不知道怎么跟客户介绍，可以像他一样先在笔记本上打草稿。贺荣有十分受用，很快取得进展，不断进步，如今已经在十三公司成立了营销处，团队有近50人。

另一名业务经理马小飞，主动找到陈玉财，帮忙开了几个月的车。陈玉财发现他勤奋、机灵，悟性高，就在车上给他讲盛隆的产品和制度。马小飞加入营销队伍后飞速成长，如今成立部门，团队有50人，2018年订单额已达5000多万元。

陈玉财现在也还在跑市场、带新人，每天早上7点半到办公室，业务经理们最晚在 8 点前也会到办公室。有需要协调的事项、需要请教的问题，他会集中在一小时内办完。陈玉财 9 点会准时离开公司，去项目现场。到了傍晚 6 点，陈玉财回到办公室，大家有问题可以再来问。

就这样手把手带新人，陈玉财一年只带 2 个人，向新人全面灌输盛隆的产品、技术、文化及营销技巧等。目前，这些人都在十三公司取得很好的发展，成立了营销部或营销处，没有一个人离开盛隆。在这些人的“传、帮、带”下，十三公司目前发展到了 200 人。

去年以来，十三公司还积极践行“四百战略”，开拓济南、南京市场，目前这两个地区的订单额已达 3000 多万元。

“去年我们完成的业绩是 1.8 亿元，今年到现在我们的订单额已经达到 2 亿元，今年完成业绩翻番达到 4 个亿，没有问题。”陈玉财信心满满。

得道多助　两个意外而来的订单

陈玉财热心快肠，笑声爽朗，只是他没想到，这样的性格也能给业绩帮忙。

几年前的一个晚上，快到凌晨 12 点时，邻居忽然给陈玉财的妻子打电话，说自己发病倒在床上，不能动弹。陈玉财和妻子设法打开邻居家的门，把她背下楼，紧急将她送到医院去抢救。垫付医药费、交押金，陈玉财一点儿也不含糊。邻居的丈夫赶到医院来后，感动不已，连连道谢，陈玉财却觉得小事一桩，不足挂齿。

几天后，陈玉财接到电话，正是那位邻居的丈夫打来的。原来，他是一个建设单位的项目经理，听说陈玉财从事电气行业，主动介绍自己手上有个项目。想到陈玉财平日里就这样乐于助人，一定是个诚信可靠的人。后来，盛隆参与此项目投标，陈玉财团队靠过硬的技术、优质的服务和近乎完美的方案，赢得了这个订单。口碑相传，陈玉财随后在这个领域一共拿下了一千多万元的订单，都认真执行，获得了客户的一致认可。

陈玉财跟同事们讲自己的这个故事，跟大家传播盛隆“帮助别人成全自己”的文化，不少人听进了心里。

有一次，十三公司的乐洪俊在孝感开拓市场，在街头走着，忽然遇到一个老爷爷摔倒了。乐洪俊赶紧把他扶起来，询问他的状况，买水给他喝。老爷爷很感动，就跟乐洪俊聊起天来，得知他是做电气营销行业的，硬是把他拉到自己儿子的公司里，老人家的儿子正好在建厂要用电，就跟乐洪俊接洽起来，最终成功签约。

“董事长跟我们讲‘立人己立，达人己达’，我的妻子也常提醒我‘不忘初心’，而我们也正是这样做的。”陈玉财说，“我想，这就是‘走正道、办良企’，盛隆的百年蓝图一定会实现。在‘群体老板制’和‘四百战略’的指引下，十三公司也一定会蒸蒸日上，每位员工在这个平台上都会获得良好的发展，拥有幸福和美满的生活。”

摘自 2018 年 7 月 26 日《楚天都市报·创光谷》8 版

2.12　盛隆电气创业十四公司总裁何彦

——楚楚不凡之才　成就船骥之托

《楚天都市报》 庞正

24岁主管集团财务，26岁成为采购中心总监，至今掌管着集团每年数十亿元的采购资金；开拓市场也有不俗的表现，每年超过1亿元的项目，执行得稳稳当当。何彦自22岁加入盛隆以来，一直没让人失望，一直被委以重任。

“云厚者雨必猛；弓劲者箭必远。”何彦雅致的办公室里，这幅字格外醒目。现在，成立了创业十四公司的何彦，有更大的志向：希望团队的同事们都能成长为群体老板，都能成立创业公司。

创业光谷 08

楚天都市报

盛隆电气集团创业十四公司总裁何彦——

楚楚不凡之才　成就船骥之托

●敏而好学　最枯燥的工作里快速成长

●恪尽职守　更漏声中制作标书忙

●大器早成　花信年华掌管集团数十亿资产

敏而好学　最枯燥的工作里快速成长

2004年，何彦从华中科技大学财

会专业毕业。盛隆是她应聘的第一家企业，通过笔试、面试等环节，何彦顺利入职财务部门。

“当时，有些同学去别的民营企业应聘，还要有武汉市内的家人或亲朋做担保，或个人提供资金担保，才能做财务工作，但盛隆什么都没让我担保。”何彦说，她是江西人，在武汉没有家人、朋友，盛隆的做法让她感到被信任的力量，也让她相信这是一家向善的企业。

刚开始，部门主管安排何彦复印财务凭证，她愉快地接受了这个任务。没想到，一个星期过去了，每天就只是复印凭证；一个月过去了，还是每天复印凭证。她心里有些不耐烦了：“我一个大学毕业生，每天只能复印？”

但她转念一想，主管安排她复印，不代表她只能复印，凭证上面，学问可大得很。于是，接下来的三个月，她每次复印时，都会仔细看看现金凭证、固定资产凭证、应收账款凭证、应付账款凭证……她都琢磨个透，凭证是怎么生成的，怎么记账，怎么做报表，怎么做平衡，怎么出月报、年报等。利用这几个月时间，她把所有会计科目的凭证都看到了、学到了。她第一次感到书本上学的东西都落到了实处，也为她此后的职业生涯打下了坚实的基础。同时，她的性格也磨炼得更加沉稳。

做财务工作，错一个小数点都会产生巨大的损失，但新手上路完全不犯错是不可能的。何彦起初也遇到过问题，有一次，因为写错了一个数字，账款怎么都对不上。下班了，她留在办公室继续算，终于找出了问题。此外，她还总结出了出错的原因，以及发现错误后快速倒推找出差错点的方法。

年轻有为　花信年华掌管集团数十亿资产

脚踏实地、勤奋好学，展现出专业才干的何彦，24 岁便升任财务主管，资金规模数以亿计的盛隆电气集团的收支都要经她的手。

26 岁那年，何彦又调任采购中心总监，每年十多亿元的采购资金，都通过何彦一支笔签发。

如此年轻的财务主管与采购总监，引人瞩目。业内有些人不敢相信：“这么年轻的一个姑娘，又是外地人，跟集团董事们非亲非故的，怎会担此大任？”

何彦用自己的实际行动回答了这个问题。

来到采购中心，何彦把里里外外都打理得井井有条且成绩卓著，让人心服口服。

对内，她发现采购部门存在老同事和新同事业绩差距过大的现象。为了帮助更多新同事成长，何彦广泛找同事们做思想工作，并果断调整奖金分配比例，很快扭转了形势，一批又一批新同事快速成长了起来，工作氛围也更加融洽。对外，何彦创新工作思路，逐步打通某些品牌元器件的直供渠道，进一步降低采购成本。

采购人员在人们心目中是“甲方”，是供应商们要取悦的对象。但何彦不这样认为。她去考察供应商，不吃别人一餐饭，不拿一份礼品。如果双方达成合作，她就会把对方视为合伙人，有问题共同面对，保证最后产品按质、按量、按时到位，同时使双方都获取应有的利润和价值。有时，供应商到盛隆来谈事情，她还作为东道主热情接待，跟对方交朋友，常被调侃“甲方也做成了乙方”。

就这样，何彦已经担任集团采购总监十年了。当年，那些对她太过年轻的质疑，早已不攻自破。

“公司对年轻人的信任和关爱，让我备受感动和鼓舞。”何彦说，在盛隆这个平台上，一直是不问年龄、不问出处、不问性别的。只要品德好、有才干的人，都可以被重用，都能在这里实现梦想、创造价值。

恪尽职守　更漏声中制作标书忙

2014 年起，主管采购中心的何彦，也开始带领团队开拓市场。借助公司资源，他们想拿下的第一个项目就是武汉市地铁项目。

投标是个重要的工作，投标价不能太高，也不能太低；技术方案还要达到要求，方方面面都要统筹好。

为了制作好标书，何彦和团队不断地修改标书，进行成本控制和分析，还提前进行投标模拟。

那时，何彦的孩子才一岁多，她白天在办公室忙一天，晚上回家把孩子哄睡了，还要再回到办公室来，跟同事们一起鏖战到天亮。每次投标的前夜，何彦必定会跟同事们熬一个通宵，可能在投标前 5 个小时还在修改标书，力求尽善尽美，在最后一刻定稿，再打印装帧。

功夫不负有心人，最终，从 2015 年到 2017 年，何彦团队拿下了武汉市地铁 6 号线、7 号线、8 号线和机场线的订单，还有天河机场 T3 航站楼的订单等。顺利中标，完美执行，充分展现了湖北省民族企业的实力和风采。

近几年来，何彦团队每年的订单额都超过亿元人民币，还正式组建了创业十四公司。目前，公司有近 70 人，10 个创业部。

何彦的理想是传承盛隆的企业文化，像当年公司信任、关爱自己一样，帮助身边的年轻人。她希望十四公司的每位同事都能成为盛隆的“群体老板”。首先，要让这十名创业部负责人成长起来，“培养大家的老板思维，带领大家开拓市场，帮大家赚足第一桶金；其次，教大家带团队，顺利走上‘群体老板’的正轨，最终都能成立创业公司。”

何彦的办公桌上有个时钟，她经常要瞄上一眼。因为身兼数职，她除了要提醒自己注意工作效率，更是给自己一个暗示：时不我待。碰上了好时代，身在好企业，一定要干一番大事业，方不负韶华。何彦说，为此，她一直在努力，不敢有丝毫懈怠。

摘自 2018 年 8 月 9 日《楚天都市报·创光谷》8 版

2.13 盛隆电气创业十五公司总裁聂伟

——好平台让人不断拓展自身边界

《楚天都市报》 庞正

“我是技术专业出身，没想到后来走上了管理岗位，再后来还开始做营销，并都取得了一些成绩。”聂伟说，盛隆就是这样一个鼓励人不断挑战自我、拓展自身边界的好平台。在这样的平台上，人的潜能被无限激发，创造价值，收获幸福。

创光谷 创客行 08

2018.8.23 星期四

楚天都市报

“我是技术专业出身，没想到后来走上了管理岗位，再后来还开始做营销，都还取得了一些成绩。”聂伟说，盛隆就是这样一个鼓励人不断挑战自我、拓展自身边界的好平台。在这样的平台上，人的潜能被无限激发，创造价值，收获幸福。

一步一个脚印走到现在，聂伟目前考虑的事情，是要把刚成立不久的十五公司基础夯实，以根深而求叶茂，以厚积而求薄发。

盛隆电气集团创业十五公司总裁聂伟

好平台让人不断拓展自身边界

□楚天都市报记者 庞正

突破自我 从个人到团队的加法与减法

别具慧眼 提前一年布局河北保定

求贤若渴 招徕精兵强将百花齐放

一步一个脚印走到现在，聂伟目前考虑的事情，是要把刚成立不久的十五公司基础夯实，以根深而求叶茂，以厚积而求薄发。

突破自我 从个人到团队的加法与减法

聂伟是赤壁人，2002年从华中科技大学电气专业毕业，在两个单位工作一段时间后，发现这些单位机制比较呆板，个人成长空间不大。此时，她了解到盛隆电气，果断应聘加入。

刚开始，聂伟做的是与专业对口的事情，进入设计室，做产品设计、方案设计等，每每把自己的工作完成得很出色。两年半后，她通过竞聘，担任设计室主任。

当上设计室主任，马上面临两个问题：一是带团队，二是接订单。这对于以前专注于专业技术、性格比较内向的聂伟来说，是比较难的事情。

“身在其位，要负责任，硬着头皮上呗！”聂伟笑着告诉记者。设计室要主动去联系集团的营销团队，承接技术订单。聂伟是新人，还没有固定合作的营销团队，就四处打听哪个团队新接了订单。后来，她找到一位营销人员，主动介绍自己设计室的服务。对方也是位新人，一来感觉到刚接了订单就有技术团队主动来服务，集团的工作氛围很好；另一方面，对方也明白新团队的不容易，就把这个技术订单给了聂伟。

拿到订单了，就必须认真执行。聂伟的技术团队“不允许出错”，花大量时间反复审核、校对，一定确保正确率。设计方案交付工厂后，聂伟还时常去工厂陪着工人生产，现场出现任何意外情况，都会第一时间得到解决。有时为了赶工期，工厂交货前夜要通宵生产，聂伟就通宵陪同。

口碑好了，订单就越来越多，聂伟的团队也越来越忙碌。她还记得，曾有连续 3 个月都没休息过一天，每天晚上要到 11 点多才能回家。还有好几次，上班上到早晨，准备下楼回家，才发现：“已经早晨 6 点多了！好，那就不回去了。上楼洗把脸，接着上班。”

也有订单稀缺的淡季。设计室是按劳分配，订单少了，收入就少。聂伟认为，订单接的少是自己的责任。于是，她在淡季尽量保证同事的收入，有好几次自己的工资都拿的是最低的。

在努力工作上做加法，在收入所得上做减法，聂伟的专业才干和品德为人，让大家心悦诚服，团队凝聚力越来越强，也获得了企业的肯定。

担任设计室主任 3 年后，聂伟升任集团技术委员会副主任。半年后，30 岁的聂伟升任技委主任，掌管集团设计室、工厂、采购、售后服务等多个部门，有近千名同事。一年半后，她开始担任集团的生产总监至今。

求贤若渴　招徕精兵强将　百花齐放

从技术员到生产总监，这样的身份转换已经超出聂伟自己的想象了，但没想到，33 岁那年，她还在集团的鼓励下开始做起了营销。

“董事长总是鼓励我们突破自我，会做的事情就不用再做了，要去做不会做的事情。”聂伟说，她也很乐意接受这样的挑战。

再次面临招人和接单两个问题，但这一次，没那么难了。在盛隆工作十多年，积累的技术水平、服务能力、交往能力，在组建和带领营销团队的过程中都得到了应用。第一批次，聂伟招收了姜盼、丁辰、杨帆三人。

姜盼以前在其他公司做技术，跳槽过来；丁辰是应届毕业生；杨帆从技术岗转岗到营销团队。每个人的特点不同，聂伟就用不同的方式指引他们。

当时，盛隆在鄂州建设了一个结构公司，由聂伟负责。到了工程收尾的阶段，聂伟便安排姜盼去办理这个公司的供电手续。办手续，跑供电局，姜盼很快熟悉了流程，跟当地供电公司也熟络起来。接下来，聂伟带着姜盼去与当地主管部门对接，姜盼表现出了很好的基本素质，在当地逐渐站稳脚跟，打开市场。工作的第一年，姜盼就取得了集团销售第二名的好成绩。

丁辰的工作从工程执行开始。聂伟有一句话：“要让我们的客户与盛隆打交道之后，不愿与其他公司再打交道。”这是教导他们一定要对客户做好服务工作，让客户觉得省心、放心，与盛隆合作一次就愿意长期合作。丁辰牢记这句话，用自己的勤奋努力赢得了长期的客户。他在盛隆工作三年，有两年都入选集团“千万订单英雄榜”。

随着营销业务的发展需要，团队还需要大量人才，聂伟下大力气，通过网络发布招聘信息，广泛搜集各类人才资料，委托朋友、熟人推介，在各场合都不遗余力地展示宣传盛隆等。

有一次，她在一个招聘网站上发现了一条信息，是一位行业内的外企高管发布的，但信息已经过去 3 年了，可能已经失效。但聂伟没有放弃，她联系了这位高管。第一次，请他在咖啡馆聊天，介绍盛隆的实力和制度优势等，对方略有心动，却还在犹豫。聂伟紧追不舍，再请他到公司来参观考察……几次三番下来，对方终于被打动，加入盛隆。如今，这位同事在盛隆每年的订单额达数千万元，业绩在集团排名前十。

还有一位下海创业的原央企高管，本身已经是多家企业的董事长，却被盛隆董事长谢元德及聂伟的诚心打动，最终加入盛隆。

聂伟说，这些人才能加入盛隆、留在盛隆，首先是因为盛隆的确是个很好的平台，能充分发挥每个人的才能，不设天花板，需要支持集团就提供支持；同时，身在盛隆，大家互相帮助，工作愉快，像家人一样相处融洽。因此，盛隆可以广泛吸纳人才，百花齐放，共创未来。

别具慧眼　提前一年布局河北保定

2017 年 4 月 1 日，中共中央、国务院决定在河北省保定市境内设立雄安新区，调整优化京津冀城市布局和空间结构。

而在那之前的 2016 年 1 月，聂伟已经在保定市成立了河北办事处。

“其实只是个巧合。”聂伟说，当时，她响应集团“四百战略”，要走出去，她的思路是通过项目切入市场，刚好发现保定有一个希尔顿酒店的高端项目，考察过后，就前去布点。

公司没有合适的人选到保定去，聂伟就决定在当地招人，并成功挖掘了李昭然这个人才。李昭然是华北电力大学毕业的学生，工作认真踏实，为人谦虚谨慎，与另一名搭档一起，很快拿下了保定三医院的项目，成为盛隆在保定市的第一个电力工程项目，希尔顿酒店的项目也在有序跟进中。2017 年，两名新人的订单额达到了 700 万元人民币。

2018 年，河北办事处的人员扩展到 8 个人，市场基础已经逐渐夯实，订单额有望大大增加。

除了河北保定，聂伟的营销团队还在广州、重庆、三亚、泰州等地承接项目，都执行得十分漂亮。特别是在南京，他们拿下了南京新城科技园 2600 余万元的项目，也成为盛隆在南京的第一个电力工程项目，为盛隆在当地的影响力和口碑打下坚实基础。

2018 年年初，盛隆电气集团创业十五公司成立，聂伟的想法是要夯实公司基础，把已经开拓的几处新市场做大、做强，并继续大力引进人才，培养更多的精兵强将，将来他们可以带着盛隆的产品和服务走向更多城市，走向更广阔的未来。

摘自 2018 年 8 月 23 日《楚天都市报·创光谷》8 版

2.14 盛隆电气技术总监谢正新

——固质量之本　保基业长青

《楚天都市报》 庞正

一走进谢正新的办公室，赫然映入眼帘的就是盛隆百年工程图，以及旁边醒目的安全责任状。谢正新作为集团安全委员会主任，每年总是第一个在责任状上签名。

创光谷行 08

楚天都市报

盛隆电气集团技术总监谢正新——

固质量之本　保基业长青

竿头日上　从设计小兵到技术掌门

深谋远虑　两化融合先行者

眼不揉砂　若降低质量宁愿舍弃订单

盛隆要做百年企业，质量与安全问题是最重要的基石。而谢正新就是那个对集团的产品、工程的质量与安全进行总体把关，让百年盛隆的基石坚如磐石的人。

竿头日上　从设计小兵到技术掌门

谢正新是枣阳人，1994 年从学校毕业后，加入盛隆。

在工厂里抬钢板、做装配，学

习两个月后，谢正新加入盛隆集团技术部。在前辈们的“传、帮、带”下，谢正新很快学会了手工绘图，能够独自完成设计任务了。

当时，技术人员画图，要靠三角尺、绘图笔、绘图板等工具纯手工操作，谢正新一笔一画地完成，最后再认真写上自己的名字“设计：谢正新”。他为最后这个签名自豪，也为这个签名负责。从做技术工作的第一天起，这种责任感就深深地根植在他的心里。

做技术人员要细心、耐心，能坐得住，才不会出错。有一次，谢正新要画一个复杂的 PLC 接线图，他整整 7 个小时伏案未动，专心设计，唯恐思路稍有偏离便出现错误。图纸画完了，他长舒一口气，成就感油然而生。几年里，这样手工绘制的图纸，他积攒了上千张，装满了一个 2 米高的柜子。

“我很享受工作，一方面因为工作带给我成就感；另一方面，在盛隆这个‘干事创业最美好的天地’，前辈们不吝指导，同事们给予充分信任，董事长尊重大家的想法，想干事的年轻人都能在这里获得成长，干成事业。”谢正新说。

集团早早看准了计算机辅助设计会取代手工制图的发展趋势，斥资买回一台 386 计算机，并送谢正新前往西安交通大学学习。那 3 个月的学习，让谢正新受益匪浅，终生难忘。从西安回来，集团又专门请了某知名企业的总工程师到盛隆来，手把手教谢正新使用电脑。学成之后，谢正新绘制出盛隆第一张计算机制作的电气设计图，开创了计算机辅助设计新时代。

“集团对年轻人的重视和培养可见一斑，我就是一个非常大的受益者！”时至今日，提起这些事情，谢正新仍对集团充满感激。

能够熟练运用电脑后，谢正新还自己编了一个小程序，能将各项目、各设备所需元器件等，自动汇总成一个采购清单，准确又高效。

集团不断地发展壮大，个人也不断地成长进步。以前那个见客户内心忐忑不知该如何开口的他，现在总能说服客户按照自己的优化方案来执行；以前看来神秘无比的几大国外品牌电气厂商，现在也成了合作伙伴和朋友。

勤奋、钻研、懂得感恩的谢正新，在盛隆这个支持年轻人进步的舞台上，早已一路从技术员成长为工程师、设计室主任、生产厂长，直至技术总监。

眼不着砂　若降低质量宁愿舍弃订单

担任技术总监后，谢正新愈发坚持只有在质量管控上一定要“零容忍”，才能与集团追求高质量发展的定位及打造百年良企的目标相匹配。

由此，他依照国家和行业内最为严格的标准，建立了集团完善的质量管理体系。比如，在产品质量控制方面，从进厂原料到出厂产品，经过入库检验、生产工艺巡查、通电试验、外观检验、出厂前抽检五道考核。若任何一步有问题，就一票否决，确保产品合格率 100%。

绝不偷工减料，绝不以次充好，这样严格把控出来的产品，成本及价格自然在同行业中略高，但品质好也是有目共睹。“用户有很直观的感受，过了五年、十年、十几年，将会越来越发现盛隆的产品就是好！”谢正新骄傲地说。盛隆创业四十年，大浪淘沙，同类的不少企业退出历史舞台，一些客户找不到当年的生产企业，常常请盛隆帮助维护维修设备。

在工程质量控制方面，盛隆同样按照最严格的标准来执行施工工艺、进行主材选择等。2003 年，在一个数百万元的工程合同中，客户方指定要用某个品牌的变压器。质量从源头抓起，盛隆对自身挑剔，对供货方同样严格。根据盛隆的合格分供商评审制度，质量评审小组先去该品牌厂家现场考察，但考察结果认为其产品质量不符合相关标准。盛隆便跟客户沟通，不能使用该厂家变压器，但客户坚持要用，盛隆不肯在质量上迁就，遂放弃了这个订单。

“宁愿不做这个项目，也不做一个存在工程质量隐患和风险的活儿。”这是集团董事长谢元德在得知此事后所说的话，也让谢正新更坚定了自己的想法，成为他日后工作中坚守不移的准则。

“盛隆就是这样：我为你提供服务，就提供最好的服务；我尊重你的意见，但更对我的工作负责。”谢正新说，“大家要像爱护自己的眼睛一样维护盛隆形象，爱护盛隆品牌。”

获得 2013 年武汉市质量贡献奖，他实至名归；而盛隆，连年获选湖北省百强企业。

深谋远虑 两化融合先行者

就在 2018 年 8 月，盛隆电气被国家工信部认定为全国“2018 年两化融合管理体系贯标试点企业”。

“两化融合”是信息化和工业化的深度结合，是指以信息化带动工业化，以工业化促进信息化，走新型工业化道路。其核心是以信息化为支撑，追求可持续发展。

谢正新介绍，近年来，盛隆电气积极推进数字化工厂建设，重点加快企业云平台和工业互联网平台建设，推进自动化生产线、数字化车间和智能化工厂建设，用信息技术促转型升级，抢占产业新一轮竞争制高点，成为两化融合领域省市乃至全国的示范企业。

2017 年，为了提升生产效率，提高产品品质，谢正新在盛隆建设了高压设备生产线。以往靠装配工人手工完成成套设备组装的工作，如今按照工序生产，每个工序设置一个质量把控点，生产过程全程接受检验和控制，保证了生产工艺的高标准、一致性，一次交检合格率大大提升。

谢正新表示，预计今年十一，工厂的低压样板线也将投入使用，用信息化手段及时解决生产中出现的各种问题，降低成本，提质提效。

此外，盛隆的智能厂牌系统也已上线，以智能二维码为入口，构建产品“身份证”，内外用户同码不同权，各取所需信息，实现项目全程及产品设计、生产、质检、物流、售后等全生命周期追溯，问题返溯直接高效。

近年来，配用电领域正从以电力保护技术为代表的功能化时代，走向电力技术与数字化技术、互联网技术相融合的智能化时代。面对这场新的变革，盛隆果断出击，组织精兵强将开发具有世界先进水平的 iPanel 互联网智能低压电气柜和 iOVE2000 互联网智能配电系统。如今，这两款有自主知识产权的产品，由于技术含量高，性能优越，质量可靠，节能环保效果明显，成为市场的明星产品，也让盛隆在代表民族企业参与国际竞争时更有底气、更具实力。

“董事长高瞻远瞩，为我们指明了行业的发展方向，并且充分信任我们，全力支持大家把想法变成现实。因此盛隆能站在行业最前沿，颠覆过去，引领和改变行业现状。”谢正新说，“只有在盛隆这样的平台上，我们才能完成这样伟大的事业。以后回想起来，也将会倍感自豪。”

摘自 2018 年 9 月 6 日《楚天都市报·创光谷》8 版

2.15　光谷电气有限公司营销总裁章艳

——与时代共振　创新图变成翘楚

《楚天都市报》 庞正

白色T恤，黑色七分裤，平底鞋，长发简单地挽在脑后。记者2018年7月第一次见到章艳时，甚至觉得她这一身装束不太像一个营销总裁的样子。但这样干净利落，正是她做人行事的风格，也是她随时准备突破自我、创新创业的姿态。

楚天都市报

08

ovelec 光谷电气

光谷电气有限公司营销总裁章艳——

与时代共振　创新图变成翘楚

创业三个月拿下百万订单

做好新时代新产品新营销

创新培养模式收获干将

章艳19岁加入盛隆，从装配工人做起，三年后即响应公司号召，投身开拓北京市场；五年后转战天津，快速打开市场局面并培养出一批骨干人才；而今，身在光谷电气，她致力于全面推广公司的高新技术产品和服务，引领行业转型升级。

苟日新，日日新，又日新。一路走来，她在集团董事长及导师的指导下，不断提升自我，每一步都顺应了公司的发展需要，也与时代发展同频共振，成为业内翘楚。

精诚所至　创业三个月拿下百万订单

1998年，作为一家民营企业，从初试、复试再到笔试、面试，盛隆电气的招聘方式首先就给了章艳耳目一新的感觉。“这个企业很正规，很重视人才。”章艳回忆道，她就在那时从100多名面试者中脱颖而出，加入盛隆。

一进企业的入职培训，董事长谢元德就给大家讲了范增的故事，“立人己立，达人己达”的企业文化让章艳深受震撼，也深深地烙在了她的心里。

刚开始，章艳从装配工人做起，对公司的产品和技术有了一定的了解。第二年，她通过竞聘当上采购员，对行业和价格体系有了进一步的认识，也跟营销人员有了更多的接触。

那一年，集团正式进驻北京市场，并鼓励具有老板思维的人去开疆拓土。章艳的心里不安分起来：“有‘群体老板制’这么好的体制，身边有这么多创业成功的例子，我为什么不能做？”与此同时，她的创业导师、集团副董事长谢清伦也鼓励她挑战自我，积极转岗营销。

2001年7月，章艳毅然放弃采购工作，前往北京创业。万事开头难。北京那么大，她只能坐公交车满大街转悠，看到有在建的大楼就去询问。不知道怎么问，怎么介绍自己，还要提前预演。在一个商住楼项目，章艳终于碰到了一个肯介绍情况的工程师，她便天天往项目跑，单趟就要坐两小时车也在所不惜，了解客户的需求，送样本、送元器件、送方案工地，终于成功签下了第一笔订单，近百万元人民币。

开拓市场三个月就有了这笔不错的订单，章艳便趁势而上，又陆续开发了北京师范大学、302医院、唐山会展中心等客户，逐渐在北京市场站稳了脚跟。

2003年10月1日，公司为包括章艳在内的三对同事，举办了盛大的集体婚礼，董事长谢元德担任证婚人，为新人送上祝福。章艳回忆说：“当时公司几百号人为我们祝福，那种感动，至今难忘。”

采光剖璞　创新培养模式收获干将

2004年、2005年，章艳连续作为北京优秀代表，与天津同事分享工作经验。在这一过程中，她想，一个人做市场只有一分收获，那如果十个人呢？甚至一百个人呢？

2006年，章艳为传承公司“传、帮、带”的帮创文化，前往天津市场组建团队，出任天津办事处主任，开启第二次创业。

当时，天津市场上取得订单的同事不多，订单额也不大。还有很多从武汉招聘的新员工，一到天津觉得工作不好做，扭头就回去。

怎么办？章艳想，首先要帮同事们一起把项目做好。有了项目才能留得住人，做好项目才能让大家一同成长进步。

同事曾宪勇非常勤奋、能吃苦，但几个订单谈到最后都以失败告终，问题出在跟人打交道的方式上。章艳就陪他一起去见客户，一番谈话下来，马上打动了对方。有了这个样本，他以后自己就会谈了。就这样，章艳跟同事们一起去谈一个个项目。在这个过程中发现同事的短板，他就帮助他们补齐短板。同事们都拿回项目后，天津市场很快也打开了，也不再有“一来就想走”的情况了。

这个时候的章艳，说是办事处主任，其实是个“全面手”。需要决策的，找章艳；需要司机了，找章艳；需要谈判高手，找章艳；需要能看懂图纸的人，还可以找章艳。从另一方面来讲，章艳作为一方市场的负责人，刚到天津时也有不太熟练的地方，但正是在带领大家一起做项目的过程中，她自己也快速进步，在人员调配、岗位设置、新人培训、资源统筹等方面有了历练，真正拥有了“老板思维”。

何不将自己的这种成长经验进行复制？2008年开始，章艳不再一个一个带新人，而是发掘一批有能力、有潜力的同事，直接任命为部门经理，让他们分别带领十名同事组建营销小团队，一起做项目，在这个过程中，几位经理像她一样，被“推着”快速成长，同时其团队成员也跟着一起进步。

辛方方，2005年开始在天津做商务预算工作，任劳任怨，学习能力强。但几年过去，长期重复高强度的工作让她有些疲倦，出错率提高。章艳及时发现，找她谈话，并给了她一个新的机会——带队做项目。辛方方把握住这个机会，迅速进入状态，带领团队成员分工合作，有不懂的地方随时打电话向章艳请教，经常一天打十几个电话，有时一个电话说半个小时。很快，辛方方对市场的了解和分析能力，对团队的认识都大大提高，真正成长为一个会管理、懂经营的部门经理。而她的团队成员，因为经常一起“作战”，既轻松，大家又各自学到了不会的东西，都成长起来。

章艳看中的另外一名同事刘齐，入职3个月就被她慧眼识人任命为部门经理，而后快速成长进步，如今担任集团天津公司总裁。

在集团公司及导师谢清伦的指导和大力支持下，几年下来，天津市场局面打开了，人员数量从30余人增加到200余人，年订单额稳定在数亿元。

勇立潮头　做好新时代、新产品、新营销

“我能做什么，还想做什么，还能做什么？”这是盛隆文化里启发大家的问题，也是章艳经常问自己的问题。在这些问题的推动下，章艳一次又一次整理行囊，重新出发。

2018年6月，章艳离开自己为之倾注十多年心血、为之自豪的天津市场，加入集团旗下光谷电气有限公司，担任营销总裁。

光谷电气致力于通过互联网智能化技术创新，改进配用电领域的现状，已获得专利及软件著作权数百项，希望把智能化带入每一个企业级用户，让他们的电力、能源和各项基础设施的运行更加智慧和高效。

如何让这样先进的产品得到更广泛的应用，如何最大限度地发掘这些产品的技术优势，如何引领电气智能化新时代的市场，这是章艳现在考虑的问题。

以前，光谷电气的智能化技术主要是在配合支持集团其他营销部门的工作；现在，光谷电气成立了自己的营销团队，可以直接面向市场，更加直接地了解客户的要求，把握市场脉搏，以提高研发能力，提供更有市场竞争力的产品和服务。

章艳组建的营销团队，将以往成功的营销经验与光谷电气的先进技术优势充分结合，短短几个月时间，已经中标中国国际航空公司、宁波海关等多个项目。这不仅实现了光谷电气直接面向公开招投标市场的新突破，更彰显了盛隆电气集团智能化产品的优势，及其在电气智能化时代的引领作用。

“智能化在个人消费领域已经发展得很成熟了，正向产业互联网领域转移。电气智能化已经走到了转型升级的重要历史时期，潜力很大、机会很多。”章艳说，“而我们结合了各方优势，我们有信心、有能力把握住这个红利期，加快发展，引领市场，让智能化惠及更多人，让我们公司成长为一个伟大的公司。”

摘自 2018 年 11 月 22 日《楚天都市报·创光谷》8 版

2.16　盛隆电气创业十七公司总裁叶柳麟

——32 岁的总裁是怎样炼成的

《楚天都市报》 庞正

今年 33 岁的叶柳麟，2017 年起担任盛隆电气集团创业十七公司总裁，成为集团最年轻的创业公司总裁之一。

光谷创客行 08

楚天都市报

盛隆电气集团创业十七公司总裁叶柳麟

32 岁的总裁是怎样炼成的

脚踏实地

成长从做好本职工作开始

以身作则

精诚所至打动客户带动新人

不惧跨界

认真工作的初心战无不胜

在此之前，她工作两年就担任集团技术委员会常委，再过两年又担任商务处总经理……似乎每次岗位都有些“跨界”，但她都能胜任并干出成绩，一步一个脚印走到现在。

“这都是因为在盛隆这样一个好平台，培养年轻人、敢用年轻人，让有梦想的年轻人能在这里发光发热。”叶柳麟说。

脚踏实地　成长从做好本职工作开始

2008 年大学毕业，叶柳麟有很

多选择，海南电网、深圳一家高科技企业，都向她伸出了橄榄枝。而她选择留在武汉，加入盛隆。

叶柳麟的专业是电气自动化，进公司先开始做电气设计的工作。设计工作比较枯燥，压力也大，还考验跟客户的沟通能力。而她的认真和韧劲儿，大家伙儿都看在了眼里，都愿意帮助这个新人进步。她也在这个互帮互助的环境中快速成长，从协助师傅打印、复印，到独自承担 500 万元的设备订单，用了不到一年的时间。

500 万元在当时算是一个大订单，也是一个不简单的订单。客户的生产要求比较高，控制系统多而复杂，工期也比较紧。接到任务时刚好赶上元旦假期，叶柳麟一刻也没敢休息，赶紧把计划做了出来。第一次，客户不满意，叶柳麟按照要求修改；第二次，还是不满意，再修改；第三次……这个方案，叶柳麟前后修改了十多次才定稿，却始终和颜悦色，没有半分怨言。整整两个月，她没有周末，每天加班到晚上 10 点以后。这次合作令客户十分满意，至今还常与叶柳麟联系。

技术工作逐渐驾轻就熟，她用细心和耐心赢得了客户的信任和尊重，而新的平台也出现在她眼前。2010 年年初，集团成立“一体三委”，她通过竞聘，担任技术委员会常委，兼任技术委员会人力资源部部长。从此，她告别单纯的技术工作，开始走向全新的岗位。

不惧跨界　认真工作的初心战无不胜

“感激你把我招进盛隆。”这是叶柳麟时常对集团人力总监说的话。后来，也有很多人对叶柳麟说这句话，让她分外自豪。

担任技术委员会人力资源部部长，是在 2010 年春节前。一到岗，就面临一大工作任务：要招聘 300 名车间工人。前期工作准备好，招聘启事发布出去，就到春节了，媒体上留的座机电话都转接到叶柳麟的手机上来。于是，家人吃年夜饭她要接电话，家人看春晚她要接电话，家人包饺子她要接电话，亲戚来拜年她要接电话……还好家人都能理解，有时妈妈都会在一旁协助她记录信息。

叶柳麟职责所系，一个春节里接了五六百个电话，觉得不错的就立即回复一条短信给对方，还随身带了笔和本子，把优秀的应聘人员信息记录下来。春节还没有过完，她就前往黄陂、孝感等地去面试。正月十七，招聘工作全部结束，任务圆满完成。而这其中，有不少人，在盛隆干出了成绩，在盛隆成家立业，都感激叶柳麟当年的招聘。

从技术人员，到人力资源部部长，这次跨界叶柳麟算是交上了出色的答卷。“也没那么难，只要有认真工作的初心，一切困难都可以克服。”她笑着说。而这背后，其实是她默默的付出与努力。走上人力资源岗位后，就抽空恶补专业知识，利用周末参加培训，阅读相关书籍，迅速成长起来。

“要特别感谢集团的几位前辈，他们毫无保留地帮我，让我很快上手。”叶柳麟说，“盛隆就是这样一个地方，不管在哪个岗位，永远有人帮助你、指引你。”

两年之后的 2012 年，她被任命为集团商务处总经理，又是一次华丽转身。除了协助营销部门招投标，她还通过一系列努力，让集团的职称评审工作和资质认定工作步入正轨，有职称的同事翻了几番，集团公司的资质也越来越齐全了。

又过了半年，新的岗位又在向她招手。

以身作则 精诚所至打动客户带动新人

2013 年，集团启动“518 工程”，叶柳麟担任工程办公室主任，同时也是这个工程的一分子。这项工程鼓励更多有能力、有梦想的人内部创业、走向市场，又是叶柳麟给大家开了一个好头。

2013 年 5 月，叶柳麟联系的一家央企要建设数据中心，对电气的各方面要求很高。这是叶柳麟面临的第一个客户、第一笔订单。她鼓起勇气去拜访该企业的董事长，一来就被拒绝了。第二次，再来，从下午两点一直等到晚上十一点也没放弃。

在多次拜访中，她认识了该企业一名主管电气的副总裁。在彼此认识和了解后，对方说起有个智能电网方案遇到困难，叶柳麟马上提出义务帮忙，迅速请公司团队拿出了解决方案。没多久的一天早上，8点不到，这位副总裁打来电话，说遇到了电气故障，供应商处理不好。叶柳麟又马上调度集团技术人员前去支援，迅速解决了问题。这些都给客户留下了盛隆专业、认真、负责任的好印象。

不久之后，这家央企数据中心的电气工程公开招投标，盛隆电气以适当的商务报价和优越的技术标书成功中标，订单额达3000多万元人民币。

此后，叶柳麟就在开拓市场的道路上越走越通畅，并于2014年成立团队，2017年成立了十七公司。叶柳麟自己是1985年出生的人，她的团队成员更年轻，以“90后”为主。年轻人有冲劲、有活力，但可能吃苦耐劳和坚韧不拔的精神不足。她抓住年轻人的特点，因势利导，用自己的例子和企业文化去感染大家，从协调他们团队作战、分工合作，到鼓励他们独当一面，帮助他们快速成长进步。目前，十七公司已培养出6名部门经理。

1989年出生的赵谊，就是其中的佼佼者。他以前在其他行业做销售，被盛隆独特的体制所吸引，最终加入盛隆电气。刚开始他对盛隆的产品和服务不够了解，叶柳麟有意识地督促他学习，帮助他适应和进步。盛隆最不缺的就是愿意帮助新人的人，赵谊跟同事们打交道的过程中不断得到学习。半年多时间，赵谊就成长起来，今年他的个人订单已突破4000万元，团队成员发展到12人。

“90后”女孩颜蕾，2012年大学毕业后加入盛隆，在集团财务中心工作不到一年，便到叶柳麟团队参与“518工程”，很快独当一面，2018年也有骄人的成绩。她服务的项目，受到了客户的一致好评。

“虽然创业十七公司很年轻，但我们对未来充满信心，我们也会完成集团双翻番的战略目标。”叶柳麟说，在盛隆这样一个互帮互助的大家庭里，她会带领一群年轻人在追梦的道路上稳步前进。

摘自2018年12月6日《楚天都市报·创光谷》8版

2.17　盛隆电气广州公司总裁夏威

——让“盛隆造”从光谷走向世界

《楚天都市报》 庞正

夏威坐在办公室里，抬眼就能望见中国地图和世界地图，办公桌上还有一个精致的地球仪。谈话时，他会不经意间站到世界地图旁，指着地图说：“这里，这里，还有这里，都有我们的客户。”觉得在地图上还说不清楚，他就开始转动地球仪。小小的世界，大大的天地，他和伙伴们，已经把盛隆的产品和服务带到了全球50多个国家和地区。

楚天都市报

盛隆电气集团广州公司总裁夏威

让“盛隆造”从光谷走向世界

锲而不舍 // 小本子积累出专业度

壮志凌云 //

“珠江南海天无边”

踏石留印 // 数百页资料应对14个问题

锲而不舍　小本子积累出专业度

夏威2004年从湖北工业大学毕业前往广州，一年后，受“群体老板制”的吸引，他主动联系公司前辈柯森林老师，加入盛隆。

起初，不了解当地市场、不懂电气技术，是摆在夏威面前的两大难题。

2005年至2006年，他每天坐公交车在广州市区和郊区之间穿行，发掘潜在客户。每到一处，他都仔细观察周边的道路交通，甚至餐饮住宿等信息，一年多下来，皮鞋走坏了好几双，也成了一名“广州通”。

2007年，他在柯森林老师的带领下，与全球最大的玻璃制品公司旭硝子合作。交谈中，该公司的电气总干事藤田先生称，他已经在这个公司工作了40多年，全球20多座工厂里的几千台电机，哪台电机出了问题，他凭声音就能听出故障所在。

夏威深受触动，更加坚定要加强学习，提升自己的专业素养，懂营销人员该懂的技术。从那天起，他每天花一个小时学习专业知识，了解同行的先进技术和方案，订阅专业期刊，广泛阅读书籍。

与此同时，他养成了随身携带小本子的习惯。每次一见完客户，他都立即掏出小本子，把客户的要求、项目特点等信息，都认真记录下来，晚上回家再复盘一遍，仔细琢磨客户感兴趣的点和当天没能深入回答客户的问题，想清楚后再联系一次客户，增进彼此的印象和了解，对项目合作往往大有裨益。

“广州有大半年都是大热天，小本子装在裤兜里，怕出汗浸湿了本子，我都买的是带塑料外壳的。”夏威拿出一个当年的本子告诉记者，“这样的小本子，我每年要用七八本。”

了解了市场特点，又掌握了专业技术，夏威就能深入挖掘客户的需求，引导客户，并联合技术部门给客户提供完美方案，帮助客户实现提档升级。

直到现在，每天一小时的学习时间雷打不动，随身的小本子换成了笔记本电脑，仍然随身携带，所有的项目都按时间、类别储存在文件夹里，需要时随时调阅，简单高效。

就这样，一个曾经连图纸都看不懂的门外汉，渐渐成了电气专家。因为能帮助客户用好电，实现智能化升级和生产工艺的优化，有一家客户与他合作长达十年，订单总额达 1 亿元人民币。夏威也开始组建团队，开拓更大的市场。

踏石留印　数百页资料应对 14 个问题

2018 年 12 月 20 日记者采访当日，广州公司刚刚跟缅甸的仰光时代城项目签约。这个项目是仰光的地标，也是缅甸最大的城市综合体。

该项目开发公司董事长带领技术团队到盛隆武汉工厂参观，对 iPanel 柜赞不绝口。外观上，客户称赞其不像工业产品，更像工艺品；功能上，iPanel 柜具有预警功能，精准到每个螺丝的松动隐患和每只断路器的使用寿命预警。以前只能通过季度检修来发现问题、出现故障后紧急解决问题；现在能随时报警，问题解决在故障发生前，一下子能抓住客户的痛点。“又好看又智能”的 iPanel 柜，马上战胜其他几家知名品牌的产品，成为客户的首选。加上夏威团队承诺帮助客户指导安装调试，提供增值的系统服务等，客户爽快签单。

“盛隆‘出海’，靠的就是先进的产品和技术，电力能源系统规划设计、智能输配电设备制造、电力及能源互联网工程总承包、智能运维服务四位一体的行业整体解决方案个性化服务。”夏威说。

过硬的产品和技术是首要的，也是盛隆打开海外市场的基础。斯里兰卡的科伦坡南港项目，曾有多位国家领导人视察，备受关注。在合作谈判之初，并不容易。夏威和同事用了一个月时间，精心准备了近两千页的中英文报批书。但没想到，严苛的项目咨询公司一下子提了 14 个问题出来。夏威又用了一周的时间，准备了几百页的资料，去跟咨询公司面谈。有的是双方理解的差异，就当面澄清；有的是对方不清楚的地方，就认真解释；有的是对方不满意之处，就给出优化方案。而夏威认为对的，也会据理说服对方。比如，电气连锁方案，双方的意见不一致，夏威就现场画简图，向他们解释盛隆的方案能更快捷地实现切换，用电更高效、安全，得到了对方的认可和尊敬。面谈一个小时，咨询公司两天后就批复了与盛隆的合作。

“我们的出发点是让客户用电更方便、更安全、更好维护，充分满足客户的需求，而不是仅仅考虑自己的利润如何最大化。经过良性的互动沟通，就能得到对方的信任。”夏威说，这就是共赢的力量。靠这种初心，盛隆的产品从斯里兰卡开始，逐渐走向了东南亚、非洲、南美洲等 50 多个国家和地区，市场份额逐步增长，口碑也越来越好。

个性化的服务也必不可少。例如，考虑到当地人手掌比较宽大，在制造配电柜时，专门将门把手加长了 5 厘米；在中国，配电柜等设备通常喷涂成白色，为适应当地人的审美，则专门涂成了酡灰色，等等。夏威还注意到当地特别缺乏深化设计能力和安装调试服务，就主动提供系统综合服务，得到了客户的交口称赞和信赖。

壮志凌云 “珠江南海天无边”

2014 年，广州公司正式成立，夏威出任总裁。广州公司也是盛隆电气集团的“南大营”据点。怎么建好这个“南大营”，并以之为中心，辐射广大海外市场特别是“一带一路”国家？夏威有自己的想法。

“每个人都要在广州买一套房、买一辆车。”这是夏威担任广州公司总裁后，在第一次大会上对一起创业的同事们说的话。这是他要解决的第一个问题——本土化。除了大量招聘广东人入职外，他更注重非本地人的本土化。“要用脚步丈量广州市，用心去感受岭南文化。”夏威对同事们说，一定要“血液里流淌地方文化”“比广州人更了解广州”。他认为，只有这样，才能加深对市场的了解，增加客户的信任感。

他自己就是这样做的。与客户谈生意，他会大方地告知对方自己的家庭情况，让客户知道，盛隆人在广州安居乐业、踏实做事，绝不会急功近利，不会赚一笔钱就走。他的伙伴们也是这样，通过努力买房、安居，申请加入广州户籍，在广州落地生根，开枝散叶，创业成功。

一步一个脚印，广州公司从成立时的 60 多人发展到现在的近 200 人，成立了 6 个分公司或子公司，平均年增长率超过 50%，也成为广州行业排名前三的电力公司。

广州也是“海上丝绸之路”的第二站，夏威和同事们将盛隆产品销往“一带一路”倡议中的相关国家，输出技术和服务的同时，也传播了中国文化和友谊。

有一次做完巴基斯坦卡拉奇港口电力系统深化设计交流后，在转乘阿联酋的飞机上，两名巴基斯坦的留学生主动找他搭讪，友好地问他是不是中国人。得知他参与了他们的祖国最大城市卡拉奇的港口建设，两位留学生更是激动地表示感谢。夏威想，擦亮中国品牌，给当地人民带来福祉，收获当地人民的友谊，就是盛隆出海最大的意义。

2018 年在集团大会上，董事长谢元德称赞柯森林与夏威：“高师高徒登高远，珠江南海天无边。”如今，夏威的志向，除了完成集团既定战略目标，正在集团公司的大平台支持下，通过广州公司的努力，让“盛隆造”从光谷走向世界，走向“一带一路”的更多国家，真正做到“有人居住必有电，有电就有盛隆网”！

摘自 2018 年 12 月 27 日《楚天都市报 · 创光谷》8 版

2.18 盛隆电气上海公司总裁周红芳

——尽忠职守 不辜负每一份信任

《楚天都市报》 庞正

2018 年 12 月 31 日至 2019 年 1 月 1 日，“向盛隆电气集团创建四十周年献礼高峰论坛”在北京昆泰酒店举行。会上颁发龙腾虎跃贡献奖，致敬密云工厂精神，周红芳名列榜首。

周红芳是盛隆电气集团密云工厂的首任厂长，不仅带领大家建起了工厂，更与同事们一道打造出了过硬的企业文化，从密云工厂走出了一大批人才。

密云工厂是周红芳职业生涯中的重要一环。从采购部部长到密云工厂厂长，再到上海公司总裁，周红芳的每一次成长，都备受集团公司信任，而她也从未辜负这份信任。

楚天都市报

创光谷 08

盛隆电气集团上海电气公司总裁周红芳

尽忠职守 不辜负每一份信任

掷地有声

「按时按质按量，以最低价采购，否则下岗」

深根固柢

密云工厂成为集团人才摇篮

枕戈待旦

机会是留给有准备的人

掷地有声 “按时、按质、按量，以最低价采购，否则下岗”

周红芳1994年从湖北电大财会专业毕业，1996年加入盛隆，因为相信这里是“不论资排辈、凭本事吃饭”的地方。

在工厂工作3个月后，采购部招人，周红芳踊跃去试一试。没想到，面试完她就被安排去采购物资。周红芳到现在都记得，那次是去武昌千家街买“铜鼻子”。她当时什么也不懂，拿着样品就去把东西买回来了。这是她第一次感到信任的力量。

不久，工厂催收一批继电器，生产厂家在东北。大学刚毕业的周红芳临时受命，一个人前往催货。大冬天里，她坐了两天两夜的绿皮火车，从武汉到北京，再到气温零下20℃的哈尔滨，途中发高烧，还吃了一片陌生旅客给的药。所幸一切顺利，她来到哈尔滨附近的阿城继电器厂，一待就是半个月，催厂家协调生产，最终圆满完成任务。“当时根本没想那么多，很珍惜工作，就想把工作做好。”回忆起往事，周红芳微笑着说。

后来，周红芳通过竞聘，担任采购部部长一职。当时采购部提出，要按时、按质、按量地，以最低的价格买到产品，否则采购员就要下岗。周红芳自己首先要做到。

1998年武汉抗洪期间，有个变电站被水淹了，急需从北京开关厂购买一批AH开关制作新的低压柜，营销部门要求一周内到货。厂家可以把开关生产出来，但却发不了货，原因是当时物流只发救灾物资。周红芳得知缘由，没有放弃，而是据理力争：“泵站没有电不能抽水也是大事，也影响抗洪。”最终，这批开关在一周内顺利到货。

还有一次，周红芳的孩子才三个月大的一天凌晨，她接到营销部门同事的电话。有个客户的DW15型号的开关烧了，要立刻买新的更换。半夜三更，周红芳只好紧急给供应商厂家负责人打电话，先调货，第二天再补办采买手续。对方基于对周红芳的信任，便答应了。货物在清晨调配成功，没有影响客户第二天的正常运转。

“我做采购的体会是，要像自己家里买东西一样，精挑细选，力求物美价廉。”周红芳说，这就要求采购员要充分了解市场，熟悉供应商渠道，知道元器件价格等，并且还要与供应商搞好关系，如半夜急需调货救急时，也不能掉链子。

深根固柢　密云工厂成为集团人才的摇篮

2002 年，周红芳刚在武汉安好家，孩子才一岁，董事长谢元德找她谈话，希望她能带领一帮人去北京建设工厂。周红芳珍惜这份信任，毅然带着年幼的孩子和年迈的父母一同前往北京。

选厂址、租厂房，建立生产标准，设立规章制度，这些都要从零开始。北京当地的电气标准与武汉不尽相同，如板材厚度、产品材质等。这就要求工厂结合当地的标准和要求来建立新工厂的生产标准；要设置专门的质检人员，加强对产品质量的管理；工厂还对生产工艺进行评比，每个季度一小评，一年一大评，做得好的有重奖，做得不好的要批评……

工厂投产两个月后，周红芳团队还做了一件轰动的事，把千辛万苦从武汉等地招来的 60 名同事集中起来考试，分为文化课考试和实践考试两部分。严格考核后，合格的继续留下来工作，不合格的就淘汰。“当时这样做是有争议的，但我们就是要把北京工厂的根基打牢。”周红芳说，北京工厂从无到有，更需要有实力、有能力的人一起奋斗。

“相比工厂生产，最难协调的是人。”周红芳说，因为很多同事的家都安在了武汉，有些人不愿意到北京，而且北京的气候也有人适应不了。周红芳作为厂长，一方面要抓好生产管理，另一方面，更要关心好同事们的工作和生活状态。

公司从武汉调配了一个女孩到北京工厂管仓库，便把她男朋友也调到北京工厂来做质检；从武汉调来一名技术员，把他女朋友也招进北京工厂的采购部，等等，不让大家为生活的事情分心。有位同事家里有困难，急需用钱，周红芳就私人借钱给他，让他能安心工作。

同时，愿意做“北漂”，一定是心里有梦想的人，周红芳就努力给同事们锻炼的机会，让他们看到上升空间和渠道。同事们还每天早上一起跑操，一起住集体宿舍，凝神聚力，奋力打拼。

这样精心打磨的北京工厂，不仅产品质量过硬，受到客户好评甚至收到感谢信，更培养了一大批准老板，成为盛隆人才的摇篮。从密云工厂走到全国各地创业公司的大、中、小和准老板共计200多人，英雄辈出。

枕戈待旦　机会是留给有准备的人

2007年，正当北京工厂的发展如火如荼之时，周红芳再次领命，前往上海开发市场。

上海是一片未知的领地，周红芳拖着行李箱就去了。租下一间三室一厅，买来了电话、传真、打印机，立即开始办公。

包括周红芳和司机在内，同去上海的只有7个人。大家原先做的事情各不相同，分别来自车间、质检、采购、商务报价等部门。经过三天的入职培训后，大家就出去找市场。机缘巧合，他们找到了青浦工商联大厦。当时，这个项目正在进行配电箱招标，招标已经结束，但中标单位提出要涨价，项目方不同意，正在另找合作伙伴。就在这时，盛隆找上门了。项目方要求盛隆三天内报价，盛隆人不眠不休，连夜商量报价，第二天就把方案和报价递到了项目方负责人的桌上。保证货期、价格合适，项目方与盛隆一拍即合。

就这样，周红芳团队到达上海仅一个多月，就签下了一笔订单。“看起来好像很容易，但我想，是当你准备好了，机会来时你才能抓得住。”周红芳说。

在做上海神舟新能源项目时，项目方要求先看看盛隆在上海的其他项目。当时，盛隆在上海没有相应的项目供对方参观，周红芳想方设法找到盛隆其他同事在附近做的项目，请对方配合接受参观，最终得到了客户的认可。

在做上海质子重离子医院项目时，周红芳团队打印了整整一箱图纸出来，把客户想到的和没想到的问题全都考虑到了，并且在发现项目方指定的技术方案有问题时，敢于沟通，提出自己的想法，最终说服对方。该项目核心区全都用上盛隆的产品，至今还在请盛隆做全院的用电维保工作。

十多年来，凌空 SOHO、环球月星家居广场、东方万国企业中心、中铁中环时代广场等地标建筑，都在周红芳团队的努力下，用上了盛隆的产品。其中，凌空 SOHO 项目还获潘石屹颁发“优秀供应商奖”。

新时代，新征程。周红芳计划，接下来几年，上海公司将着力转型做电力工程，销售智能化新产品，并寻找更多的合伙人，一起在盛隆追梦、圆梦。

摘自 2019 年 1 月 10 日《楚天都市报·创光谷》8 版

2.19 盛隆电气北京创业一公司总裁夏辉

——盛隆大平台 追梦好舞台

《楚天都市报》 庞正

站在北京市绿地中心中国锦36层高大的落地窗前，眺望远方，夏辉时常在想，二十多年前，自己还是枣阳县王城镇一个普普通通的小姑娘，做梦都不敢想能走到今天，在首都北京拥有幸福的家庭，还有一份属于自己的事业。

08

楚天都市报

盛隆大平台 追梦好舞台

——访盛隆电气集团北京创业一公司总裁夏辉

敢为人先 在集团首次引入"会计电算化"

攻坚拔寨 越难办到越能体现和提升个人价值

华丽转身 转换半年签下500万元订单

当年她是一名财务人员，不甘平庸，善于观察、关注身边的人和事，对公司现状提出合理化的建议，并想办法改善处理；她积极响应集团不同发展时期的需要，当"北漂"并转岗营销；创业初期在集团的鼓励与支持下，连续九年获得"优秀经理"的称号。

夏辉说，盛隆是一个再好不过的平台，年轻人追梦、圆梦，这里不设天花板，有大大的空间，大大的舞台。

敢为人先　在集团首次引入“会计电算化”

夏辉在 1993 年 21 岁时加入盛隆，学会计专业，进厂当出纳，专业对口。

当时，盛隆的财务人员采用手工记账，劳动量大，出错率高，人与人之间的字体、笔记有差异，后期查阅也不方便。就在那一年，夏辉听说技术部门已经开始用电脑绘图，公司还买回了第一台计算机，她马上想到财务部门的工作为什么不能实现计算机化？

她给公司提的建议很快得到了采纳。想着简单，做起来难。要实现“会计电算化”，首先要有一套适合本公司财务实际的电脑软件，夏辉就自己联系软件公司，描述本公司需求，定制了一套软件出来，然后购置电脑，上机操作。当时的电脑还不像现在的电脑这么好用，操作起来比较复杂，夏辉也只能边学边用，熟练之后培训其他同事。

用上电脑后，数据可以自动汇总，生成报表，查阅起来一目了然，大大提升了工作效率，财务数据也更严谨、清晰。这套软件一直用到了 1999 年。

工作中，夏辉还通过数据分析发现，采购部门的报销流程特别是一些票据不太规范，她踊跃写信给主管，建议规范管理。作为一个有心人，夏辉时常根据工作实际情况提出一些建议或意见，希望能为公司分析决策提供依据。

2000 年，夏辉接受调遣前往北京工厂做财务工作，同时兼做行政工作，逐渐走上了综合管理岗位。在这个过程中，夏辉走出公司，开始直接与客户打交道，自身性格与待人处世的方式得到历练。

华丽转身　转岗半年签下 500 万元订单

2003 年，集团鼓励有抱负的管理干部创业当老板，同时北京市场的局面刚刚打开，也需要更多人投入进来，抢抓市场。这时，夏辉站到了职业生涯的十字路口。

31 岁的女性，是尽力维持稳定的工作和家庭生活，还是在一个好的事业平台上拼一拼？夏辉思前想后，选择了后者。“我知道转岗面临的挑战很大，能不能做出成绩心里也没底，但我觉得放弃这么好的机会很可惜，还没做就认输不是我的性格。”夏辉说，有集团公司做支撑，她相信自己没问题。

夏辉分析当时的北京市场，需求大、机会多，营销人员单兵作战的多，团队出击的少。她认为，应该组建大一点的团队，凭借自己多年对公司文化和产品的了解，多招纳有销售经验的优秀人才，用好公司的平台优势，发挥团队成员之间优势互补作用，做好商务支持服务，她在其中起协调和管理作用。

2003 年 7 月，团队组建起来了，到当年 10 月，队伍扩大到 20 多人，还买了 4 辆车。起初，夏辉开着一辆富康，带领伙伴们一起去跑市场，很快在怀柔发现了水务局的一个项目。同事尹剑飞有销售经验，夏辉了解公司的产品和优势，两人合力，拿下了第一笔十几万元的订单。

随后不久，夏辉在网上查到了中国车辆研究所的项目，便安排同事夏丹前去对接。夏丹坐一趟公交车过去要两三个小时，夏辉开车带她过去也要一个多小时。她们凭着一心为用户着想的盛隆法则，用诚信和优质的服务，取得了客户的信任。之后，在跟知名厂商的竞争中，盛隆的技术方案胜出，价格也比较优惠，最终拿下数百万元订单，客户也维持到现在，一直保持合作。

“开拓北京市场的难题是，当时公司在这里的知名度不高，规模不大，但我们用诚信打动客户，总能用优秀的技术方案和优质服务战胜其他竞争者。”夏辉说。

当时，夏辉经常在去见客户的路上边开车边与同事交流。晚饭后，业务员经常会到家里来谈工作，连孩子都对工程专用名词耳熟能详。这样高负荷的工作让夏辉在那几年瘦到了 80 斤，但也在 2003 年仅用半年就交出了 500 万元订单的成绩单，团队慢慢在北京站稳了脚跟。自 2005 年起，夏辉每年参加集团公司的出国考察团，跟随董事长到发达国家学习交流，开眼界、长见识。

尤为难得的是，在打拼事业的过程中，夏辉兼顾了家庭。来到北京，让孩子的成长环境发生了变化；自己通过平台拓宽了眼界和格局，也在无形中给孩子树立了积极的榜样。夏辉的儿子还顺利考入了北京理工大学，目前正在积极准备考研。

攻坚拔寨　越难办到越能体现和提升个人价值

2013 年，一个特别的项目摆在夏辉面前。几内亚凯乐塔水电站及几内亚城网改造项目，这是几内亚当地非常重要的项目，产品也比较特殊。

越是难啃的骨头，越要迎难而上。

首先要解决技术问题，没有之前成功的先例可以借鉴，只能自己摸索研究。“销售已经在前面争取到竞标的机会，我们后面各环节也要跟上来。”夏辉鼓励团队里的技术人员，“这是挑战，也是提升自己技术能力和展现个人价值的机会。”其实，对于整个团队和对于自己，夏辉也是这么想的。

技术人员用两周时间吃透项目的要求并拿出了技术方案；负责报价的同事则广泛收集项目信息，与供应商谈判，了解竞标方的情况，给出合适的报价……后期项目在执行过程中，正好遇到几内亚爆发埃博拉疫情高发期，夏辉团队依然和项目方配合处理设备供货时间、售后服务等问题，商量细化技术方案和其他细节，最大限度地满足整个项目的执行需要。

历时三个月，这个 2700 万元的订单终于成功签订落实，而这个项目建成后，图案还印到了几内亚的钞票上。

东钓鱼台、秦山核电站、中国原子能研究院、越南金铜矿冶炼厂、老挝南欧江二级水电站、中国澳门隧道……十几年来，夏辉带领团队拿下了一个又一个重大项目，产品遍及全国各地，还远销十多个国家和地区。

2014 年，盛隆电气集团北京创业一公司正式成立，目前设有商务、技术、营销和综合处等部门。夏辉思考的是做好团队整合，利用团队优势拿下更多项目，把每个人的价值发挥到极致，让大家都能在北京扎下根来。同时，面对北京这样一个资源多的市场，更需要综合素质较高的人员来对接资源、把握市场，平台的作用也更加凸显。而公司要做的，就是整合资源、做好平台，让更多优秀的年轻人在这里创业、成长、成功。

“过去，我在盛隆这个大平台圆了自己的创业梦；将来，我要在盛隆的大平台再打造一个北京一公司平台，让有梦想的年轻人都来逐梦！”夏辉说。

摘自 2019 年 1 月 24 日《楚天都市报·创光谷》8 版

2.20 盛隆电气北京创业二公司总裁李洪英

——在盛隆有梦想谁都了不起

《楚天都市报》 庞正

“我是来自恩施的土家族妹子，2001 年 8 月 3 号，在关东科技工业园 3-2 号楼面试入职，如今已经整整 17 年，在盛隆度过了我最美的芳华。当然，我更收获了成长和成功。我从助理成长为总经理，又成长为总裁，见证了盛隆一步步走向辉煌，这是我的幸运和福气！在盛隆，我遇见了更好的自己！”

创 光谷 创客行 08

楚天都市报

盛隆电气集团北京创业二公司总裁李洪英——

在盛隆有梦想谁都了不起

做好一份工作 “外行小丫头”让人刮目相看

种下一个梦想 要在盛隆成就一番事业

收获一批订单 吞下苦和泪以微笑面对客户

培养一群老板 “洪英案例”美名传

1 月 28 日，“向盛隆电气创建 40 周年献礼大会”在武汉隆重举行，北京创业二公司总裁李洪英在大会发言中动情地说。

从一个懵懂的小姑娘，到一名能干的女总裁，李洪英说，她做的最正确的决定就是加入盛隆，“在盛隆，有梦想谁都了不起！”

做好一份工作 “外行小丫头”让人刮目相看

2001年8月，从中南民族大学法学院毕业的李洪英，在人才市场将简历投向盛隆，并在多轮面试中表现出色，加入盛隆，成为时任武汉营销二处总经理谢清伦的助理。

起初，李洪英在办公室做一些简单的工作，比如，有同事签了合同，要在公司留存资料，就是李洪英去复印。但在这个过程中，她会默默记下公司有哪些资质、证件，甚至这些证件的编号，会研究每个项目的报价，哪一部分可能相对报高了，哪一部分相对报低了。很快，她就对公司产品、服务及行业状况有了全面的了解。

当时公司没有商务处，营销人员拿回甲方的图纸，会请办公室工作人员帮忙报价。对于这样专业的工作，李洪英也不打怵。她先抱着图纸到设计室请教技术人员，把自己不懂的问题打破砂锅问到底，再对比以前类似的案例，以及自己在复印中摸索出的规律，总能给出合适的报价。

后来，有同事遇到甲方拖欠项目款的事，也找李洪英帮忙。李洪英的专业是法学，这时就派上了用场。她每次都会做大量的准备工作，详细了解项目的情况，与甲方交谈时，运用法律知识温柔而坚定地指出对方在执行合同中存在的法律疏漏，每次都能帮同事要回欠款。

这一步步成长，大家看在眼里，以前觉得她是“外行小丫头”的同事，也对她刮目相看，而这不过才短短5个月的时间。2002年1月，她就踊跃报名，参与去北京开发新市场的队伍。

种下一个梦想 要在盛隆成就一番事业

“我要特别感谢谢清伦总裁和王昌宝总裁，是他们在我心中种下了一个梦想。”李洪英感慨地说。

她告诉记者：“实不相瞒，没到盛隆之前，我以为我只会在这里积攒一两年工作经验就离开；加入盛隆后，我被这里的文化和制度吸引，觉得应该留下来；而通过谢清伦总裁和王昌宝总裁多次跟我有意无意的谈话，以及他们的榜样作用，我坚定了我要成为一个像他们那样的人！”

李洪英说，当时王昌宝总裁经常跟她讲业务知识和技巧，怎么对待客户，怎么签订合同。作为一个有心人，她积极地吸收和学习，收获颇丰。

而谢清伦总裁则是花大量时间跟她讲公司历史，讲董事长的故事，讲她自己的经历，讲企业文化，讲应该怎么做人，应该以什么态度来工作，应该有什么梦想。

就是那一次次的谈话，让李洪英对女总裁有了全新的认识，也埋下了她要在盛隆成就一番事业的种子，并最终长成一棵参天大树。

收获一批订单　吞下苦和泪以微笑面对客户

2002 年 3 月，李洪英以助理和服务人员身份来到北京。人生地不熟，当时公司在北京又没有工厂，同去的营销人员很难签到订单。眼看半年过去了，李洪英主动请缨：“我能出去跑市场吗？”谢清伦当即表示支持。

说干就干。一次，李洪英在公交车上偶然看到一处塔吊，马上查到这处在建项目是教育部综合楼工程。她赶紧参与投标，凭借盛隆的优质产品和优秀的服务理念，很快签下了这个订单，合同金额 41 万元。这距离她开始开拓市场不到三个月时间。

有志者事竟成，有心人天不负。随后不久，客户又给她推荐了中关村国际理想大厦的项目。这是个大项目，要求比较高，参与投标的公司也很多。李洪英铆足了劲儿，相信自己能把这个项目拿下来。当时，她一个月工资是 1600 元，她一口气拿出 1500 元来购买招标文件。这个招标文件比她以前见过的招标文件厚得多，要求也多得多，李洪英就一个个来应对。比如，客户要求有培训计划，李洪英就认认真真拟定一个；客户要求提供完善的服务保障措施，李洪英根据自己对公司情况的掌握，一一列举……所有客户要求的，她全部做到了。而且因为这个标书全程是她自己做的，情况非常清楚，所以答疑也很顺利，最终成功拿下了这个订单。

2003 年 3 月，这个项目最终中标金额 411 万元，不仅创下了当时公司史上最大订单，也助力李洪英凭借出色的成绩光荣加入公司董事会，成为公司当时最年轻的董事。

2004 年，李洪英又被客户推荐到京东方项目。韩国人设计习惯、图纸深化、做法排布、流程管理都与以往常规不同，李洪英抱着图纸、请来翻译去请教韩国相关技术院专家，把图纸弄明白，然后报价、做标书。“我熬了很多个通宵，哭过很多次鼻子，但是一到客户面前就保持微笑、职业和专业。”李洪英说，最终，她成功签订了 1300 多万元的合同，跻身集团公司第一批“千万订单英雄”。

同时，李洪英团队与京东方的合作也延续了十几年，至今合同金额已累计多达 4 亿元。此外，李洪英团队还成功签约北京的宜家、寰球公司、正大双子楼等重大项目，业绩骄人。

培养一群老板 “洪英案例”美名传

李洪英思考，她是在谢清伦总裁和诸位同事的帮助指导下，才能成长进步、走到现在，她一定也要传承这种帮创文化，让更多年轻人在盛隆大平台上实现梦想。

2007 年 8 月，李洪英成立了创业部门。起初，团队不到 10 个人，她就手把手带新人。她的项目，带着新同事们一起去跑，新同事们发现的项目，李洪英也带着他们一起去跑，从跟客户打交道的方式，到标书的制作、如何答疑等，李洪英把自己的经验全部传授给他们。

除此之外，李洪英最大的法宝是开会。平均两周一次，李洪英结合具体的项目案例，把自己用时间、金钱、经历换来的经验，和盘托出，满满都是干货。“我自己是专业型和顾问型的销售，我希望他们也是。”李洪英说。在这样的会上，她也鼓励各小组、各成员跟大家分享自己擅长的领域，不论是营销技巧、商务礼仪还是技术难题，而大家有不懂、质疑的地方，也可以随时提问互动。

每两个月，她还会组织大家对会议内容进行考试，考得好的，还有奖励。

在这样细致、扎实的培养方案下，李洪英培养了一群“小洪英”出来，成为盛隆帮创文化中著名的“洪英案例”。例如，2008 年加入盛隆的刘思彤，2010 年签订第一笔百万订单，2012 年组建自己的团队，2015 年获得北京销售冠军精英奖，2016 年加入集团董事会；刘已诚 2008 年放弃 10 年的酒店管理经验加入盛隆，从零做起，目前拥有 20 人的创业团队……他们都正在培养更多的老板。

所有过往，皆为序章。李洪英说，未来已来，2019 年，她会带领更多的“小洪英”，抓住稍纵即逝的小趋势，成为真正做事的人、做事的企业家，让整个团队处于上升期，向她“百名洪英”的梦想一步步迈进。

摘自 2019 年 2 月 28 日《楚天都市报·创光谷》8 版

2.21 盛隆电气北京创业三公司总裁杨斌

——选择决定命运　坚持铸就成功

《楚天都市报》 庞正

威斯敏斯特教堂有一段无名氏墓碑碑文闻名于世，大意是说年轻时梦想改变世界，成熟后只想改变国家，到暮年仅希望改变自己的家庭，行将就木时忽然明白，如果当初从改变自己开始，接着改变自己的家庭，也许能够为国家做一点事，然后说不定能改变这个世界。

创 光谷 行 08

楚天都市报

盛隆电气集团北京创业三公司总裁杨斌——

选择决定命运　坚持铸就成功

从出糟员工到生产副厂长

亿元订单英雄的内生动力

从“地下工作者”到北京新市民

杨斌对这段话有特别深刻的感悟，而他的人生道路正如这位逝者最后顿悟的：从改变自己开始，选择加入盛隆，选择到北京开疆拓土；通过坚持不懈的奋斗改善了家庭环境；而今，正将盛隆电气的智能化新品推荐给更多客户，使他们享受到高科技带来的便利，以此服务社会，推动产业发展。

越挫越勇 从出错员工到生产副厂长

“选择决定命运，我第一个决定命运的选择就是加入盛隆。”杨斌告诉记者，从学校毕业后的第二年，他本可以进入另一家单位，但他选择了盛隆。那是1993年5月，从此拉开他在盛隆书写传奇故事的序幕。

杨斌此前没有学习过电气知识，也没有动手的经验，刚进厂当工人时，他感觉很难，不是很有信心。没过多久，因为他装错一个元器件，主管领导生气地说：“我们厂怎么会有你这样的员工！”这句话让杨斌很受打击，甚至萌生了辞职的念头。但他转念一想，做什么事都需要付出努力，从前上学时很有上进心，现在进入工作岗位，也要通过自己的努力来提高自己。

从那天开始，他找来一本又一本的专业书籍，不断地学习相关知识;在实践中，他注意向车间的每位老师学习，从他们身上学到不同的经验和窍门，从理论到实践全方位提升自己的职业水平。不久，在全厂举行的产品质量竞赛活动中，他获得了第一名的好成绩，还拿到50元钱的奖金。

1993年，我国正式颁布《中华人民共和国产品质量法》，公司积极组织大家学习。杨斌每晚废寝忘食地捧读，还将全文背诵了下来。年底，在公司举办的质量法竞赛中，杨斌又一举考得满分。此后，他的身份由工人转为质检员。

从事质检工作期间，他系统整理制定了工厂的产品检测标准，改变以往质检员个人主观把控的情况，并设立了自检和互检制度，提高质检效率。此外，爱钻研技术的杨斌还被安排参加新产品的引进和样品生产，参与完成型式试验。第一批改进的高压柜在可口可乐工厂交付使用，他参与了从生产制作到现场安装到售后服务的全过程，颇有成就感。

1999年，杨斌晋升生产副厂长。以往的技术思维慢慢转变为管理思维，但他还是觉得自己不太适应这个职位，意识到自己的一些短板。次年，公司倡导开辟北京市场，他做出职业生涯第二个重要选择：前往北京。

鸿鹄高翔　从“地下工作者”到北京新市民

杨斌至今还记忆犹新，2000年正月初八，他一个人拖着箱子到了北京。走出北京西站，看到首都的繁华盛景，心里充满自豪：“这就是我工作的地方，这里将是我施展才能的舞台！”

但现实很快给他泼了一盆冷水：公司给他们租的集体宿舍，居然在地下二层。他以前从来没见过地下室，黑黢黢的，冬天干得人流鼻血，夏天被子都潮了，盖在身上又湿又重，不通风、不透气，方便面的味道充斥在空气中。

从此，这名自嘲为“地下工作者”的人，开始了“烧饼+公交”的生活。每天漫无目的地坐公交车在北京城转悠，看到工程项目就前去推介。跑了大半年，BP机没响过，响了只是天气预报。那时，看到谁的BP机响了，去前台回个电话，都会得到旁人的羡慕，表明有业务联系了。

在这样艰苦的环境中，杨斌仍然在坚持拼搏。有一天，他在北京西站旁边发现一处工地，需要配电箱控制水泵抽取地面的积水。他当场给客户画图、报价，并顺利完成了北京第一单，赚了800块钱。当时，他想一年的烧饼钱有了。

没过多久，集团董事长谢元德到北京来，陪大家一起在地下室吃饭，当时他说：“你们到北京来不是为了来找饭吃的。”这句话让杨斌醍醐灌顶，他到北京来的目标可不是吃烧饼，而是要干大事业，要改变自己和家人的命运。

从那天起，杨斌在强大动力的支撑下，更加勤勤恳恳。一次，他无意间找到一个工地，发现了合作机会。但要找工地负责人推介产品和服务，有三道门岗进不去，打电话对方也拒绝见面。大雪天里，杨斌就一直在外面等，直到下班时间，那位负责人拿着餐盒出来，杨斌赶紧上前，在对方去往食堂的路上快速营销，终于争取到对方同意考察盛隆电气工厂的机会。上规模的厂房、优质的产品和服务，杨斌合理的报价，帮他拿下这个订单，金额60多万元。

还有一次，杨斌为了见一个负责人，从下午3点等到晚上10点，坐在车上不吃不喝不动，最后对方只给了5分钟时间。杨斌抓住这一丁点儿难得的机会介绍公司、争取合作，最终签下了 400 多万元订单。

在这个过程中，杨斌的家人也来到北京，他们一起通过奋斗很快在北京买了房，安居乐业，成为北京新市民，大大改善了家庭环境。

从“求”到“给” 亿元订单英雄的内生动力

2017 年对杨斌来说是不平凡的一年。这一年，他成为集团首个亿元订单英雄，也第一次大规模将盛隆智造产品的优越性展示在世人面前。

当时，国内某大型芯片工程项目的配用电公开招标。这个项目因其独特性，对配用电产品的要求很高，有一些特殊需求。而国外那些知名电气品牌的现有产品，也存在空间问题和技术问题等，不能直接满足这些需求。此时，杨斌团队想到，盛隆电气集团自主创新研发的智能低压配电柜 iPanel，设备参数很高，与该项目的需求对等，同时，iPanel 柜还能根据客户要求进行个性化定制和调整。

杨斌团队将 iPanel 柜的方案报给项目方，并制作出样品柜。项目业主方、技术团队、总包单位三方前来审核样品柜，给予高度评价。最终，这个项目的核心配电柜、配电箱都采用了盛隆的产品，包括 200 多台 iPanel 柜等，订单额达数千万元。这也促使杨斌 2017 年个人订单总额超过 1.2 亿元人民币。

“这件事情给我很大的启发。”杨斌告诉记者，“过去我们总是‘求’客户给订单，但现在我们转变思想，主动给用户创造价值，客户就会‘给’我们订单。”

杨斌说，从“求”到“给”，一方面源于集团公司长期的技术、实力和口碑的积累，另一方面源于营销团队个人能力长期的积累，眼界和魄力的提升，敢于冲击这样的高端项目。“修炼好内功，自然会有回报的时候，至于回报到底什么时候来，不必刻意追求。”

当下，杨斌除了开拓市场，将更多精力放在了培养新人、带团队上来。例如，

4 年前大学毕业的薛文龙，什么都没有，什么都不会，杨斌手把手教他找项目，开车带他去做项目，现在薛文龙也成了“群体老板”的一员，在北京过上了幸福的生活。

“我现在在做的事情，一是推广创新，让客户通过我们的智能新品享受高科技带来的便利，看到产业智能化发展的方向；二是当好创业导师，为年轻人解惑，帮助他们实现他们的价值，就是我的价值；三是真正深入地理解和吸收我们的企业文化，并传播这种文化。”杨斌说，“做大项目，营销产品与推广文化是紧密结合的。我们的企业文化里讲要走正道、办良企，我想我们每个人也要做最好的自己。”

摘自 2019 年 3 月 14 日《楚天都市报·创光谷》8 版

2.22 盛隆电气北京创业四公司总裁段春燕

——燃烧青春 超越梦想

《楚天都市报》 庞正

对于段春燕来说，盛隆文化是刻在骨子里的，渴望成功也是刻在骨子里的，在盛隆的平台上获得成功，就成了她人生故事的主线。

从小在盛隆的院子里长大，期望以后加入盛隆；刚从学校毕业被盛隆电气董事长问理想，她脱口而出想当经理；工作几年后再被问梦想，她说要组建团队当老板……燃烧自己的青春年华，她实现了一个个梦想，而每一步都暗合盛隆电气发展的脚步。

“盛隆走过的地方，就会灯火辉煌。”这是段春燕常说的一句话，不仅仅是指盛隆的配用电产品发出的光芒，也象征着，盛隆会点亮每一个人的希望和梦想。

创光谷 08
楚天都市报

盛隆电气集团北京创业四公司总裁段春燕——

燃烧青春 超越梦想

>>>20岁 风雨无阻展翅飞

>>>30岁

>>>40岁 南征北战捷报回

>>>未来 筑梦燕窝 成就梦想

20 岁　风雨无阻展翅飞

1999 年，段春燕一毕业就加入了盛隆。凭着对大城市和首都北京的向往，她选择到北京开拓市场。

起初，首都并没有以热情欢迎的姿态来迎接她。住地下室、吃烧饼、坐公交……有一次，她穿着西装和高跟鞋挤公交，在车上晕倒了。外面冷风一吹，她醒过来了，起身就走，没工夫去医院或者回去休息一会儿。

“说实话，很多次，我都有点坚持不下去了。偌大的北京，好像跟我一点关系也没有。”段春燕说，但哭过之后，想到从小见到的盛隆榜样，第二天早上，又会精神百倍地继续前行。

2000 年，董事长谢元德到北京来看望开拓市场的同事们，制定了一项奖励措施：谁能在当年完成 200 万元的销售任务，就奖励谁一间单人宿舍和一辆小汽车。段春燕的斗志一下子被激发起来。

功夫不负有心人，她找到一个机械动力厂的项目，以真诚打动客户，成功签下第一个百万大单。签完合同，她蹲在路边的公车站牌下，给关心自己的姑姑打电话报喜，自己也大哭一场。

任务已经完成了一半，前行的道路却依然坎坷艰辛。那是一个大雪天，段春燕把大大小小几十个配电柜送到了，现场负责人说，必须卸到他们指定的地方。段春燕翻了翻自己的包，连 100 块请人卸货的钱都没有，只好拉起工地上的一块模板横放在货车上，自己一个人边哭边搬。后来，站在远处的项目总工看到了，或许是感动了或许是不忍心，让工人帮着卸了货。

那一年，段春燕克服万难，完成了 200 万元订单，得到公司一辆车的奖励。领到了车，上了京牌，新车新手的她一路从北京开回枣阳老家，在当地引起轰动。她没有告诉自己的同学，但是同学们都知道了她开着北京车牌的汽车回到家乡的故事，这件事情也让她更加坚定了在北京扎根的想法。

30 岁　春燕领队群燕随

2003 年，集团公司在北京康得大厦举行座谈会，谢元德董事长向与会人员发问：未来十年，你们有什么梦想？段春燕说："我要带团队，我要做老板！"她希望能像自己的偶像一样，帮助更多人拿订单，做一个受人尊敬的人。

当天晚上，她就开始构思未来的团队到底要怎么建，"要吸引更多有梦想、有激情的年轻人一起打拼"。后来，她招的最多的是应届名牌大学生。这些大学生有思想、有活力，但营销经验不足，段春燕就一个个人、一个个项目地带着他们一起跑。

有一次，段春燕在网上发现了某县城的一个项目，马上在网上投标，并立刻赶到火车站，买最近的一次车票赶往当地。只有站票，她就和同事一起蹲在过道里，到了十堰市，又坐大巴、转小巴，还坐了摩托车才赶到项目现场。没有哪家单位像他们这样，这么快就到了项目现场，加上盛隆过硬的产品和服务，他们最终成功拿下这个订单。

还有一次，也是为了抢先到达项目现场而赶火车。去火车站的路上，出租车司机说肯定赶不上了，但段春燕就不信这个邪，拼命赶。下车后，她和同事拖着箱子跑，把高跟鞋也脱了，遇到一处沟，她和同事把箱子使劲扔到对面，光脚跳了过去，终于在最后一分钟赶上了火车。

因为有这样的激情，段春燕的"燕窝"团队才会团结一心，紧紧围绕在她的周围。2012 年，北京市场很多团队出现了问题，"燕窝"团队也不例外。最困难的时候，连工资都发不出来，很多其他团队的人员都离职了，但"燕窝"团队的人选择了坚持。

那一年，董事长谢元德授予他们"春燕团队"称号，并给予"春燕领队群燕随"的评价和肯定，团队成员都备受鼓舞。段春燕也及时调整，对"老板思维"有了更深刻的理解，团队账目也迅速扭亏为盈。

40岁　南征北战捷报回

2014年，北京创业四公司成立，段春燕的格局更大、视野也更开阔了。

当年，湖北某项目是当时集团公司单体最大的电力工程项目，也是北京团队首次尝试做电力工程总包项目。段春燕团队承诺了更早的发电时间、更合适的报价，最终顺利拿下这个项目。

从接触这个项目的第一天起，长达半年的时间里，段春燕每周一乘坐最早的航班去，周五最晚的航班回，从开会、出方案，到项目的执行、实施，以及过程中的各种协调工作，她都亲力亲为。200多台低压柜、70多台高压柜，保质保量按时完成，安装顺利，项目2015年5月就实现了通电，获得了业主和供电公司的认可。

有了这个项目的经验，北京四公司大力承接电力工程项目，订单额连年增长。2018年，公司承接了一个数据中心的项目，订单额达1.26亿元，单笔回款6700万元，双双创下集团公司的纪录。

光鲜的背后，自然有不为人知的艰苦。团队为了赶工期，夜以继日，加班熬夜是常事，整个春燕团队齐心协力，不到4个月，项目顺利发电，让业主和供电公司领导交口称赞。

如今，不光北京团队，广州、武汉团队签订的合同质量也越来越高，风险控制能力也越来越强。北京创业四公司的人，南征北战，捷报频传。

未来　筑梦燕窝　成就梦想

近几年，北京四公司的团队越来越壮大。受段春燕的影响，大家纷纷用行动实现老板梦。

其中，广州团队总经理张伟，2014年加入盛隆，当年就取得了集团公司北京地区业绩第一名的成绩；曾在部队磨炼、随后在盛隆电气创业10年的北京四公司创业九处总经理段志强，通过努力在北京组建幸福的家庭；放弃优渥条件，毅然从家族企业走出来自主创业的美女老板杜晨，在盛隆电气 8 年的时间里，实现了年薪百万、扎根北京的梦想；北京化工大学学生会主席钟文达，加入盛隆电气 5 年，从一个职场新人成长为北京四公司运维项目第一人……

2019 年，是段春燕来盛隆工作的第 20 个年头。说起这些年的经历，她感到由衷的骄傲和自豪。在盛隆的这 20 年，她不仅收获了物质财富，扎根北京，也收获了精神财富，在帮助别人的过程中也成就了更好的自己。

一路走来，段春燕从工作第一年的 200 万元订单，到 2014 年签订单体合同 4000 多万元的订单，到 2018 年北京顺义一个单体合同 1.26 亿元，再次刷新纪录。段春燕团队在河北洽谈的某钢厂搬迁项目，单体合同高达 20 多亿元。“我们有信心让整个园区因为有了盛隆制造、盛隆电力、盛隆服务而变得更加美好。”段春燕对客户说。

“盛隆走过的地方都会灯火辉煌。”段春燕笑着对记者说，她要做一个光明使者，“前方虽然有很多的未知，但相信我们可以创造美好的未来！”

摘自 2019 年 3 月 28 日《楚天都市报 · 创光谷》8 版

2.23 盛隆电气北京创业五公司总裁王胜

——志之所向 一往无前

《楚天都市报》 庞正

王胜的字典里没有“放弃”这个词。加入盛隆的第一年,他大半年没跑出订单,便加倍努力地跑，终于有所收获；到北京开拓市场，两年才拿到第一个订单，坚持了六年才迎来业绩的爆发；团队成员提出开发南京市场，他明知是硬骨头也敢于迎难而上，最终获得了成功。

创业光谷 08

楚天都市报

盛隆电气集团北京创业五公司总裁王胜——

志之所向 一往无前

>>> 业精于勤

榜样力量鞭策他积极奋进

>>> 战略为王

开拓南京市场创经典案例

>>> 口碑致胜

小单子做成回头客大客户

“在盛隆这个平台上，当你懈怠时，有人鞭策你；当你困惑时，有人开导你；当你遇到困难时,有人帮助你。”王胜说,“而且那么多比你优秀的人都比你更努力，你有什么资格说放弃呢？”

业精于勤 榜样力量鞭策他积极奋进

1998 年，王胜从学校毕业，毫不犹豫地加入了盛隆。王胜还在上学时，就看着在盛隆工作的叔叔、婶婶风风光光地骑着摩托车回家，后来更是开着小轿车回家，他心里十分羡慕，萌生了以后也要加入盛隆创业打拼的想法。

一开始，王胜就来到武汉开拓市场。每天坐着公交车在武汉三镇转悠，找塔吊、看项目，鞋子磨破了几双也没谈成一单，他不禁有点气馁，行动上也有所懈怠。这时，叔叔了解到他的工作状态不对，马上打电话鞭策他："听说你早上出门，中午就回来了，这怎么行呢？比你有经验的人都是早上出门跑到晚上才回来，你更要好好出去跑才行。"

叔叔几次三番打来电话督促，王胜想到叔叔和更多盛隆的榜样，便不再懈怠，从早跑到晚，中午累了就在别人家的房檐下休息一会儿，再接着跑。到了年底，他终于找到了荣军医院的一个项目，反复跟对方技术人员沟通，向对方单位领导介绍盛隆电气，争取到他们考察工厂的机会。盛隆的工厂规模大，产品制作考究，赢得了客户的高度评价。后来，这个项目成功签约，订单额 7.5 万元，王胜用赚到的钱购置了手机和西服，跑起来更带劲儿了。

有一次，王胜得知某单位在当阳有一个项目，该单位负责人正在当阳考察，他便立即买票赶往当阳。到了当阳，听说那位负责人已经返回武汉了，他又马上回车站买票，返回武汉。后来，王胜终于在武汉见到了那位负责人，向他推介盛隆电气的产品和服务，最终成功签下 100 多万元的订单。

通过这几个项目的成功，年轻的王胜真切地感受到业精于勤的道理，做事只有积极努力、比别人更勤奋，才能有所收获。同时，轻言放弃则可能会与成功失之交臂。这些简单却实用的道理，就在王胜刚工作的那几年，深深地刻进了他的脑海里。

口碑致胜　小单子做成回头客大客户

2001 年 10 月，王胜响应集团号召，前往北京开拓市场。

到了北京，更是人生地不熟，一切从零开始，甚至刚开始跑了几年都一无所获，但王胜没有打退堂鼓，而是不断积累对这个新市场的了解和认知。

2003 年的一天，王胜接到了一个电话，对方需要几台配电柜。他马上与对方见面详谈，最终确定了 4 台配电柜 99800 元的订单。这 4 台柜子要送到 200 多公里以外的地方，虽然合同金额不大，但是王胜认真对待，从北京到项目现场，随叫随到。设备安装、技术服务，王胜都在现场，给对方留下了认真负责、服务到位的印象。

2005 年，有一个地产项目负责人前来参观盛隆电气工厂，工厂规模和产品品质给他留下了很好的印象，双方签订了 100 多万元的订单。在售后服务中，王胜团队一进工地一个星期都不出来，安装设备、配合调试，从早上 6 点多一直忙到晚上 8 点多。通过第一次合作，对方单位就对盛隆的产品和服务印象深刻。

2007 年，这家地产公司又开发了一个新的项目，再次找到王胜。当时，这个项目还有很多技术难点，客户自己也把握不准。王胜主动提出，由盛隆的技术团队先来帮忙解决这些难题，即使后面没有选择盛隆合作也没关系。后来，王胜团队凭借过硬的专业素质打通了技术难关，加上之前对方对盛隆品牌和王胜团队的认可，最终成功签约这个项目，订单额达 800 多万元。

2008 年，先前找王胜团队购买 4 台配电柜的单位，也再次与王胜签订 1000 多万元的设备订单；2014 年，这家单位又与王胜合作了 5000 多万元的订单。至今，双方合作订单总额已达 8000 多万元。

“跑北京的前几年，很苦，订单很少。从 2007 年开始，业务量突然大增，并持续递增，其中有不少客户都是回头客。”王胜感叹地说，“用心做事，一点一滴积累，总有一天，会得到市场的认可和回报。”

战略为王　开拓南京市场创经典案例

2017 年，盛隆电气集团提出“网通百城、携手百企、链接百校、创建百团”的“四百战略”，王胜也积极寻找市场。

当时，王胜团队里有一名成员叫王远兵，王远兵有一个做建筑总包的客户叫李银进。李银进在南京有一些资源，他建议王胜、王远兵等人前往南京，他们一起开拓市场。王胜心里盘算，江苏可以说是中国电气行业的发源地，同行很多、竞争激烈，哪家电气厂商也不会随便到那一带去开拓市场；而且，自己和团队成员都不了解当地的市场和人文环境，去了又要从头开始。但是，想到有集团“四百战略”的指引，有同事们的齐心协力，王胜决定去啃下这个硬骨头。

2018 年年初，王胜团队就开始在南京租房、开拓市场。在招标平台上成功注册后，就在市场上找项目、买标书，根据对方的技术要求和商务条件，制作投标文件。可是，刚开始，怎么投标都不中。王胜团队经过摸索，做出改进：在商务上，针对南京市场的要求，为公司增加和完善了几项资质证明；在技术上，充分发挥盛隆电气集设备、工程、设计、运维于一体的优势，积极在南京市场上推广“智能用电保证 20 年”新商品，能够为客户提供全面解决方案，形成差异化竞争。多管齐下，盛隆在南京市场上逐渐赢得了关注，并取得成功。

而在这个过程中，李银进有本地人的优势，利用他多年施工管理的经验，加上对当地市场环境的了解，在商务报价、标书制作等过程中，发挥了重要作用；王远兵是从北京密云工厂转岗而来，在车间和售后部门都工作过，对产品和服务了如指掌；王胜则在全局上进行把控，按照集团的战略指导思想行动，推广集团的最新产品。他们团结合作，去年在南京拿下 5000 万元的订单，且所有项目均通过公开招投标中标，其中包括南京大学、南京市交管局、南京海峡城等知名项目。他们的合作案例，也被集团董事长谢元德总结为“兵进胜案例”，在集团推广。

2019 年，王胜为北京创业五公司制订了 3 亿元的营销目标。其中，南京市场的目标订单额过亿元，并计划开拓周边的无锡、杭州等市场。王胜说：“在激烈的市场竞争中，战略为王。相信我们在集团‘四百战略’的指引下，能开辟更多市场，创造更多辉煌。”

摘自 2019 年 4 月 11 日《楚天都市报 · 创光谷》8 版

2.24　盛隆电气北京创业六公司总裁杜其峰

——以坚守书写人生华章

《楚天都市报》　庞正

北京有一个百万庄大街，街上有个百万庄旅馆，从旅馆进去，地下二层，不通风、不透光，空气里充斥的方便面味道击碎了一群年轻人对首都的憧憬和想象。

杜其峰和其他十几名同事，就是在这里开始了奋斗的生活。

其中一部分人，擦掉泪和汗，以心中的梦想为支撑，一天又一天地坚持，一个项目一个项目地联络、争取，最终成就了包括杜其峰在内的五位盛隆电气总裁。首都也回到他们最初想象的样子——包容、开放，繁华似锦，而他们也通过自己的努力，让这座城市更加灯火辉煌、光芒万丈。

“一路走来，有很多艰难时刻，有些人没有坚持下去，离开了。而坚守的我们，都收获的比想象的多。”杜其峰对记者说。

天道酬勤　在签约最后一刻达成合作

杜其峰 1996 年秋加入盛隆电气，先在工厂实习了一年多，对公司产品有了全面的了解，这为他日后开展营销工作打下了坚实的专业基础。

1998 年春天，时任厂长的张万萍提出开发北京新市场，杜其峰等 7 人响应号召北上。那是 1998 年 3 月 11 日，杜其峰等人乘车北上，从襄阳到北京，坐了十几个小时绿皮火车，3 月 12 日到达北京，开启了他们全新的职业生涯和人生篇章。“这个日子我到现在都记得清清楚楚，因为它就像高考、婚礼一样，是人生中为数不多的几个最重要的日子之一。”杜其峰说。

住地下室、吃烧饼，每天坐公交车满大街找塔吊，跑了两个月也没有业绩。就在张厂长考虑让杜其峰回到武汉工厂时，他从一个项目上拿回了一份图纸，张厂长便鼓励他，再坚持跑几个月看看。

到了那年冬天，杜其峰发现了一个医院的项目，积极找对方负责人推介盛隆的产品和服务。刚开始，他没什么营销经验，也不怎么会谈。那位负责人不松口，他就一周三次地往人家办公室跑，这样跟进了好几个月。直到腊月的一天，他接到这位负责人的电话：“我们这个项目的供电合同要签了，对不住你，你跑了这么多趟。下次有机会我们再合作。”接到电话时，张万萍厂长刚好就在旁边，他们两人立刻开车赶到项目现场，客户被他们的真诚和执着精神打动，在签约的最后一刻，从项目里分出几个产品订单交给了杜其峰来做，金额达 30 多万元，这是他在北京签下的第一单。

这次成功签约之后，杜其峰跑市场更勤奋了，对待客户也更加认真执着。有一次，同事签回的订单，产品要在南方一个工厂制作，但需要一个样机。杜其峰一个人扛着十几公斤的表箱样品赶火车，中途还换了一次车，经过一天多才送达厂区，这批产品就照这个样品成功制作出来。

2003 年，小有收获的杜其峰在北京买了房，集团董事长谢元德特地去参观：“这就是个榜样啊！”杜其峰没告诉董事长的是，最初到北京，他想着，能挣个三五万元钱，够回枣阳买套房就行了，没想到几年下来就在北京买了房。

锲而不舍　投标数十次成就千万订单

在2006年之前，杜其峰虽然已经在北京立住了脚跟，但还在摸索和积累的阶段，一年只有两三个订单，金额也都没有超过百万元。不过，杜其峰相信自己会迎来业绩爆发的那一天。

在那一年之前，他的团队曾5次投标某地产单位的项目，都没有成功。有的是因为技术标不合要求，有的是因为经济标没把握准确，还有的连资格审查都过不了。但杜其峰没有气馁，认真总结经验，不断完善标书，终于在2006年从7家投标单位中脱颖而出，成功中标，收获600多万元的订单。

同一年，杜其峰团队又拿下另一个地产项目的347万元订单，使得2006年的业绩一举突破千万元。“公司声誉的不断提升，自身营销知识的不断增长，两者合力，终于带来了业绩的质变式增长。”杜其峰感慨道。

在这个过程中，营销知识的增长，正是在杜其峰团队锲而不舍的努力中实现的。有一个客户，因为行业有固有的合作圈子，盛隆很难进去。杜其峰团队曾投标数十次都不中。杜其峰不死心，一方面，成立了一个小组，只要遇到这个单位的招标项目，就立刻组织投标；同时，不断与客户接触，每月至少上门两次，深入了解客户的需求，寻求相关指导。渐渐地，盛隆得到了客户的认可。经过一年多的克难攻坚，杜其峰团队终于打进这个圈子，让客户感受到盛隆优质的产品和服务，并很快签订了一个1000多万元的订单，也使杜其峰2012年个人订单达到2000万元。

文化育人　团结协作争取最大胜利

2014年，北京创业六公司成立，杜其峰比以往更加注重团队建设和新人“传、帮、带”工作。

团队成员刘红英，刚入职时不太懂营销，对盛隆的产品也不十分了解。杜其峰就带着她见客户，与客户沟通，甚至在报价、与供电公司协调等环节也对其悉心指导，逐渐将她带上了路。期间，杜其峰发现她很勤奋、执着，肯下功夫，但在与人交往时不太会察言观色、灵活变通，杜其峰就找她谈话，指出她的缺点，劝她改进。

近几年，团队的大学生多了，杜其峰发现了一个问题，这些年轻人喜欢单打独斗，有不少人只算自己的账，太在乎个人得失。

杜其峰反思，这是自己没有把集团公司文化里的“立人己立、达人己达”传播到位、贯彻到底。他便开始有意识地加强团队成员对企业文化的学习和领悟，让他们明白，个人能力强固然重要，但只有团结能力强的人一起协作，才能取得更大的成功，并且在这个过程中，每个人都能获得业务上的进步、素质上的提高，还能获得更好的经济收益。

在这种潜移默化的文化熏陶下，公司团队更加融洽，战斗力更强，大家工作积极性也更高了。至 2019 年 3 月底，团队所有成员都有了新签的订单，其中不少是团结协作的结果。业务员周爽谈了某医院的项目，他懂得营销，但技术欠缺，而同事谭超福是从生产系统转过来的，擅长技术，于是两人取长补短，合作完成标书，以绝对优势中标，订单额达 800 万元。

杜其峰说，无论六公司接下来制订怎样的目标，首先要让每个人接受和运用盛隆文化，只有以盛隆文化来武装自己、充实自己，才能取得更长远、更大的成功。

摘自 2019 年 4 月 25 日《楚天都市报·创光谷》8 版

2.25 盛隆电气北京创业八公司总裁邓建忠

——盛隆同龄人的盛隆奋斗史

《楚天都市报》 庞正

邓建忠的办公室里，最引人注目的是墙上的一幅北京市地图，上面密密麻麻地贴着一些小红旗——那都是他带着盛隆电气的产品服务着的地方。

08

楚天都市报

盛隆电气集团北京创业八公司总裁邓建忠——

盛隆同龄人的盛隆奋斗史

从一个出身农村的普通青年，到在北京市安居乐业的公司总裁，邓建忠说，他加入盛隆是找准了平台、紧跟集团公司战略取得了成绩、创建公司带领更多人获得了成功。今年是盛隆电气创建40周年，他也步入了不惑之年。作为盛隆的同龄人，与盛隆一起成长、进步，奋斗在盛隆、成功在盛隆，他感到无比自豪。

天高海阔　能吃苦的小伙进步飞快

1999年8月，20岁的邓建忠加入盛隆，第一个岗位是车间工人。

那时，工厂里的一切对他来说都是

新鲜的，配电箱、配电柜、导电铜排，不懂的就多学、多问、多做，他吃苦耐劳、勤勤恳恳，很快就掌握了关于产品的各项知识。当时的同事们都说，他工作起来像是有使不完的劲儿。每天早上 5 点起床，吃过早饭 6 点多就到厂里了，晚上常常加班到 11 点才走。有一次，他整整两天两夜没出工厂，也不觉得苦。

工作不到半年，因为进步很大、表现突出，他被派去西安学习，还参与了产品型式试验。这更激发了他的自信和自豪感，工作更有动力了。

后来，他转岗做厂长助理，认真学习了造价、投标、项目谈判等知识，为之后做销售奠定了坚实的基础。

有一次，他配合同事拿下鲁巷广场某配用电项目，订单额达 500 万元。他在这个过程中真切地感受到了盛隆体制的优越性，便有意转岗做销售。

刚工作的几年里，还有一件事让邓建忠印象深刻。那是 2000 年，集团董事长谢元德给大家讲了“鲶鱼效应”的故事，讲得绘声绘色，极富感染力。邓建忠从中悟到：遇到问题要迎难而上，想办法解决。

“海阔凭鱼跃，天高任鸟飞。”这是邓建忠加入盛隆后最大的感受，在盛隆这个大舞台上，只要勤奋、爱学习、努力上进、肯动脑筋，谁都可以有进步的空间、展示的天地。

金石可镂　“七次拜访定律”打动客户

2001 年，公司根据战略需求，布局北京市场。10 月 1 日，邓建忠背着行囊和梦想，来到了北京。

每天清早出发，坐公交车满大街转悠，一天下来，眼睛、鼻子、眉毛、头发上都是一层灰。就这样，跑了两年，还没签下一单，但他没有放弃。

2003 年，西城区教委有一个配用电项目，邓建忠得知信息后，就和妻子段雪梅一同前去拜访相关负责人。第一次去，对方出于礼貌接待了；第二次去，对方仍然礼节性地接待了；第三次去，对方开始不耐烦；第四次去，对方喊保安来赶人；第五次去，对方沉默不语；第六次去，对方面色稍有缓和；第七次去，对方终于发话："你们也太执着了，我好像看到了自己年轻时的样子……"

靠这七次拜访，他们终于打动对方负责人。在招投标中，盛隆产品有两大质量体系认证的优势，成功中标。邓建忠终于拿下了在北京的第一单——某学校定制的数十万元的高低压柜。以此为突破口，他又相继拿下了该片区多个学校的配用电项目。

在2004年的一个项目中，邓建忠又经历了几乎一样的情形，对方是个保密部门，也是先后拜访了七次，对方被他的诚心打动，才慢慢接受了他，听他推介盛隆的产品和服务。当年，这个单位与邓建忠签订了160多万元的订单。

"我发现这好像是一个'七次定律'。"邓建忠说。初次拜访去要给人留下好印象，后来再去，要找机会主动帮忙，哪怕是在别人办公室帮忙擦桌子、扫地等等。但也要注意观察，如果对方确实很忙或心情不好，就早点离开改天再去；如果对方比较闲适，就趁机多聊几句。七次下来，有可能会打动对方。而后，凭借盛隆过硬的产品品质和优秀的服务，拿下订单就不难了。

2004年，邓建忠的订单额达到200多万元，他在北京买了房、买了车，女儿也在这一年出生了，来北京最初的愿望已经全部实现。

知人善用　团结众人力量创造非凡业绩

其实邓建忠在北京一直不是单打独斗，最开始那几年，他跟妻子段雪梅也是一对工作好搭档。白天一起跑项目，晚上回家还经常为怎么谈项目商量到深夜，半夜醒了继续商量。每次投标后，他们总有几夜失眠，最后接到中标的电话，他们相视会心一笑，无需多言，所有的辛苦和委屈都烟消云散。

2006年，邓建忠正式开始组建团队："一个人成功不算成功，帮助更多人，才叫成功。让大家都实现自我价值，才是我们盛隆人的梦想。"

带团队、带新人，邓建忠做得最多的事，就是洞悉每个人的特点，因势利导，扬长避短。例如，今年 28 岁的常亮亮，从国际关系学院政府采购专业毕业。掌握招标文件、熟悉招投标流程、参与竞争性谈判等自然都不在话下。但他的弱项是社会经验不足，刚加入盛隆时对盛隆的产品和服务还不够了解。在争取中央直属机关单位订单时，邓建忠就调来孙斌、邓胜两人与常亮亮搭档。孙斌在车间、售后、质检、技术等部门都工作过，是个多面手，熟悉市场和客户，而邓胜经历过报价软件的专业培训，擅长预算报价。三人小组协作，一举拿下中央直属机关某项目 4100 万元订单。

李其才曾是枣阳市某村大队党支部书记。2005 年他来到盛隆，加入邓建忠团队。此人开拓市场十分努力，拜访受阻，他就翻墙进去；遇到项目负责人不接待他，他 4 次给人买早点最终打动对方……邓建忠就根据他的个性，最大程度地激发他的工作积极性，鼓励他奋斗在创业一线。

曾在某央企有不错职位的刘译阳，受盛隆体制和文化吸引，也加入了邓建忠团队。刚开始他完全是外行，就给邓建忠当起了司机，从早上 7 点到晚上 10 点，两人常常形影不离。在这个过程中，从拜访客户、介绍公司产品，到制作标书、商务谈判，再到后期的项目执行，等等，刘译阳耳濡目染，逐渐掌握了整个工作流程。4 个多月过去，邓建忠交给他一个 100 多万元的项目，让他试着自己做。3 个月下来，项目完成得漂亮，刘译阳也积累了大量知识和经验。2017 年，他的个人订单达到 1500 万元。

十多年来，邓建忠团队为中科院、清华大学、总参大气所、中广核、中央军委等客户提供了大量优质产品和服务，赢得良好口碑。

2019 年，北京八公司将围绕集团“四百战略”，吸引更多优秀人才及企业与盛隆展开合作。邓建忠说，更重要的，是让同事们在盛隆文化的指引下，都实现“物心双幸福”，与盛隆一起，向着更美好的未来前进。

摘自 2019 年 5 月 30 日《楚天都市报 · 创光谷》8 版

2.26 盛隆电气北京创业九公司总裁黄敏

——在盛隆 没有最好只有更好

《楚天都市报》 庞正

黄敏珍藏着一大摞从 2003 年开始的荣誉证书：特别贡献奖、最佳经理奖、销售专家，等等。有的证书因为年代久远纸张已经开始泛黄，但所有证书都被她保存得平平整整、一尘不染。

08

楚天都市报

盛隆电气集团北京创业九公司总裁黄敏——

在盛隆没有最好只有更好

住地下室跑项目浑身干劲

她珍惜集团公司颁发给她的这些荣誉，这些荣誉也鞭策她奋力前行。她说：“在盛隆这样一个广阔的平台，没有最好，只有更好。大家你追我赶，互相激励，都向着更高的目标奋进。”

乐此不疲 住地下室跑项目浑身干劲

黄敏是盛隆电气集团最早到北京开拓市场的元老之一。与同事记忆里啃烧饼、坐公交、吃泡面的艰辛相比，那段艰苦拼搏的时光于她而言全是欢乐的记忆。至今她说起那些往事，仍是满面纯真快乐的笑容。

黄敏是枣阳人，原本在枣阳百货公司工作，捧着“铁饭碗”。1997 年底，在盛隆工作的同学告诉她，集团准备在北京设立办事处。从没出过省、最远只到过武汉的黄敏，心里腾起关于首都的梦想。第二年 3 月，她如愿来到了北京。

白天坐公交，她觉得很快乐，天天看梦中的北京；夏天想躲阴凉就进大商场去，也是享受；午饭有时到清华北大的食堂去吃，还能感受顶级学府的氛围。到了晚上，回到地下室，她也没觉得有什么不好，有固定住处就行。而且同事们在一起，每天晚上轮流做饭，大家一起吃饭、分享一天的感受，相处十分融洽。

那年夏天，她抽空回了趟枣阳，把家里开的化妆品店转让出去，回到北京买了手机，一心一意要在首都闯天下。

到深秋时节，同事谢远芹率先拿下一个数千元的订单。这对黄敏是一个激励，从那天起，她中午也不进商场休息了，每天起早贪黑扎扎实实坐公交车找项目，终于在下着大雪的 12 月份，拿下一个设备制造厂的订单，金额达 30 余万元。

在与合作方交流的过程中，她发现自己有个技术问题没解释到位，心里很遗憾。回到住处跟同事们交流，有擅长技术的就来帮忙解答。谢远芹当天晚上就陪她一起，在大雪天里乘了一个多小时公交车赶到客户家里，当面向人家解释清楚。客户很是感动，使订单顺利往下推进。

“这是一次难忘的记忆。那时候我们互相帮助，还有很多感人、有趣的事情。”黄敏告诉记者，有一次，有同事给客户送去的配电柜不符合要求，要进行改装。同事们就在地下室里一起动手帮忙，她还和另一名女同事比赛看谁改得又快又好。全部完成了，切开一个大西瓜，大家一人捧一块啃起来，欢声笑语弥漫在回忆中。

从 1999 年开始，黄敏的事业一年上一个台阶，单个合同破百万元、年销售额数百万元……而在这个过程中，她始终感到很开心，觉得自己找对了工作，很适合在盛隆这个平台上大展拳脚。

呕心沥血　认真“备课”年年拿千万订单

2003年到2013年,黄敏频频在集团拿奖。那时候,她每年的订单都突破千万元,业绩在集团名列前茅。

说难也难。黄敏告诉记者，有一年，她一共做了40多个订单，加起来才超过千万元。说不难，也不难。黄敏说，她的诀窍是提前做好功课，找到项目负责人，把想说的都说出来，一般就能成。

黄敏有很多好的工作习惯，比如看新闻联播，了解国内外大事和趋势；比如在每见一个客户前，都认真“备课”，查找以前类似的成功案例或行业相关情况，认真做好准备工作，与客户见面时能侃侃而谈，句句说到对方心坎上；还比如，她会把自己跟进的项目制作成一个表格，哪些是眼前亟待跟进的紧急项目，哪些是中期项目，哪些是远期追踪项目，一目了然。表格半年更新一次，就贴在家里的柜子上或书房墙上，进门就能看到，督促提醒自己。

“用心把准备工作做充分，就不会有九九八十一难。”黄敏笑着告诉记者，有时她去参与投标，有的同行听说她参与了，就主动退出，因为知道她既然来，一定是做好了万全的准备，一定会把项目拿下。

当然，在具体的操作过程中，也还是要靠勤奋和执着才能达到目的。黄敏介绍，2006年，她想做国家体育中心能源动力站改造的项目，当时去找单位相关负责人，对方总是推脱，两三句话就把黄敏打发走了。那年黄敏住在石景山区，为了能在上午8点钟准时到达对方负责人办公室门口，她每天早上6点起床，6点50分把孩子交给学校门口的门卫，就坐车出发了。连续多日早上8点准时到访，终于有一天，对方负责人有空闲时间，黄敏抓住机会，把之前做的准备工作全部用上，把想介绍的内容全说出来，对方马上表现出兴趣，请专业工程师过来跟黄敏对接，并很快将盛隆纳入合作单位名录。不久，黄敏团队中标这个项目，订单额达200多万元。

十多年间，黄敏靠用心、努力，拿下2008年奥运曲棍球训练场、奥体中心、水立方、中国银行、同仁医院、北大医学部等多个项目，让盛隆的产品和服务进入首都的各行各业。

“在盛隆的‘群体老板’机制下，我有更多责任，也有更多积极性。”黄敏告诉楚天都市报记者，“我总说，放在别的地方，黄敏不会这样如鱼得水。”

人尽其才　早打卡制度激出营销精英

“一颗星星不漂亮，满天的星星才漂亮。”这是黄敏的心里话，也是盛隆的企业理念。黄敏自己成长起来之后，就开始组团队、带新人，希望更多人在盛隆平台上取得成功。

她特别会“因材施教”，根据不同人的特点来有针对性地进行指导，帮助新人进步。2014 年加入团队的陈婷婷，从车间出来当销售助理，熟悉销售工作后，主动提出转岗做销售，黄敏欣然应允。但陈婷婷有个缺点，她不愿意早起，跑了半年也没什么起色。“北京的交通现状摆在眼前，如果你 7 点起床，可能上午 10 点、11 点才能到客户办公室，一上午只能见一个客户，效率太低了。”黄敏说。她马上在团队内部启动早打卡、晚汇报制度，相互督促激励。至今，黄敏还每天早上 5 点 40 分左右准时在公司销售人员群里打卡，同事们最晚的也在 6 点就起床打卡了。在这个制度激励下，陈婷婷的精神面貌马上得到改善，工作也很快有了进展。2016 年，她的个人订单超过千万元。

2017 年加入团队的卢君丽，非常勤奋，每天早上 6 点之前起床，6 点半就出门了，家人还鞭策她：“怎么起那么晚？我们 4 点多就已经下地干活了。”卢君丽身勤，能把项目跑回来，但对技术和商务不太在行。黄敏就建议她采取团队作战的方式，把项目谈回来后，技术人员和商务人员马上跟进，各自发挥长处，同时鼓励她在这个过程中加强学习，提升自我，卢君丽也很快得到进步。

退伍军人夏鹏，刚加入团队时不太善于向客户推介自己，黄敏就带着他一起去见客户，展示盛隆，推介夏鹏。最终顺利拿下那个项目，坚定了夏鹏在盛隆发展的信念，他也不断积累专业知识和谈判技巧，2018 年一举成为“千万订单英雄”。

“我们对未来更有信心。”黄敏说，从传统配电柜到集团最新的智能用电新商品，从一个商品到设计、设备、施工的全产业链，行业发展越来越好，集团发展越来越好，她也会为盛隆做出更大贡献，做好“传、帮、带”工作，让北京九公司和公司同事们，都越来越好。

摘自 2019 年 6 月 13 日《楚天都市报·创光谷》8 版

2.27 盛隆电气北京创业七公司总裁刘吉斌

——在盛隆大平台用勤奋改变命运

《楚天都市报》 袁喆

“在盛隆电气举办的感恩答谢会上，当我的父母亲走进人民大会堂，他们脸上那种自豪感，我一辈子也忘不了。”说出这句话时，盛隆电气集团北京创业七公司总裁刘吉斌有些许感慨。

08

楚天都市报

盛隆电气集团北京创业七公司总裁刘吉斌——

在盛隆大平台用勤奋改变命运

乘快艇让客户念念不忘

蹭水泥罐车混进工地

破釜沉舟拿下订单

带领新人一起圆梦

高中毕业的他，从一名司机，成为采购，再选择拓展市场；出身枣阳农村的他，从来到武汉，再到选择去北京闯荡——每一步，都需要跟曾经安逸的昨天告别，然后面对未知的明天。不安分的他，总是选择突破舒适区。在盛隆这样一个广阔的平台上，他一再探寻更多的可能，也一再被盛隆赋予更多的能量，从而完成了命运的逆袭。

从司机到采购　乘快艇让客户念念不忘

1994年高中毕业后，刘吉斌为了能有一技之长，去考了驾照。1995年，他通过应聘进入枣阳开关厂（盛隆电气前身），成为一名专职司机。做司机、搞接待，看似是“配角”，刘吉斌却做得很出彩。

一次，一位女客户从北京来武汉洽谈。工作结束之后，刘吉斌为其做导游，陪同游览东湖。看到客户带着孩子，他灵机一动，带客户去乘坐快艇。虽然游玩时间短暂，但客户非常开心，激动地对刘吉斌说：“以后来北京，我接待你。”几年后，刘吉斌前往北京开拓市场，还真与这位客户“再续前缘”，成功签订订单。

做了几年司机，公司领导也来找刘吉斌学习开车。刘吉斌内心的不安分，开始蠢蠢欲动。“等领导都会开车了，还要我干什么呢？开车开不了一辈子的。”1999年，在领导的鼓励和家人支持下，刘吉斌转岗成为一名采购。

做采购期间，他对盛隆的产品开始有了系统性了解。不懂业务，他就一点点学习，他走进工厂车间，和工人一起动手完成零配件的装配。几年下来，刘吉斌掌握了一项特殊技能，“我脑海中有一个价目表。看一眼图纸，就可八九不离十地报价给客户。”刘吉斌自信地说道。

人生没有白走的路，在盛隆做司机和采购的8年，为刘吉斌转岗营销的成功埋好伏笔。

从买方到卖方　蹭水泥罐车混进工地

2001年9月28日，刘吉斌被集团派往北京市场。

干了两年，他内心的不安分又逐渐被点燃，开始不满足于做采购的“死工资”。然而，如果转型做业务，可能收入大增，也可能颗粒无收。是安安稳稳过日子，还是放手一搏？刘吉斌纠结了很久。

直到一件事刺激了他——他与在北京做市场的杨斌交往颇深。两家孩子仅相差一岁，在北京同一所幼儿园就读。当他挤着公交车去幼儿园接孩子放学时，杨斌却开来了私家车。作为同龄人，刘吉斌心里感到了巨大的落差："不跑业务，我饿不着，但是会落后于盛隆的很多同事。作为一个男人，还是应该为梦想拼搏一把！"

2003 年年初，在公司领导和家人的支持下，刘吉斌正式走上了营销岗位。迈出第一步，并不容易。做采购时，买方的刘吉斌是别人的"上帝"，到了营销岗位，姿态完全相反。他不断调整心态。每天清晨 6 点，把公司资料整理好装进背包，他便上了路，开始了"啃大饼、坐公交、找大吊"的一天。坐在公交上，他在小本上记下吊塔的位置，再逐一拜访，挖掘潜在客户。

刘吉斌至今依然记得自己接触的第一个客户，是北京武警的一个项目。因为项目的部队背景，门口戒备森严。刘吉斌蹲守三天，却连工地的门都进不去，心里急得直跳脚。第四天，他想出了点子：随工地水泥罐车一起，终于进入工地，成功找到了项目工程师，推荐盛隆的产品。虽然没有签单，他却有说不出的成就感。

从零到一　破釜沉舟拿下订单

有了端正的态度，毕竟还是缺乏经验，刘吉斌为此吃了不少苦头。

2003 年，北京"非典"，全城戒严。刘吉斌毫不懈怠，每日戴着口罩奔波在谈项目的路上。在朋友的引荐下，他接洽到北京某高校的一个项目，跟进了近半年，眼看项目终于谈成了，客户却不断在合同中加入"霸王条款"。合同在公司审核时一再被打回修改，两方拉锯到第三轮，客户不愿意了，当着刘吉斌的面，把合同丢进了碎纸机："就算你做的是个金子，我也不要了。"

2003 年一整年几无所获，刘吉斌的信心轰然倒塌，在宿舍里消沉了一个月不肯出门。幸而，领导依然支持信任他，其他同事也不断鼓励他，让他再次踏上了为梦打拼的道路。

不久后，刘吉斌得知中国科学院有一个拆迁项目。为了推荐盛隆的产品，他每日都守在项目负责人办公室门口，等待着能与其搭上话，“他们开会开一天，我就在门口守一天。”一次，守到深夜，他才终于得以与负责项目的一位处长见面。当时，他下了破釜沉舟的决心，要把这个项目拿到手。

因为项目的前期投入，刘吉斌在公司已经借了十几万元的账。他甚至在心里盘算，如果再遭遇失败，只能卖掉武汉的房子还钱给公司。之后，他天天往工地上跑：“没有先天的资源和人脉，我必须靠自己的诚恳去打动客户！”

一天，他意外地接到了这位处长的电话：“对不起，你这个 30 万元的单子我们已经定好了供应商。”刘吉斌心里顿时冰凉，处长却话锋一转：“我们马上要开一个 200 多万元的项目，欢迎你们来投标！”之后，凭借盛隆优质的产品以及他热忱的服务，刘吉斌一举拿下这个 200 多万元的项目。

2004 年年底，刘吉斌在北京买了属于自己的第一辆车：“以前觉得在北京买车那是说梦话，现在居然实现了。”

从个人到团队　带领新人一起圆梦

2008 年，刘吉斌成立了自己的团队，2012 年又成立了创业处。2018 年，集团将 8 个创业处联合在一起成立了一个创业公司（后更名为北京创业七公司），刘吉斌被同事推举为公司总裁。他将更多精力用在了发展团队上，积极向大家宣传公司制度、政策和发展方向，协商解决团队内部的困难和问题，使大家意见一致、思想一致地沿着公司发展方向共同成长进步。

李林曾经是一家酒店的大堂经理，经刘吉斌介绍，选择加入了他的团队。李林非常勤奋，但刚入行时有些不自信，做事过于依赖部门人员。刘吉斌不断鼓励她独当一面，给她介绍公司的情况，逼着她独立接触客户。为谈一个项目，炎炎盛夏里，李林抱着两个近 20 斤的大西瓜来到客户公司，给客户留下了深刻的印象，并成功拿下多个订单。

吴会鹏曾是生产管理部门的干部，为进一步发展，选择加入刘吉斌团队。吴会鹏认同盛隆文化，具体事务上，刘吉斌让他放心大胆地自己做，在遇到问题和困难时给予指导，吴会鹏边工作边求学，不仅取得了研究生学历，还成为了拥有独立部门的创业经理。

“一个人圆梦不算什么，我要带着一群人一起圆梦。”看着团队的成员亦如昨天的自己，正在一步步强大，刘吉斌说，“在盛隆这样的平台，找准属于自己的节奏，每个人都可以改变自己的命运！”

摘自 2019 年 6 月 27 日《楚天都市报·创光谷》8 版

2.28　盛隆电气天津公司总裁刘齐

——在拼搏奋斗中创造幸福生活

《楚天都市报》 袁喆

天津环球金融中心津塔写字楼 59 层，是盛隆电气集团天津公司办公地。推开总裁办公室，书柜上一座座荣光闪耀的奖杯，书桌上吸收太阳能不断旋转的地球仪，电脑旁印制着可爱女儿相片的台历……映衬出这间办公室的主人不仅深爱工作，斩获业绩；也热爱生活，追求幸福。

创 光谷 创客行 08

楚天都市报

盛隆电气集团天津公司总裁刘齐

在拼搏奋斗中创造幸福生活

当她是懵懂少女 幸福是不问收获 勇往直前

当她去闯市场 幸福是厚积薄发 触底反弹

当她成为"伊哥" 幸福是肩扛重担时 有人支持

当她带领团队 幸福是互相信任 互不辜负

物如其人，美如其心——盛隆电气集团天津公司总裁刘齐，在盛隆的 11 年间，从懵懂少女成长为公司总裁，努力让盛隆的产品和服务覆盖更远，更坚持让盛隆的企业文化如阳光一样普照到每个人心中，驱动着团队不断向前。

当她是懵懂少女　幸福是不问收获勇往直前

1986 年，刘齐出生在辽宁一个普通工人家庭。2008 年，成绩优异、能力突出的她从湖北大学人力资源管理专业毕业，走到了人生的十字路口：她考取了中南财经政法大学人力资源专业研究生，同时还拿到了包括盛隆电气在内的 3 家企业的 offer。其中，一家企业开出了 4000 元薪资，在那个年代，对一个初入职场的女孩来说，已是诚意十足。

面试时，盛隆电气集团副董事长谢清伦的一句话，让她毫不犹豫地选择了盛隆——“盛隆是一个创业的平台，盛隆愿意帮助更多年轻人成功、成才，只要你肯努力，有梦想，就有可能改变你和你家庭的命运。”“这句话犹如夏日里的凉风，一扫我心中的燥热和眼前的迷茫。”刘齐告诉记者。

2008 年 7 月，刘齐选择来到天津。条件艰苦的宿舍、975 元的月薪水平，都丝毫没有影响刘齐对未来的憧憬：“既然做了选择，就不要被当下的困难打倒，我更看重自己努力成长的过程。”

在工作中，刘齐似有着不竭的动力——天津市区域广阔，为了去周边郊区接洽项目，她凌晨 4 点钟起床，赶 5 点的第一班公交车去火车站，再搭第一班火车去往下面的县市。晚上，她向营销前辈和技术工程师请教问题，及时解决。为了熟悉产品，公司 7 本产品手册，她都一字不漏地背下，让她在面对客户时游刃有余。2009 年一整年，她和团队完成了 13 个订单。对于一个年轻团队来说，这样的成绩已非常亮眼！

当她去面对市场　幸福是厚积薄发触底反弹

最初，作为助理的刘齐是团队的支持力量。虽然合同上无法签上自己的名字，她却将目光放得更远：“作为助理跟着别人做项目，一年里我就可以接触 100 个客户，这是自己独立做项目绝对实现不了的。可以让我在短时期内获得最大的成长、最多的沉淀，等我走向市场时，就可以成为真正的老板。”

2011 年，刘齐找到了属于自己的第一个客户，是天津一家国企。刚去工地时，保安见到青涩的刘齐，便开始谩骂嘲讽:“你们这样的队伍，还想接到订单，做梦！”几度驱赶，让刘齐忍不住落泪。第二天，她又鼓足勇气来到工地：“我不会因为一句嘲讽，就放弃这个项目！”进不了工地，她和同伴就在工地外守候，见到人就上前询问。

皇天不负有心人，半个月的辛苦等候后，她碰到了项目负责人，递上了公司的材料。“他看到我一个女孩，跑得满头大汗，就给了一个沟通的机会。”刘齐抓住这次机会，用盛隆先进的技术产品、周到的服务理念、自己的真诚与毅力为公司赢得了客户的好印象。不久，她正式签下了人生中的第一笔订单，订单总额 98 万元整。

随后的 2012 年，现实又给她泼了冷水。因为行业环境等原因，整整一年，她跟进的项目均延期停滞，没有签下一笔订单。刘齐压力很大，但她很快调整心态，趁着没有项目执行的压力，开发新客户、回访老客户。“在困难面前，越专注做自己，反弹就越快。”刘齐说。

果不其然，2013 年，刘齐迎来了事业爆发的一年。她组建了天津第一支大客户处团队，并担任总经理。这一年，她每个月均能顺利签到订单，最终，拿下了属于自己的第一个“千万订单英雄”奖杯。

当她成为“母亲” 幸福是肩扛重担时有人支持

2018 年，是幸福而又充满挑战的一年——她与携手 16 年的先生，迎来了爱情的结晶；与此同时，5 月 21 日，公司将天津公司总裁的重任，交到孕晚期的刘齐手中。

正好天津公司也搬迁到环球金融中心津塔写字楼 59 层，站在办公室的窗边，蜿蜒流转的海河、恢弘大气的天津站、唯美的意式风情区、天津之眼摩天巨轮、五大道万国建筑精粹……天津的城市美景尽收眼底，但刘齐无暇欣赏，千头万绪的工作需要部署和开展。她曾想过退缩，但最终决定迎难而上："我不能辜负盛隆。"

7 月 30 日，她上午在公司开会，下午去医院做产检。当时，主治医生立刻安排她剖腹产："工作强度太大，你可能随时会发作，非常危险。"次日，刘齐就进了手术室，女儿健康顺利地出生了。她被推出手术室时，发现产房外等待她的不仅有家人，还有二十余个把她当做家人一样的同事，把医院走廊挤得满满当当。

即便在产假里，刘齐也没有完全闲下来。躺在床上，她脑子里仍然在为公司的布局发展做打算。再苦再累，刘齐依然不会因为母亲的身份，对工作有丝毫松懈。身边同事劝她休息，她说："天津公司也是我的'孩子'，在这个时刻，它甚至比家里的孩子更需要我，我不能停下来……"

刘齐告诉记者，集团董事长谢元德、副董事长谢清伦、原天津公司总裁章艳一直支持她、信任她，这份感恩之心，支持她走过无数困难时刻。同为盛隆人的丈夫，更是她疲惫时的避风港："再苦再累，只要牵着他的手，我就能感觉到放松。"

当她带领团队　幸福是互相信任互不辜负

在盛隆，无人不知"刘齐梦"。

"10 年后，你的梦想是什么？""2013 年度千万订单英雄表彰"仪式上，董事长谢元德突然问刘齐。"10 年我要培养出 30 个总经理，每个总经理带 20 人，600 人的团队！"事前毫无准备的刘齐脱口而出。谢元德董事长当即说："好！ 10 年后，就在这里，我和你的 600 人团队合影！"

团队、感恩、信任，这是刘齐在采访中说出的最高频的词语。她说，比起盛隆的其他总裁，她的积累和能力也许不是最突出的，但她亲和力和凝聚力非常强，擅长将大家的优势激发出来，将团队的资源整合起来。

同时刘齐也是盛隆大学天津创业学院的院长，人才的“传、帮、带”，也被她视作企业稳定发展的基础。

27 岁的黄晴晴是天津本地人，毕业之后加入刘齐团队。一开始，父母并不支持她的决定：“你又没有资源、又没有背景，还不如去考个公务员稳当。”刘齐得知后，出钱出力邀请黄晴晴的父母前往盛隆位于武汉的智慧工厂参观。

在参观中，刘齐不断讲起黄晴晴工作中的优秀之处。两位长辈终于放心了：“也许我们应该尊重女儿的决定。”“家和万事兴。他们有家人的支持，工作也会更幸福。”刘齐说。

刘齐更毫无保留地给予团队工作上的支持和指导。团队成员陈红权，曾是一名工厂工人。刚跑业务时，有些懒散，每天仅工作两三个小时。刘齐手把手带他做业务，并安排身边的人激励他。2008 年，在刘齐帮助下，陈红权签下一笔 58 万元的订单。公司里背后议论纷纷：虽然是陈红权找来的项目，但刘齐的功劳更大！刘齐鼓励陈红权：“把项目后期的执行做好，就不会有人质疑。”如今，在刘齐的帮助下，陈红权已经成长为年收入百万元的创业总经理。

帮助别人成长，让刘齐感到快乐：“这一路，我很感恩：感恩有恩师的谆谆教诲，有风雨同舟的朋友，有一路信任的伙伴，有不断鞭策自己的同事，也感恩一直怀揣梦想的自己……所以，我想拼命努力，让自己能成为一个一直能给人带来幸福的人！这是盛隆教会我的，也是我要努力回馈盛隆的。”

摘自 2019 年 7 月 11 日《楚天都市报·创光谷》8 版

2.29 盛隆电气光谷电气公司总裁龚圣德

——以电为光 探索未来

《楚天都市报》 袁喆

盛隆电气集团光谷电气总裁龚圣德，和其他盛隆总裁，有些不太一样。

从技术研发岗位成长起来的他，言语之间尽显专注、务实的风格，不爱说自己的个人经历，但谈到他和团队自主研发的产品，便如同说到了自己家的孩子，得意之情溢于言表。当说起公司的项目及产业生态链的发展，更如同电路被连通一样，眼神都散发着热情和光芒。

他凭借对产业敏锐的观察力、扎实的研发能力、项目统筹管理能力，探索着盛隆电气和智能用电领域更多的可能性，并在未来版图布局中占据先机。

创 光谷 创客行 08

2019.7.25 星期四

楚天都市报

盛隆电气集团光谷电气总裁龚圣德，和其他盛隆总裁，有些不太一样。

从技术研发岗位成长起来的他，言语之间尽显专注、务实的风格，不爱说自己的个人经历，但谈到他和团队自主研发的产品，便如同说到了自己家的孩子，得意之情溢于言表。当说起公司的项目及产业生态链的发展，更如同电路被连通一样，眼神都散发着热情和光芒。

他凭借对产业敏锐的观察力、扎实的研发能力、项目统筹管理能力，探索着盛隆电气和智能用电领域更多的可能性，并在未来版图布局中占据先机。

盛隆电气集团光谷电气公司总裁龚圣德——

以电为光 探索未来

>>> 插卡电路板 手工焊电路让他爱上研发

>>> 有源滤波器 过滤畸形电流保障系统运行

>>> 智能低压柜iPanel 为传统功能柜装上“大脑”

>>> 智能服务平台 拓展盛隆未来版图

插卡电路板　手工焊电路让他爱上研发

“从小我对带电的东西就很感兴趣。”龚圣德告诉记者。他出身在河北张家口一个农村家庭，中学就喜欢捣鼓家里的小电器——对当时的很多农村家庭来说，电就是生活得到改善的希望。

高考填报志愿时，他义无反顾地选择了华北科技学院供用电技术专业。2004年，还在念大四的龚圣德通过招聘会，加入了盛隆电气：“我想留在北京，也想成为电力工程师，盛隆电气是一个很好的选择。”

进入盛隆后，他最初的工作是跟着一批博士、教授团队研究可视对讲项目，工作中经常需要手工焊电路板。这项工作需要细致和耐心，也有些枯燥乏味，他却焊得不亦乐乎。

一次，他接下了一个制作酒店插卡电路板的小项目，自己坐公交车前往中关村，一箱一箱买回原配件搬回公司。在办公室里，他关起门来，认认真真地焊了一个星期，做出了一两百套产品。“当我专注地投入到研发的世界里，看到电路板通过检测那个瞬间，就发自内心地开心——大概从那时开始，奠定了我十几年来对研发岗位的情怀。”龚圣德说。

2005年，龚圣德进入密云工厂进行锻炼。从生产配电箱到组装配电柜，在生产岗位的“实战”经历，让他学习了配电设备从无到有、从有到优的全过程，并迅速成长为盛隆的技术型人才。

有源滤波器　过滤畸形电流与保障系统运行

2009年，龚圣德转型做市场，成为集团创业二公司大客户一部总监。凭借着对公司产品的了解及优质的服务，他接连拿下订单。

但是，他内心对研发的热爱，从未熄灭。2010年下半年，集团总裁谢洪潮安排龚圣德牵头智能配电事业部的工作。这个部门处于初建期，团队情况、业务发展都不明朗，龚圣德却欣然答应。

当时，盛隆电气侧重于做成套设备，有些零部件需要外购。但随着集团的发展，以及“科技的盛隆、服务的盛隆”这一口号的提出，盛隆电气越来越希望能建立自己的研发团队，掌握电气领域的核心技术。集团的发展方向，与龚圣德的理念不谋而合。他通过各种渠道，找到行业内的成熟工程师，组成团队，从辅助设备开始进行研发生产。

有源滤波器是龚圣德带领团队早期研发的产品之一。做市场时，他曾签下一个重工业项目，因使用了电弧炉、焊机等设备，现场电能质量差，配电系统频频出现故障，“有时打开电闸，电柜里像放鞭炮一样，到处噼里啪啦的”。

有源滤波器则如同过滤器一样，可以过滤畸变电流，留下正常电流，抑制冲击性负荷引起的电压波动。然而，外采其他品牌的该类设备，不仅价格昂贵，出现故障后还需要第三方团队维修。针对以上情况，龚圣德的团队用了一年时间，打造出属于盛隆的有源滤波器，价格更是降低了一半以上。

除此之外，多功能仪表、电气火灾、后台监控系统等自主研发产品也逐渐面市。“这不仅提高了我们竞标时的核心竞争力，还大大降低了客户的用电成本。”

智能低压柜 iPanel　为传统功能柜装上“大脑”

对于盛隆来说，互联网智能低压柜 iPanel 是一项里程碑式的自主研发产品。

配电柜是电气工程里的一项核心产品，是电路的核心枢纽。以往，盛隆电气除了主做国内通用柜型之外，还生产其他外资品牌的授权柜。“如果一直依赖其他品牌的产品，就无法形成产业链的闭环。”龚圣德说，2016 年，谢洪潮博士提出了配电柜智能化的概念，两人一拍即合，决定以此为方向，研究属于盛隆电气的新一代互联网智能配电柜。

无数次的市场调研，无数次的头脑风暴，无数个小时的实验……现在的龚圣德说起 iPanel 的研发过程，已经云淡风轻。但在光谷电气的会议室中，最显眼的位置不是留给奖牌和奖杯的，而是留给了一整排静静闪耀着白色光芒的智能配电柜 iPanel，这份殊荣，不言而喻。

龚圣德介绍，与传统的功能柜相比，iPanel 智能柜拥有了“大脑”:它拥有“记忆力”，可以将供电设备的运行状态及参数采集下来；它拥有“表达能力”，不仅配电柜外部有集中显示屏将各类数据清晰展示出来，还可以远程传输到电脑、手机等终端，它还拥有“思考能力”，可以对电路故障的发生进行预判，对元件寿命进行预警。

iPanel 智能柜的问世，不仅是盛隆的骄傲，也是中国智造的骄傲。龚圣德告诉记者，某个国外大牌配电柜品牌的团队，一改以往强势的作风，专程来盛隆交流学习，不断打听 iPanel 系列产品的未来发展方向，让他颇为自豪。

“前段时间，华为刷屏，我不仅佩服它强大的自主研发能力，更佩服它站位高远的企业情怀。”龚圣德说，作为盛隆研发团队的牵头负责人，他希望以科技为剑，让盛隆成为一家受人尊敬的企业。

智能服务平台　拓展盛隆未来版图

2013 年，光谷电气成立，龚圣德成为公司事业部总经理，后又成为公司总裁。目前，光谷电气是盛隆电气的技术支撑，同时自己也接洽及执行相关项目，不仅助力北京西站、宁波海关等国内知名项目，还迈出国门，为缅甸、乌兹别克斯坦等国家的相关项目提供技术支撑。

2018 年年初，龚圣德带领团队接洽国家投资开发有限公司某二级单位。一开始，该公司需要物业运维，龚圣德抓住投标机会，向公司领导讲述了盛隆的理念——打造强弱电系统整体化智能服务平台。先进的理念完全颠覆了公司原本的建设规划。该公司最后不仅将配电监控系统交给盛隆，还将水系统、电梯系统、智能运维 App、新风系统等全部交给盛隆进行一体化智能平台系统建设。

“在沟通过程中，我们不断激发客户新的需求。”龚圣德介绍，在现在的岗位上就是要勇于挑战自己，创造无限可能。

目前，龚圣德带领团队参与的项目，已从电气系统扩展到整个楼宇的智慧能源系统，再扩展到园区的智慧管理系统，还将朝着智慧城市建设的更高维度持续发力。

身处行业发展最前沿，龚圣德对未来充满信心：“我将带领团队继续向智能电网及智慧能源管理领域上下游延伸，以技术创新为动力，不断拓展业务板块，为盛隆电气参与国际竞争和智能用电新行业发展贡献力量。”

摘自 2019 年 7 月 25 日《楚天都市报·创光谷》8 版

2.30 盛隆电气西安公司总裁李兆龙

——践行四百战略 挂帅西北铁军

《楚天都市报》 袁喆

盛隆电气集团西安公司总裁李兆龙是军人出身，身姿高大威猛，说话铿锵有力，做事雷厉风行。脱下戎装已18年，他的微信头像仍是当兵时的模样，部队里练就的意志力及执行力，也未曾随着时间推移而减弱。这股力量，让他走进盛隆，开拓武汉市场，赢得客户信任；这股力量，也让他走进西安，打开西北局面；这股力量，让盛隆的旗帜在祖国西北方的天空迎风飘扬。

创 光谷 创客行 08

2019.8.8 星期四

楚天都市报

盛隆电气集团西安公司总裁李兆龙是军人出身，身姿高大威猛，说话铿锵有力，做事雷厉风行。脱下戎装已18年，他的微信头像仍是当兵时的模样，部队里练就的意志力及执行力，也未曾随着时间推移而减弱。

这股力量，让他走进盛隆，开拓武汉市场，赢得客户信任；这股力量，也让他走进西安，打开西北局面；这股力量，让盛隆的旗帜在祖国西北方的天空迎风飘扬。

盛隆电气集团西安公司总裁李兆龙——

践行四百战略 挂帅西北铁军

□楚天都市报记者 袁喆

当兵站岗 练就钢铁意志力

力挽狂澜 通宵排障赢口碑

主动请缨 强硬姿态拓北疆

带领团队 打造有温度的企业文化

当兵站岗 练就钢铁意志力

采访当日正是8月1日建军节，这也是李兆龙的节日。

李兆龙从小就有一个“军人梦”。1999 年，18 岁的李兆龙如愿以偿，成为一名武警战士，被安排在省政府门口站岗。“我们的岗位被称为‘荆楚第一哨’，要求非常高。”李兆龙介绍，无论是酷暑还是严寒，他每班岗一站就是二到四个小时。夏天，豆大的汗珠从额头不断滴落，手臂上爬满了蚊子，他也必须一动不动。

这份严苛磨炼了李兆龙的意志力和执行力，让他无论做什么事情，都奋力拼搏。

2001 年退伍后，李兆龙做起工业激光设备的销售，天南地北地开拓市场，从普通销售员做到公司高管。2008 年，在盛隆工作的姐姐李平邀请他加入盛隆。了解盛隆文化之后，李兆龙动了心，但他需从零开始。此时，集团副董事长谢清伦的一番话打消了他的顾虑：“在盛隆这样的平台，只要踏踏实实地做下去，即便从零开始，你也一定会有更大收获。”

不久后，李兆龙便加入盛隆一公司创业十三部，成为了一名销售员。

力挽狂澜　通宵排障赢口碑

认准目标，不言放弃，是李兆龙一贯的行事风格。

加入盛隆不久，李兆龙接洽了第一个项目，客户态度有些冷淡，直至一次“深夜来电”，才出现转机。

那次，李兆龙好不容易与这位客户约好晚上八点见面，互道“不见不散”，到了时间却发现客户不仅没来，还关了机。他前往客户所住小区，在大门口等候，等到深夜 12 点还不愿离开。门口保安看他如此执着，就把客户家里座机号码给了李兆龙。李兆龙拨通电话，客户听闻李兆龙一直等候，非常惊讶：“没想到你这么坚持！”从此，客户对李兆龙好感倍增。李兆龙积极推荐盛隆产品，完成了这个 300 万元的订单。

服务客户时，李兆龙依然拿出非凡的执行力。2017 年盛夏的一天，他突然接到电话：六年前服务的一家知名三甲医院，被地铁施工队挖断主进线电缆，遭遇断电。但是，医院周边路面多处开挖，无法判断出故障的具体位置，抢修不知从何处入手。

虽然该项目已完工六年，早已过了质保期，但李兆龙二话不说，当即来到现场，指挥修复。他先是直接打电话给供电公司相关负责人，告知情况紧急程度，然后带领供电公司工作人员，拿着故障测试仪在医院周边沿线反复排查。从晚上 9 点走到了次日凌晨 4 点，他的双脚没有停歇，终于找到故障点。凌晨 6 时许，医院恢复供电。“战斗”了一整夜的李兆龙回到家就病倒了，发烧一周才康复。

事后，院方领导对李兆龙颇为感激，后续项目一直与盛隆保持合作。

主动请缨　强硬姿态拓北疆

从 2009 年起，李兆龙每年都是盛隆“千万订单英雄”，成绩斐然的他却并没有满足于脚下的道路。

“在盛隆的平台上，我收获了很多，现在是我回报盛隆的时候了。”2016 年，李兆龙主动请缨，提出开拓西安市场，他托朋友在西安一个小区租了套四室两厅的民房，带上 5 个同事，开着两辆车，便向着大西北出发了。

没有背景，没有人脉，融入西安并不容易。李兆龙决定，宁可不赚钱，也要先做出标杆项目。2017 年，他投标京东在西安建立的亚洲物流园项目，以低于对手 200 万元的价格中标。客户提出疑虑：盛隆报价这么低，能保证质量吗？李兆龙拍着胸脯让客户放心。项目完成，客户发现，盛隆的设计、施工、设备不仅完全满足了甲方要求，很多方面甚至高于甲方的设计标准，评价非常高。

盛隆在西安一炮而红。

选择项目时，李兆龙也会有自己的底线。一家企业在盛隆成功投标之后，才告知没有预付款。李兆龙看出，这家企业看重了盛隆品牌，但对盛隆还没有足够了解，他当时并未答应付款条件，而是邀请企业负责人参观盛隆做的西安某知名高校项目，这家企业看到了盛隆在项目质量上的优势，第二天一早又坐高铁来武汉，参观了盛隆武汉工厂，当即决定将预付款提到50%，签订合同。项目完成后，该企业对盛隆的服务非常满意，又向周边同行进行推介。

靠着口口相传的好口碑，盛隆迅速打开西安市场。2016年到2018年三年里，西安公司订单金额几乎每年都以翻番的速度增长。李兆龙带着他的“西北军”，创造了属于自己的“盛隆奇迹”。

带领团队 打造有温度的企业文化

开拓市场，他骁勇善战；带团队，他情义十足。在他的带领下，团队没有水土不服，在西安公司找到了温暖和归属。

林应龙是李兆龙相识12年的老友，在李兆龙的推荐下加入盛隆。2016年，他刚成家不久，却毫无怨言地前往西安。两人性情相投，做事时也默契十足，协力在西安拿下多个大订单。

马东林因为家人在武汉，起初不愿来西安。李兆龙不断鼓励他：“只有开拓更大的空间，才能更快实现我们的追求和理想。”目前，他已是西安公司技术负责人，带领团队完成千万元订单。

沈策策今年28岁，在李兆龙的言传身教下，他不断提高业务能力，事业不断攀升，还在西安结婚生子，将身边亲友吸引到西安一起发展。

此外，李兆龙积极带领团队投身公益事业，参与贫困助学活动，带着书籍、体育用品、食物送往咸阳一所贫困小学。他还大量采购贫困农户的特色农副产品，通过自身资源帮助农户提高收益：“希望通过这样的活动，让员工感受到我们是一个有温度的公司，我们的事业不仅是为了赚钱，还需要有社会担当。”

现在的西安公司，不仅是一个凝聚力强大的团队，更是盛隆电气践行“网通百城、携手百企、链接百校、创建百团”四百战略的标杆。2017年董事会上，董事长谢元德也为西安公司叫好："如果我们有 100 个李兆龙，在 100 个西安这样的城市去做同样的事情，我们公司会变成什么样子？"同事应声："四百战略会全面落地开花！"

"我们的目标是立足西安，走向西部，走出国门。"李兆龙还将目光瞄向了"一带一路"上更加广阔的领域，以及与西北接壤的国外市场，他会带领他的团队，让盛隆的旗帜飘得更高、更远。

摘自 2019 年 8 月 8 日《楚天都市报·创光谷》8 版

第三章

盛隆观察

3.1 榜样的力量

《楚天都市报》光谷事业部副主任　庞正

时光荏苒。转眼间，我与盛隆电气集团的总裁们打交道已经有两年多时间了。特别是自 2018 年 3 月份开始专访总裁以来，我有太多的感想，太多的收获。

得知这些关于总裁们的报道要集结出书，我又欣喜又惶恐。

欣喜的是我一次次用心采写的稿件，再次得到了尊重和重视。这些采访的记录写满了我的两本采访本，也让我两年来的工作和精神世界更加充实。那些文字见诸报端，又在网络新媒体上传播，而今，要汇集成书了，这是不一样的感受。每一次都让人激动和感动。

但同时，我又很惶恐，总觉得没能把总裁们的闪光点发掘好，没把专访稿件写好，而且随着时间的推移，对他们的了解越多，这种感觉越强烈。

今天，只好在这样一篇文章里，向大家表达歉意和谢意，抱歉稿件多有疏漏，感谢你们的分享、包容，还有你们带来的榜样的力量。

印象的改观

坦白说，在没有了解盛隆电气集团之前，虽然久闻集团的大名，但印象好像只是停留在“枣阳起家”“很有钱”的层面上。当我走进一位位总裁的办公室，这些印象立刻得到改观和极大地丰富。

我的稿子也总是从总裁们的办公室写起，有的也会写到他们的外貌。因为从事业的角度来解读一个人，办公室是第一个也是最重要的一个场景。同时，于我而言，从他们的办公室里，我已经能部分窥见集团的文化氛围。

我记得十二公司总裁李平的办公室里，书柜满满地堆放着《哈佛商业评论》《商界》这样的书，书上还有密密麻麻的备注；我记得十一公司总裁左长斌办公室里摆了十几盆绿植，还有一辆折叠自行车，生机勃勃，一如他脸上明媚的发自内心的笑容……

让我意外的还有八公司总裁胡玉琼，我从没有想过一位营销公司的总裁能这样温文尔雅、轻言慢语、秀外慧中。而她靠技术立身，25 岁便成为行业里最年轻的厂长。这很有趣，原来采访也是一个打破成见和固有思维的过程。

还有十四公司总裁何彦，她告诉我，大学毕业那年，她去别的民营企业应聘财务工作，都被要求有武汉市内的家人或亲朋做担保，或个人提供资金担保，只有盛隆什么都没让她担保。何彦说，她是江西人，在武汉没有家人、朋友，盛隆的做法让她感到被信任的力量，也让她相信这是一家向善的企业。

于是，我知道了，盛隆电气集团虽然是“草根”企业起家，但它对标先进企业，崇尚文化、任人唯贤，从各个维度传递着正能量。特别是在选人、用人时，既不拘泥于学历、出身、性格，更不会任人唯亲，而是重要岗位能者居之。

现在看来，这也正是盛隆电气集团能够快速发展、与时俱进、成长为行业龙头企业的重要原因之一。

成稿的遗憾

每位总裁的专访见报后，“盛隆电气集团”微信公众号都会全文转载我的报道，下面也总会有很多网友评论。大多数读者是再次被故事主人翁感染、感动，也有人留言说：“总感觉没有把 × 总本人的气质写出来。”我读到这样的评论，内心也觉得十分遗憾。

不得不说，写作是一门遗憾的艺术，总是不可能尽美。更何况，我采访总裁们的时间那么短，最多不过半天，成稿篇幅也有限制，而我自身能力也有限，所以总是不能把每位总裁的风采都完全展示出来。

此外，写事容易，写人太难。“一千个读者眼中有一千个哈姆雷特”，相信同样一位总裁，不同人看来，也会看到不同的侧面。

我无意为自己开脱，但在与总裁们有了更多接触和了解后，确实觉得很多稿子没把大家的特点写出来。比如，谢清伦副董事长，她的坚韧、执着、智慧、进取、无私，我的稿件恐怕未能表现出万分之一；又比如，北京创业一公司总裁夏辉，她的担当、能力、品格，在我的稿件中也呈现得十分不够。

相信每一位总裁身上，都有很多很多的闪光点，确实不是我在几个小时的交谈中就能充分了解、在两三千字的稿件篇幅中就能写清楚的。

但令我欣喜的是，仅仅是我了解到、写出来的那一小部分，也足够感动很多人、给很多人带来启示和榜样的力量。我们的报道，或许能让不认识总裁们的读者，看出盛隆人的品质、盛隆的文化，也能让认识他们的读者勾起回忆，想起从他们身上学到的经验、得到的启发，进而获得进步的力量。

而被感动和启发的人，其实也包括我自己。

巨大的能量

真正完成了稿件的采写、编排后，我又时常会在不经意间回想起采访过的总裁们，感受到他们强大的意志、人格的魅力和无穷的能量。

比如，三公司总裁周明旺，虽然不是电气专业出身，却通过全身心的努力，让自己一直处于行业前沿，16年前就开始做电力总包，一举拿下千万元订单，近年来又率先成立新能源事业部，还创新商业模式等。

比如，四公司总裁谢远锋，一想到他掷地有声的那句“我手上出去的东西不能有问题”，还有他出了重症监护室的第一句话就是问工作，总是让人感动不已。

二公司总裁夏威，在面对一个严苛的项目咨询公司时，不眠不休，以一周的时间准备了几百页材料来应对，终于拿下项目。

六公司总裁胡永泉，原本有更好的“铁饭碗”，却被盛隆的前辈榜样们激励，被盛隆文化所感染，义无反顾加入盛隆，坚定地做盛隆文化传播者。

十五公司总裁聂伟有一句话：“要让我们的客户与盛隆打交道之后，不愿再与其他公司打交道。”这该是多大的自信，多大的担当啊！

还有一位总裁说：“别让我知道这个项目，只要让我知道了，我一定会想办法拿下。”

集团技术总监谢正新，珍惜每一次设计图纸下“设计：谢正新”几个字的签名，他宁愿舍弃订单也不肯降低产品质量，严守盛隆产品质量的生死线。

北京的好几位总裁，都是跑市场一年还没有成果，却不放弃努力，靠坚韧不拔的意志坚持奋斗，终于开拓出新天地。

每每回想至此，我总是被这些总裁们深深折服，相信更多的盛隆人，会在他们的激励和鞭策下，成长、进步。

转念一想，能将这么多智慧、勤奋、执着和充满人格魅力的总裁们聚拢在一起做同一件事情，董事长又该有怎样过人的智慧和人格魅力呢？

真诚的感谢

说了这么多，其实我最想说一句话：感谢盛隆！

感谢盛隆给我机会跟这么多优秀的人对话，听他们的故事，向他们学习，汲取他们的能量。

不知不觉间，“立人己立、达人己达”“我能做什么，还想做什么，还能做什么”“想，都是问题；做，都是答案”“修炼好内功，自然会有回报的时候”，这些盛隆文化里包含的内容、盛隆人个个都能张口就来的话语，也深深地印在我的脑海里；“做好充分准备，然后不达目的誓不罢休”“越有难度，越有挑战，越能显示自己的优势和实力”，这样的豪情壮语也时常在我耳畔回响。

我想，这两年间，我已在总裁们的潜移默化中，学会了更多的知识、经验，获得了更开阔的视野。而这两年间，我也确实经历了成长——在面对困难时，更能迎难而上；在面对选择时，更能清醒理智；在面对成绩时，更能淡然视之。

因此，我要真诚地对盛隆说一声感谢，对每一位愿意诚恳与我交谈的总裁说一声感谢，感谢你们无私地分享和传递给我的正能量。

最后，在盛隆电气集团创建 40 周年之际，祝愿盛隆一往无前，引领电气行业民族品牌全面崛起，无愧历史，惊艳时代！

3.2 大格局与大情怀

荆楚网（湖北日报网）副总编辑　陈俊旺

2019 年的仲夏，我们手捧鲜花，祝福盛隆电气 40 岁生日快乐，心里有着别样的情愫。

40 年的创业史诗恢弘壮阔，40 年的坚守开拓甘苦自知。

谢元德先生温文尔雅，胸有丘壑，高瞻远瞩，一次次踩准时代的节点。

40 年前的 5 月 13 日，盛隆电气集团的前身“513 公司”在枣阳市王城镇挂牌。彼时的中国积贫积弱，安徽凤阳小岗村的“包产到户”还没有被正式肯定，深圳被确定为“经济特区”也是半年后的事情。有资料称，改革开放后中国内地第一家民营企业是 1979 年 9 月 22 日诞生的上海市工商界爱国建设公司，而“513 公司”的创办比该公司还早。

40 年后的今天，恰逢举国欢庆新中国成立 70 周年，中国跃居世界第二大经济体已有 9 年，中美贸易摩擦引起全球广泛关注，最为引人注目的是美国对华为的制裁。企业在全球经济角力中担当重任，成为一种价值共识和情感共鸣。

在 2019 年这个特殊年份，回望盛隆电气 40 年历程，更加感佩谢元德先生和盛隆电气人的大格局与大情怀。

盛隆电气是湖北民营经济乃至中国民营经济发展的一个高质量样本。40 年来，盛隆电气从枣阳乡镇打拼到“中国光谷”，进而迈向世界舞台的正中央。

公司力量的变化，是大国崛起的风向标。在经济全球化的进程中，公司已成为综合国力较量的重要载体。在 2019《财富》杂志发布的世界 500 强公司排行榜上，中国企业已有 129 家上榜，非常接近美国（121 家），远超第三位的日本（52 家）;前十中中国企业占三席。而在 1989 年，中国只有中国银行 1 家企业上榜。40 年来，华为、阿里、盛隆电气这样的公司，成为推动中国巍然屹立于世界民族之林的一支生力军。

美国经济学家、诺贝尔经济学奖得主罗伯特·蒙代尔说过："我认为，从历史上看，企业家至少和政治领袖同样重要。那些伟大的企业家们，曾经让欧洲变得强大，让美国变得强大，如今也正让中国变得强大。"

谢元德先生就是"正让中国变得强大"的众多企业家之一。谢元德先生独创的"群体老板制"，从公司体制上"包产到户"，"一般企业老板是火车头，拉着火车往前跑；盛隆电气是动车，每节车厢都有自身的动力。""群体老板制"播撒创业创新的种子，吸引众多年轻人投身电气智造，凝聚全产业链的联动，打造光谷电气之都。谢元德先生设计"四百战略"——网通百城、携手百企、链接百校、创建百团，聚焦主业，心无旁骛，为盛隆电气打造百年品牌奠定了基石。

这种大格局和大视野，植根于厚重的"盛隆哲学"——"帮助别人就是成全自己，成功他人定能实现自我"，谢元德先生倡导的这种企业价值观和大情怀，引领着盛隆电气在全球产业链的竞合中占据高端。

这种价值观和大情怀，润泽于谢家的淳厚家风。2014 年，我在《楚天都市报》工作时曾参与策划"企业家谈家书家风"的报道。当时，我和部门同事张颖一起去拜访谢先生，谢先生和我们谈起了家训刻石碑的家风故事，谈起母亲常给他讲范增的故事，"但行好事，莫问前程，最终定会善有善报"，谈起 2013 年在谢母诞辰 100 年之时，他将"帮助别人就是成全自己，成功他人定能实现自我"这句话刻在一块石碑上，安放在枣阳老家院子里，作为家训勉励后人，这句话也就是如今的"盛隆哲学"。谢元德在老家枣阳一中设立了助学金，资助学子完成学业。

在谢元德先生的大力支持下，盛隆电气和《楚天都市报》、荆楚网（湖北日报网）合作，先后策划推出了"创业导师高校行""我选湖北·百家校媒荆楚行"

大型系列活动。盛隆电气作为这两个大型活动的联办方，赞助活动经费，推荐创业导师，谢元德董事长亲自参加多场校园授课。其中，“创业导师高校行”走进武汉大学的活动现场气氛特别热烈，他和著名教育家、武汉大学原校长刘道玉教授一起开讲创业创新，赢得现场师生热烈掌声，武汉大学原党委书记李健教授等专家学者也出席了该活动。“创业导师高校行”活动先后走进了华中科技大学、西安交通大学等省内外 20 家高校，“我选湖北·百家校媒荆楚行”活动目前已组织一千多名大学生记者走进了武昌区、汉阳区、黄石市等十多个地市区县和企事业单位参观交流，深受社会各界特别是大学生朋友的好评。

2018 年 10 月，我所供职的荆楚网（湖北日报网）秋季校园招聘的笔试题中有这样一道填空题：“2018 年湖北民营企业 100 强榜单出炉，排名首位的企业是_________。”我在参与阅卷时，看到一名应聘大学生用非常清秀的四个字作答：“盛隆电气”。当年，盛隆电气的排名为湖北省民营企业第 37 位，但这名学生的答案在一定程度上折射出了盛隆电气在大学生群体里的影响力和美誉度。我将此告知谢元德先生，他回复道：“谢谢鼓励！我们努力争取！”我在想，谢先生一直是“但行好事，莫问前程”，其实“但行好事”又何尝不会“自有前程”，也许用不了多少年，“盛隆电气”就会是这道题目的标准答案了。

独行者速，众行者远 。盛隆电气正感召着越来越多的青年人，集结在 40 周年的时代节点，向着百年品牌，再出发。

3.3 改革开放后最早民企：新一轮红利激发再次创业

新华社记者 徐海波 陈俊

64 岁的谢元德依然精力充沛。作为拥有 4000 多名员工、12 家子公司的民营企业老总，他正带领公司进行二次创业。谢元德并不是一个人在战斗，中国最早的一批民企企业家和他一样，在新一轮深化改革的浪潮中，选择创业再出发。

1978 年，十一届三中全会后，改革开放的序幕刚刚拉开。而就在同一年，年仅 28 岁的湖北枣阳小伙儿谢元德，凭借其敏锐的洞察力，意识到中国经济改革将给非公有制经济提供更宽广的舞台。

1979 年 3 月，工商行政管理总局提出恢复和发展个体经济。两个月后的 5 月 13 日，谢元德在枣阳王城镇西门外一块空地上，与几个伙伴一起，搭建起一个简陋的工棚，成立了当地首家民营企业“513 公司”，从事小型农机具维修、水泥瓦制作等业务，在中国内陆地区种下了第一批“非公企业”的种子。

同年 9 月，民建上海市委、上海市工商联推动筹建了上海市工商界爱国建设公司。第二年，温州姑娘章华妹领到了用毛笔填写的中国第一张“个体工商户营业执照”。此后“民营企业”如雨后春笋般在各地涌现，成为中国经济中最有活力的市场主体。与风云激荡的改革开放进程几乎同步，最早一批民营企业的成功与壮大，生动地证明了改革开放的巨大力量。

30 多年来，民营企业得到前所未有的成长，成为时代的先行者和“弄潮儿”，同时，“发展瓶颈”问题也日益凸显：一方面，税费重，融资难，玻璃门，旋转门；

另一方面，民营企业“内动力”也逐渐消退，一些民企在改革大潮中烟消云散。

党的十八大提出实施创新驱动发展战略，全面深化经济体制改革，推进经济结构战略性调整，再次释放新的改革红利。在困难中挺过来的第一批民营企业重新焕发活力，激发出二次创业动力。

经过30多年的发展，513公司早已发展成为业务遍布全球30多个国家的高新技术企业盛隆电气集团。但面对新一轮改革红利，谢元德仍不愿眼睁睁地错过。他带领团队专注高端技术研发，致力于“盛隆制造”向“盛隆智造”转型升级。如今，盛隆已成为用户端智能配电行业的龙头厂商，拥有30多项国家专利和软件著作权。

盛隆电气只是中国最早一批民营企业的缩影。随着中国全面深化改革，更多的民营企业正从“手工时代”向“高科技时代”，从“作坊时代”向“跨国时代”蝶变，其产品正大力打入世界市场。30年前铁匠出身的鲁冠球，如今他的企业生产的万向节占领了美国同类产品三分之一的市场；1982年创立的“希望集团”已培育出四个世界级高科技企业；1987年成立的娃哈哈已成为中国最大的食品饮料企业……民营企业正在为中国经济发展注入强劲动力。

新华社武汉2014年7月5日电

改革开放后最早民企：新一轮红利激发再次创业

中央政府门户网站 www.gov.cn 2014-07-05 19:46 来源：新华社

【字体：大 中 小】 打印本页 分享

新华社武汉7月5日电（记者 徐海波 陈俊）64岁的谢元德依然精力充沛。作为拥有4000多名员工，12家子公司的民营企业老总，他正带领公司进行二次创业。谢元德并不是一个人在战斗，中国最早的一批民企企业家和他一样，在新一轮深化改革的浪潮中，选择创业再出发。

1978年，十一届三中全会后，改革开放的序幕刚刚拉开。而就在同一年，年仅28岁的湖北枣阳小伙儿谢元德，凭借其敏锐的洞察力，意识到中国经济改革将给非公经济提供更宽广的舞台。

1979年3月，工商行政管理总局提出恢复和发展个体经济。两个月后的5月13日，谢元德在枣阳王城镇西门外一块空地里，与几个伙伴一起，搭建起一个简陋的工棚，成立了当地首家民营企业513联合公司，从事小型农机具维修、水泥瓦制作等业务，在中国内陆地区种下了第一批“非公企业”的种子。

同年9月，民建上海市委、上海市工商联推动筹建了上海市工商界爱国建设公司。第二年，温州姑娘章华妹领到了用毛笔填写的中国第一张“个体工商户营业执照”。此后“民营企业”如雨后春笋般在各地涌现，成为中国经济中最有活力的市场主体。与风云激荡的改革开放进程几乎同步，最早一批民营企业的成功与壮大，生动地证明了改革开放的巨大力量。

30多年来，民营企业得到前所未有的成长，成为时代的先行者和“弄潮儿”，同时，也越来越遭遇“发展瓶颈”，一方面，税费重，融资难，玻璃门，旋转门；另一方面，民营企业“内动力”也逐渐消退，一些民企在改革大潮中烟消云散。

党的十八大提出实施创新驱动发展战略，全面深化经济体制改革，推进经济结构战略性调整，再次释放新的改革红利。在困难中挺过来的第一批民营企业重新焕发活力，激发出二次创业动力。

经过30多年的发展，513公司早已发展成为业务遍布全球30多个国家的高新技术企业盛隆电气集团。但面对新一轮改革红利，谢元德仍不愿眼睁睁地错过。他带领团队专注高端技术研发，致力于“盛隆制造”向“盛隆智造”转型升级。如今，盛隆已成为用户端智能配电行业龙头厂商，拥有30多项国家专利和软件著作权。

盛隆电气只是中国最早一批民营企业的缩影。随着中国全面深化改革，更多的民营企业正从“手工时代”向“高科技时代”，从“作坊时代”向“跨国时代”蝶变，其产品正大力打入世界市场。30年前铁匠出身的鲁冠球，如今他的企业生产的万向节占领了美国同类产品三分之一的市场；1982年创立的“希望集团”已培育出四个世界级高科技企业；1987年成立的娃哈哈已成为中国最大的食品饮料企业……民营企业正在为中国经济发展注入强劲动力。

中央政府门户网站刊登报道盛隆电气的文章

3.4 盛隆档案

《长江日报》记者 郑良忠 肖 娟

长江日报

今日16版 2017年12月23日 星期六 丁酉年十一月初六

影响有影响的人

毛泽东同志亲笔题写报名 创刊于1949年5月23日

长江网网址 http://www.cjn.cn

从12个人的稻草棚作坊到近百亿元年产值的电气集团，这家民营企业坚守实体经济38年。一个普通的文件柜里，一份份原始记录见证了38年坚守的点滴，成为弥足珍贵的——

盛隆档案

从12个人的稻草棚作坊到近百亿元年产值的电气集团，这家民营企业坚守实体经济38年。一个普通的文件柜里，一份份原始记录见证了38年坚守的点滴，成为弥足珍贵的——盛隆档案。

半个月前，一场特殊的案例研讨会在清华大学经管学院召开，主角是一家武汉装备制造企业——盛隆电气集团。

这家企业现在年产值近百亿元。其前身是一家小作坊，三根细木杆、两捆草搭成的稻草棚，就是它的办公场所。这家名为“513公司”的小作坊，诞生于1979年5月13日，距打响改革开放发令枪不到5个月。

从12个人按手印壮大到员工7000多人，靠的是坚守实体经济。2017年12月18日，67岁的盛隆电气集团党委书记、董事长谢元德敞开文件柜，38年的档案一份份呈现在记者面前，“原原本本记录着企业的初心和历程。”

从零开始搞工业　成长出一批搞电气的“群体老板”

档案

“工业起步慢，都是从零开始。没有大批的人才和资金是办不起来工业的——1986 年 12 月盛隆成立七周年大会”

这一年，盛隆电气还在距武汉 200 多公里的一个小镇上，但已经打开局面，和长江航运局合办起电气设备厂。

“无工不富，发展工业是当务之急”，泛黄的档案材料上记载，谢元德从地方科委找到一份外地工作者通讯录，里面大部分是专家学者，为发展工业张罗“外脑”，起步铺路。

有了一定的人才和资金，盛隆逐步剥离了木器加工厂、水泥预制厂、汽车运输业等，聚焦电气行业。

清华大学经管学院副教授宋学宝说，1990 年来湖北调研乡镇企业，与盛隆失之交臂，他去的另一家企业如今已烟消云散，“盛隆把家庭联产承包责任制实践在工业领域，经受住了时间检验”。

1993 年，正是“南方谈话”的次年，盛隆走出小镇，来到了武汉。

1997 年年底，盛隆推行定岗定薪竞争上岗全员表决大会。很多人笑话他批发“厂长经理帽子”。谢元德鼓励大家一定会当上厂长、经理，眼下要先学习怎么当。次年，盛隆在武汉实行企业毛利承包，董事会是发包方，主管厂长为承包方，销售功能承包给企业员工，公司提供产品、成本等支撑。

“这种统分结合的经营模式，形成‘群体老板’制度雏形。”谢元德说，企业守是守不住的，盛隆永远都在创，企业就是创业平台，“昨日兵，今日将，明天率领三军打大仗”。

经济学上有条企业发展运行规律：一年靠机会，三年靠管理，十年靠机制，百年靠文化。宋学宝副教授说，盛隆的活力在于老板群体不断壮大，更在于每个老板保持持续的创业激情。谢元德表示："'群体老板'模式力求汲取公有制经济和民营经济两者之长，开创一种新的产权形式及公司法人治理体制。本质意义是大众创业，万众创新，核心价值在于立人己立，达人己达。"

2017年6月，一群复旦大学EMBA学员访问盛隆，问他最满意的一件事，谢元德回答："选择和长期坚持关注人的成长、成才、成功。"这也是他一生倡导的成功标准。

在谢元德老家的院子里，一块石碑上刻着一句话：帮助别人就是成全自己，成功他人定能实现自我。

不圈国家的地　不圈老百姓的钱

档案

"世界金融危机的冲击，许多企业停产甚至破产，但是盛隆还在发展、扩张，做大做强——2009年5月盛隆创建三十年"

20世纪八九十年代，盛隆有几件事没做成。

跟中国科学院合作搞核磁共振，需要投资600万元，没钱；想做汽车，还是没钱；也曾眼热想在武汉做房地产，仍然是没钱。

几件没做成的事，让盛隆变成了一家没有贷款的企业。谢元德说，这样也好，有多大的能力，就去做多大的事。冒风险借的债还不了，是对国家和社会的不负责任。

外界一度认为这影响了企业的快速发展。谢元德承认失去了很多机会，"但是路走得很稳，保持了独立自主、健康的可持续发展。"1996年，盛隆销售额是1400多万元，2003年为1亿元，2010年有10亿元，去年则达到60亿元。盛隆没有太多感受到经济周期波动带来的压力，更坚定了发展实业的初心。

施耐德、西门子、ABB世界电气三巨头控制核心技术，获取垄断利润，国内企业做辛苦活赚辛苦钱，处于产业链、竞争链的末端。盛隆靠着组织创新、商业模式创新获得市场，同时也竭力弥补了技术创新的不足。

1999年，盛隆电气成立北京研究所，邀请中国工程院院士、著名电力专家顾国彪担任所长至今。这两年，根据全球行业风向，盛隆抓住超越外资品牌机遇，生产方式由制造向智造升级，产品由功能时代向智能时代转型。

“国货与洋货的较量，开始出现国长洋消、国进洋退的趋势。”谢元德说，“别人在圈地、圈钱，我们一直在投入技术研发，30多年坚持不圈国家的地，不圈老百姓的钱”。

“这些年，不少企业炒期货、炒股票，炒房地产地皮，炒来炒去，一地鸡毛。”谢元德说，企业有“做什么的自由”，也时刻有“不做什么的约束”。

按照“一带一路”倡议布局　专注电气制造38年的盛隆有底气

档案

“这里是党的十一届三中全会中心会场所在地。盛隆有今天，就是得益于三中全会——2015年12月京西宾馆百年盛隆工程蓝图论证会”

2013年7月22日，习近平总书记在武汉考察时强调，工业化很重要，我们这么一个大国要强大，要靠实体经济，不能泡沫化。

盛隆更有主心骨了，谢元德在企业内部多次谈到，“盛隆强，民企强；盛隆强，电气强。”

2015年年底，盛隆董事会议题关乎企业百年工程，谢元德把会址选在党的十一届三中全会召开地京西宾馆。

今年，谢元德率团到施耐德法国总部展开对话，介绍“四百战略”——相当于在一百个城市创建一百家企业，很快施耐德 16 名高管集体访问武汉。而在 12 年前，谢元德拜访施耐德总部时，一张合影都没有留下。

“以前一直在追赶国外企业，现在到了一个回追的阶段了。”谢元德认为，混合了东西方经营理念的中国公司，虽然处于后发地位，但势头迅猛。

今年 9 月，一场智能用电博览会首次在武汉召开，包括施耐德、西门子等一线品牌在内的 34 家行业领军企业亮相，现场敲定 756 亿元订单合约。

“因为有技术、有品牌，你们这些年赚钱太容易了，我们赚钱太难了，但我们赚到了人、市场和客户，今后看我们的。”谢元德和施耐德中国区总裁的交流，有着在制造业专注了 30 多年的底气。

盛隆大学武汉创业学院是“百年盛隆工程”确定的项目之一。谢元德说，盛隆大学和群体老板模式是两只强健的翅膀，是盛隆推动创新的“发动机”。去年 6 月，创业学院在工厂开学。谢元德说，人因学习而提升，要让更多年轻人成为企业家，为“群体老板”模式提供源源不绝的后备军。

在雄安新区，盛隆半年前开始布局；在“一带一路”，盛隆进入缅甸、利比亚、安哥拉……

摘自 2017 年 12 月 23 日《长江日报》头版头条

3.5 从做水泥瓦开始 “泥腿子”率先穿西服

《长江日报》记者 肖 娟

从12个人的稻草棚作坊到近百亿元年产值的电气集团，民营企业盛隆电气坚守实体经济38年。从创办之初至今，盛隆电气保存的原始记录见证了多年坚守的点滴，成为弥足珍贵的盛隆档案。

从盛隆档案里的故事中不难窥见，一个民营企业坚守实体发展至今，要经过多少波折和跌宕，又留下了多少信念和骄傲。

档案

努力把“513”建成一个“外界闻名起敬，内部深感荣幸，退休不愿离开，青年梦寐急进”的先进企业——1984年12月24日，“513公司”年终总结大会

盛隆电气的历史，几乎和中国改革开放同时开始。

1979年5月13日，谢元德带头，6个乡亲带资入股，一起办了个“513联合经营体”，这是盛隆电气前身。最早从做瓦厂起步，很快就扩大规模，吸引了更多年轻人加入，12人，18人……到了1984年开年终总结大会时，受表彰得奖的同事就有100名。

经过5年打拼，“513公司”走出乡村，在城里盖了房子，安了电话，公司还

购买了3台大车，一台小车。干的活也是五花八门，经营建筑、水泥预制、五金加工、米面加工、机电修理等八大项目，职工平均收入106元。公司与武汉长江航运管理局电控设备制造厂签订了合办协议，过年后就投产。

如此红火的“513”，成立时只有一个草棚。盛隆电气谢元德回忆，当地有个教育组要建房子，需要从很远的地方买水泥瓦，一块瓦二毛四，要付运费，还有损耗。他知道这个情况后，马上去跟领导谈，表示可以帮忙做水泥瓦，还把瓦装到房子上，一块瓦一毛八，不算运费和损耗。

唯一的条件，是先付预付款。靠此前积累的信誉，谢元德接到了这单活儿，就搭起草棚开始干，外出学习、考察，设备太贵买不起就用土方法做，一个星期后就把瓦做出来了。教育组用瓦后感觉很不错，“513”的生意立刻火了。

“做工业，是真的能让国家和群众受益的事。”谢元德说，做瓦、做电线杆，给农村带来的是实实在在的生活改善，同时，把家乡搬运站、拖拉机站、水泥厂都带活了，“人有事情做了，机器也开转了，生产生活的需要品也有了。”

干工业，让农村很多年轻人成长起来。文件里显示，当年参与县政府工程的同事，是“平均年龄在20岁以下，最高指挥员25岁，平均工龄不到8个月的毛头小伙子”，谢元德说，没有自主就没有责任，干工业，将造就一批识管理懂技术、年轻有为的专业人才，这才是真正的财富。

这些原本干农活的“泥腿子”，在“513”通过努力工作过上了好日子，更在谢元德的带领下引领社会新风气。公司买了70多套西服，有的人没胆量穿，谢元德鼓励道：“西服穿上以后，可能会遇到社会上的闲言碎语，我们一定要经得起别人的讽刺。吃饭穿衣不犯条例，在王城地区内穿西服这个头我们不带谁带？”

摘自2017年12月24日《长江日报》4版

3.6 华中科技大学教授陈波：只有坚守实体经济 才能在波动周期中披荆斩棘

《长江日报》记者 张隽玮

盛隆电气是国内非常典型的一个民营企业白手起家做到产业高端的成功案例，在《长江日报》报道出来之前就已受到广泛关注。其发展的主要特点是坚持主业和核心竞争力。国内的有些企业并没有如此，它们在经济好的时候拼命加杠杆，经营热门但不熟悉的行业。而经济是有周期波动的，只有如盛隆电气这般坚守的企业存在，披荆斩棘地奋斗，国内经济才能一路向前。

真正的企业家是实干派，并且有非常明确的风险防范意识。我们有一句说法，一个优秀的企业家对于自己的核心业务要像狼般敏感，又像鹿一样小心，稍有风吹草动就保护自己。这在经济波动的情况下，可保持企业健康稳定持续发展。盛隆电气的例子再一次告诉我们，“有所为，有所不为”是中国企业家安身立命的一个特质，这考验着企业家的选择。

刚刚举行的中央经济工作会议提出，强化实体经济的吸引力和竞争力。可以看到，做强做大实体经济是我国的基本经济国策。目前，国内有一种思潮，认为现代经济应该向服务业转移，这也的确是国际性的趋势和潮流。但服务业也分为生产性服务业和消费性服务业，生产性服务业是为制造业服务的，是为了促进实体经济发展的。我认为，我国还不具备实体经济大规模向虚拟经济转变的基础，需要用强大的制造业增强经济的免疫力、竞争力、抵抗力。武汉作为中部领先城市，具备促进制造业升级换代的条件，应充分学习盛隆电气的经验，竞争成为中国制造业之都。

摘自 2017 年 12 月 24 日《长江日报》4 版

3.7 “没做成的三件事”保护了盛隆

《长江日报》记者 肖 娟

没做成房地产反而坚定只做电气的信心

20 世纪 90 年代初期的盛隆，是湖北的明星企业。在发展中，它面临着诱惑，也经受着考验。1993 年，盛隆电气正式进入武汉市场，入驻武汉光谷关东科技工业园首批建成的两栋大楼。

根据当年文件记载，盛隆集团显得非常红火：进入了建筑、运输、工业三个行业，分布在枣阳、武汉、广东、北京四个地区，“已基本形成以建筑、建材为龙头，以电子、电器、商业运输为两翼，以房地产开发、高新技术开发为后盾，拥有 5 个子公司，9 个建筑队，2 个国家定点开关厂的企业集团”。

“就在这个时期，盛隆却有三件事没有做成，其中就包括房地产。”谢元德说，20 世纪 90 年代初，他们进武汉时，已摸索准备做房地产，但没搞成，主要是因为没钱。同样，考虑过和中科院合作做核磁共振，还想做汽车项目，“内部培养人才，向国外借来资金。”最终，都因为资金问题没有搞成。

多种产业发展的尝试受挫，反而让谢元德更坚定地聚力电气开关设备制造。他意识到，企业要发展，不能有投机的想法。投机不仅会让资金有风险，人心也容易涣散；没有投机的想法，风险就会很小。也不能太依赖政府的补贴，否则就会弱化自己，还得靠自力更生，才能长久。

谢元德将枝枝蔓蔓的公司陆续剥离，“建筑、运输等公司，都分出去，和盛隆电气不搅和在一起。”然后，他开始展开企业所有制和统分结合的经营管理模式探索，大力推行日后被称为“群体老板制”的模式。

1998年，盛隆在武汉实行企业毛利承包，董事会是发包方，主管厂长为承包方，销售功能承包给企业员工，公司为销售员提供产品、成本、设计方案的支撑。

“出现了一个合格厂长就能办一个厂，出十个厂长就可以办十个厂，出一百个厂长也能够办一百个厂，出一千个厂长也自然办起一千个厂。这不是天方夜谭。ABB公司现在就有1300家子公司。”谢元德在大会上说，企业是属于全体员工的，机会属于既有雄心壮志，又肯埋头苦干的有心人。

1999年，盛隆电气在北京成立研究所，进驻北京市场，邀请中国工程院院士、著名电力专家顾国彪担任所长至今。盛隆不仅在设备、工艺、原材料、营销、经济效益等“硬件”上下功夫，也开始格外重视企业文化、企业精神的“软件”开发。

1994年5月13日，盛隆电气在武汉关东科技工业园的厂房正式投产，
原武汉市常务副市长袁善腊（左七），原武汉大学校长、著名教育家刘道玉（左二）参加剪彩仪式

多年后，谢元德接受复旦大学EMBA学员访谈时说，曾经没做成的三件事，反而保护了盛隆，“有多大能力就做多大的事，这几十年，我们失去了很多好的发展机会，但路走得很稳。”

摘自2017年12月25日《长江日报》7版

3.8 对话谢元德：坚守实体经济 核心是保持定力

《长江日报》记者 肖 娟

专注实体经济 38 年，这条道路并不好走，盛隆电气是如何坚持下来的？遇到困难和诱惑时，盛隆电气又是如何应对的？ 12 月 24 日，《长江日报》记者对话盛隆电气董事长谢元德，他说，搞实体经济，困难什么时候都有，解决它，核心是保持定力，最重要的是“控制欲望”。

“做好能做、会做、愿意做的事”

记者：盛隆坚守实业多年，感觉最困难是什么时候？是怎么摆脱困境的，想了哪些办法？

谢元德：最困难的时候，是 20 世纪 90 年代初，盛隆刚进入武汉市场，还没形成品牌，又是民营企业，缺资金也没市场，干得很艰难。

当时为了摆脱困境，做了一些其他产业的尝试也并不成功，企业看着高歌猛进，其实很困难、很危险。1994 年，盛隆庆祝成立 15 周年，举办了官产学盛隆发展战略研讨会，请来全国政府、学界、企业嘉宾帮盛隆“把脉”。

其中，时任北京市海淀区科委主任的清华大学教授周汉安的话，让我受益匪浅，一直牢记在心。他说，做好企业需要发展高科技，但不是盲目追求，踏踏实实地把用户需要、市场需要的产品做好做精，就是在增强企业的科技含量。

这让我的心更定了。我们能做电气，大家也会做，可以做好，也能让大家都获益，那还想着干别的事情干什么呢？后来，我琢磨了一个成功公式，也常跟大家说，就是“做你能做＋会做＋愿意做＋价值最高的工作＝成功”。

“不太关心别人怎么做、怎么说”

记者：从事电气设备制造，干的都是辛苦活。如果看到别的企业、别的人不干苦活还能暴富，心理是否会失衡？企业内部和外部有和您不同的看法和意见吗？您是否会受到影响？

谢元德：这么多年，盛隆一直专一做电气，慢慢做，企业内部和外部，都有人不赞同，说盛隆太谨慎、不大气。但我也不太关心别人是怎么做、怎么说的，就按自己想的来，并没有觉得心理失衡。

当然，我不能控制别人怎么想。曾经也有企业骨干离开，因为他一直想引入外部合作，干别的事，多次建议没有被采纳，就离开了，出去做他想干的事。也确实红火了一阵，但后来遇到了一些法律和经济上的问题，前几年，他又回到盛隆的广州公司。离开十年后，他还是回来了。

“保持定力，要控制欲望”

记者：解决问题需要定力，但不受外界影响保持定力，这是很难的，您是如何做到的？

谢元德：在农村开始做企业，我就不是为了自己发家致富，20 世纪 80 年代作为乡镇企业家的典型上台发言，我就坚决不同意按照别人给我写的发言稿读，里面说我是为了“甩掉贫困帽子、发家致富”的目的办企业。我办企业，就是想让大家一起干，都能过上好日子，帮助别人就是成全自己，成功他人定能实现自我。保持定力，就是要控制欲望。欲望是没有止境的，每个人都有，当有欲望时，想想最初是为了什么。

摘自 2017 年 12 月 25 日《长江日报》7 版

3.9 盛隆以中国式智慧坚守实体经济

《长江日报》记者 肖 娟

档案

“企业要生存要发展，就必须要有各种专长的人才才能立于不败之地，否则就只有等着破产。”

——2002 年 2 月 5 日，谢元德在盛隆总结表彰大会上说

2018 年 2 月 7 日，盛隆电气 40 名青年代表在武汉庆功会现场朗诵新春献词：

盛隆的 2018——向“智能用电新行业”出发

当年最早在承包合同上签下姓名的谢远锋，现在是盛隆电气集团内部的“大老板”。去年，他生了一场大病，妻子劝他不要上班了。谈了一个通宵，两人都哭了。

谢远锋说，工作已经不是为了赚钱，而是为了这个走过 38 年的企业走得更好，帮助年轻人成长起来过得好。这对抱上了孙子的夫妻，已经携手在开发缅甸市场。

1993 年，盛隆进入武汉，探索出统分结合经营模式，形成“群体老板”模式雏形。在武汉市场站稳脚跟后，盛隆于 1999 年进驻北京，之后数年不断南下、东进、西扩，2007 年进驻上海，2008 年扎营重庆，2014 年成立广州公司，形成盛隆“五大营”。

盛隆电气集团董事长谢元德将自己探索出的企业观、人才观用制度的方式固定下来。他说：“谁也没有卖给谁。办实业的目的是让企业每名员工都能自主而且有尊严地做人、做事、创业、创新，实行让每个人自主、成功的机制。”

现任盛隆副董事长谢清伦，1985 年通过招工考试加入团队，现在已经领衔一个年销售额近 8 亿元的大公司。独当一面后，她又带出了李洪英等一批年轻人。

6 年时间，李洪英从毕业生到助理再到总经理，又用 6 年时间成为盛隆北京创业二公司总裁。她说，在盛隆，不问出身、不问资历，只问前程。

“任务不是别人让你干，而是自己愿意干。要去开拓的市场，都是自己的选择。”谢元德说，“公司刚进入武汉时，交通不发达，也没车。业务员就靠双腿跑，看着电线杆一家一家进去谈，一个星期就能穿破一双皮鞋。在北京，看到一个塔吊，业务员就进去谈。”

让企业持续做大做强，“群体老板”提供了生生不息的动力。盛隆基本制度文件上有这样一句话：“具有创业思想的准老板经过努力成为小老板，小老板成长为大老板，大老板帮带小老板，小老板帮带具有创业思想的准老板。”

清华大学经济管理学院副教授宋学宝说，盛隆最了不起的地方，就是在实践中根据企业的实际，探索最有效的管理体系和管理模式，让企业长久发展。从某种意义上说，这是坚守实体经济的中国民营企业以中国式智慧开创了一种新的产权形式及公司法人治理体制，走出了一条企业文化体制新路。

摘自 2017 年 12 月 26 日《长江日报》14 版

3.10 对话谢元德：干实体经济 要守住根本

《长江日报》记者 肖 娟

"每天有 2740 家企业倒闭，每小时就有 114 家企业破产，每分钟则有 2 家企业倒下。"这是知名财经作家吴晓波谈到中国式企业失败的数据。38 年来，盛隆电气集团为什么能平稳跨过"失败陷阱"？靠的是什么？

盛隆电气集团董事长谢元德对《长江日报》记者说，通过体制、机制创新，盛隆的实业精神进一步得到锻造，企业发展基业长青，核心是要"关注人、尊重人、重视人"，用制度和文化来保障。

"为所有人而不是为某一个人"

记者：盛隆独特的"群体老板"模式激发了企业员工的创业激情，从而让大家为着共同的企业发展目标而努力。如何才能把个人目标和群体目标统一起来，让每个人在坚守中也有获得感？

谢元德：在盛隆，大家整体的幸福感是很高的，只要自己肯努力，为客户做好服务，为同事做好支撑，不仅在收入方面有获得感，更对自身创造能力、个人素质有极大提升，也能获得社会认可。

盛隆确实有特殊性，因为从一开始，我就不认为大家是雇佣和被雇佣的关系。"老板"只是一种易于理解的说法。我是创始人，但我不喜欢别人叫我"老板"，更喜欢被称呼为“经理”，是“带着干”的意思。

盛隆的文化，是发自内心的以人为本。盛隆所有的制度设计也都是为了所有人的发展，而不是为某一个人。

“不能把人当机器用”

记者：当下提到产业工人，第一印象就是辛苦，发展空间不大，年轻人望而却步。您如何解决这个问题？

谢元德：只要进入盛隆的人，不管认不认为自己是“人才”，我都把他看作“人才”。

在我们的车间里，你可以看到标语“建设中国电气开关行业现代化的第一车间，打造盛隆大学培养现代企业人才第一课堂”。现代企业不仅要生产优质产品，还要培养优秀人才，唯有如此才能最终创造企业价值。

所以，我一直跟大家说，你们不是来盛隆打工的，而是要不断提升，创造更大的价值。企业发展了，能给大家带来更大的发展空间。

我强调“不能把人当机器用”。人的天性就是要开发、要创造。盛隆培养的人才，不能只会简单、重复生产。那只是一个学习的过程，不是永远的工作。有了创造、发展的动力，经过生产线上的学习，每个人都能成为“接地气的专家”，会生产、懂设计、能安装，有复合能力为用户解决问题、创造价值，这才是制造企业需要长时间培养的“如宝贝般的人才”。能通过制度创新不断培养这样的人才，这才是企业最有底气的积累。

“群体老板个个都是实干家”

记者：盛隆让有创业精神、企业家精神的人得到发展平台。坚守实体经济的精神，你们是如何传导的？

谢元德：这是一个自然而然的过程。前面很多人都是这样走过来的，看得见、摸得着，有成功、有失败。这些活生生的案例就是对创业者的帮助。

盛隆成功的“群体老板”，可以说个个都是实干家。他们还会帮带年轻人，以身作则。这种思想和文化的认同，是潜移默化的。干实业，尤其是在当前的新时代，企业家精神最珍贵，如爱国敬业、遵纪守法、艰苦奋斗，比如创新发展、专注品质、追求卓越，比如履行责任、敢于担当、服务社会。

盛隆能长久发展，关键在于走正道、办良企、育人才，守住了根本的东西。每个“盛隆人”也希望通过长期的影响，守住这些根本。

摘自 2017 年 12 月 26 日《长江日报》14 版

3.11 持续创新推动盛隆“老树发新枝”

《长江日报》记者 肖 娟

档案

“今天，我们已经成为一个综合实力达到较高水平、具有一定核心竞争力、日益走向成熟的现代企业。现在的外部条件、宏观环境十分有利于企业的跨越发展。我们向国内外市场和全社会喊出响亮的口号：盛隆电气国家级，科技服务举大旗！”

——摘自2014年纪念盛隆创建35周年会议材料

中国国际智能电网展上，盛隆电气集团新产品引关注

步入“而立之年”后的盛隆电气集团，日益得到社会认可。2012 年至今，这家企业连续多年入围“武汉百强企业”。

“盛隆被认为可以建设成本土国家级企业，这在过去根本不敢想。”盛隆电气集团董事长谢元德说，“经过多年拼搏，盛隆越来越有信心。要成为国家级企业，我们必须高举科技服务的大旗。”

这样的发展，让盛隆很多老员工也感叹。过去，像盛隆这样的电气设备制造企业，中国有很多，规模小，不出名，社会认知度和同行公认度都不高。但慢慢地，盛隆越来越有名。盛隆的一名老员工说：“在这一行干的时间久了，发现同行中说盛隆坏话的人少了，来盛隆参观的人多了。同行们对盛隆挺佩服：‘真是无孔不入，哪里投标都有它。’”

2013 年 9 月，盛隆电气集团从中国香港捧回第八届“亚洲品牌 500 强”奖杯。该奖项的测评体系包括市场表现、发展潜力、质量水平、经营效益四大维度。

盛隆电气集团总裁谢洪潮是毕业于清华大学的博士，也是盛隆的科技创新带头人。他说，早在 1999 年，盛隆就成立了北京研究所，这是很早进行的“产学研”探索。后来，成效很不错，研发了众多新产品，如网络电力仪表、电气火灾控制器等产品，客户反响很好。

“我们的创新是从市场需求出发，小步快跑，主要是解决问题。”谢洪潮说，“在服务客户的过程中，智能配电的方向明显清晰，盛隆成立了全资子公司武汉光谷电气有限公司，重金聘请高科技人才，专门负责智能电网领域的技术研发。韩广潮是 2011 年进厂的大学毕业生，从调试、组装开始，逐渐成为技术研发中坚。”

对产品质量的重视，对企业创新的执着，也是来自一种危机感。2008 年，一场席卷全球的金融危机让大批企业重重受挫。因为多年坚持零负债率，依靠公司自有流动资金经营运转，盛隆当时并没有受到冲击。但是，谢元德在北京、武汉、上海等地进行了一番考察后感触良多，“遍访京汉同行厂，难找一家干活忙”。

“市场无情，竞争残酷。我们比都不敢比的很多国企、名企、老企、大企，说垮就垮、说完就完了。”谢元德说，“这让我们的信念更坚定：多年弱小求生的盛隆，只能像老树一样把根扎得更深，才能站稳脚跟、逆势而上。”

摘自 2017 年 12 月 27 日《长江日报》21 版

3.12 对话谢元德：创新就是把没有的产品和服务做出来

《长江日报》记者 肖 娟

“大企业必须有与之匹配的‘护城河’，一种是低成本，一种是大品牌”。盛隆电气集团董事长谢元德接受《长江日报》记者采访时说，盛隆的品牌是靠市场做出来的，创新也是在为客户解决一个个具体问题中实现的。

“做别人没有的东西”

记者：现在全世界都在强调创新，您认为什么是创新？企业应该怎么创新？

谢元德：每个企业的创立，其实就是在进行一次创新。盛隆一开始就是在做当地没有的事，都是从头开始。做到后来，就要深入行业，做行业里还没有的事情。

但是，肯定要先学。刚做电气时，我们向合作方学；后来进入武汉、北京等市场，我们就向领先的同行学；现在，智能配电领域是全新的，没有现成的师傅可学，我们就要自己摸索、自己做。所谓创新，就是只要用户需要，厂家就要把没有的产品、没有的服务做出来。

“技术创新是企业的生命力”

记者：盛隆为人熟知的是制度创新，技术创新在盛隆处于什么样的地位？

谢元德：技术创新是企业的生命力。没有创新能力，企业不可能长久。尤其是我们做的是一项事业，这项事业不是做一家小吃店。靠传承，开个小店都可以成为百年老店，但那毕竟只能提供少量服务，谈不上大发展。

盛隆早就不是在仅仅卖产品，而是从设备制造商向科技服务商转变。以后，生意也不是简单的买卖关系，而是长期的合作关系，你离不开我，我也离不开你。这就需要企业了解科技发展趋势，还需要满足客户未来的需求。

“干事业不是什么赚钱做什么”

记者：技术创新、研发都需要大量投入，盛隆如何解决研发和投入的问题？

谢元德：企业生存、发展，说到底就是有事情可做。所以，我一直说我们是在干事业。这需要布局长远，不是什么赚钱做什么。干事业没有创新能力就不可能长久，就成了碰运气。

因此，把一项事业坚持下去，研发投入是非常自然的事情。如果不创新、不走在市场的前面，企业就会没事情可做。

摘自 2017 年 12 月 27 日《长江日报》21 版

3.13 复旦大学管理学院院长陆雄文：盛隆案例提供了高质量的发展路径

《长江日报》记者　张隽玮

复旦大学管理学院院长陆雄文接受《长江日报》记者采访时说："2017 年 11 月，我曾带领复旦大学管理学院团队到盛隆电气集团调研。盛隆案例之所以令人关注，是因为'群体老板'这一商业模式，展现出实现高质量发展的一个路径。我认为，这更代表了创新型企业价值观。"

"群体老板"是盛隆的独创，包括员工工资、保险、日常管理等，老板对自己的团队负责。盛隆既是一家企业，也是一所团队带头人培训学校。在这家企业里，办实业实行的是每个人自主、成功的机制。调研后，陆雄文教授认为，盛隆这一实业经营模式超出预期，不仅是因为市场份额高、企业稳健发展，更是背后所蕴含的企业价值观——盈利可分享，创新可发展。它不仅包含了激励机制，也蕴藏了约束机制，在企业管理中非常少见。在这种模式下，企业实现了高质量发展。

陆雄文称，在这样的价值观运作下的企业，不靠银行贷款，也没有上市融资，仍然取得了非常好的收益回报，成就了一项了不起的创新。在"制造业和服务业发展谁先谁后"争议的当下，盛隆的经营模式给了从事实业的企业家以巨大信心。

陆雄文说："也有人讨论制造业和服务业地位高低问题。我认为，一家企业坚守主业或者多元化发展，是一个选择问题。毫无疑问，服务业在 GDP 中所占比例提升是大趋势，但要警惕的是那些反复被炒作的领域，防止过度投机。"

陆雄文说："现在我们学习盛隆的管理模式创新，实际上就是提倡高质量发展。无论是多元化发展还是专注特定行业，无论是制造业还是服务业，都需要注重效益、质量、创新，成为新时代的企业和企业家。"

摘自 2017 年 12 月 27 日《长江日报》21 版

3.14 “盛隆智造”走出去很有底气

《长江日报》记者　肖　娟

档案

针对越南国家电网基础设施建设的相关配电设备，盛隆电气集团提供配电设备设计、选型等相关技术支持，以及成套设备及相关伴随服务。

——2017 年 4 月中旬，越南国家电网公司年度集中采购项目合作协议签订

经过半年的项目谈判，越南国家电网公司与盛隆电气集团今年签订了年度协议。盛隆电气集团创业八公司营销总经理邓俪娜介绍，首批订单金额预计在 2000 万元左右。按照协议，盛隆不仅要为项目提供 300 台高压配电柜，还要完成技术方案、产品设备选型等技术服务。“我们提供的产品被越南定义为高端进口商品。同时，我们也会对越南提供技术层面的输出。”

11 月，2017 年亚太经合组织（APEC）工商领导人峰会在越南岘港举行。盛隆电气集团董事长谢元德也前往越南，鼓励邓俪娜成立代表处，进一步加快布局，不仅提供产品，还可以成立分公司、建工厂，深度参与越南电力基础设施建设。

目前，盛隆的产品和服务已经进入 50 多个国家和地区。盛隆电气广州公司总裁夏威毕业于湖北工业大学，2005 年加入盛隆，10 年来共做了近 1 亿元的订单，组建团队后，“走出去”开拓更大市场。

斯里兰卡科伦坡港和汉班托塔港的配电设备均为盛隆“智造”。夏威告诉《长江日报》记者，施耐德电气有限公司斯里兰卡高管通过 3 年来与盛隆的合作，给

予充分认可，打算让自己亲戚的孩子毕业后到盛隆斯里兰卡办事处工作。

响应“一带一路”倡议走出去，盛隆有底气，也有行动。2005年至2015年，盛隆每年组织出国考察团暨高级干部研修班，足迹遍布欧洲以及澳大利亚、美国、日本、韩国等发达国家和地区。“以前，看到外国人，我只会说‘Hello’。现在，我能够无障碍地与外国人进行英语交流。盛隆的平台帮助我进步，盛隆‘走出去’也得到了落地和实现。”夏威说。

“当前，国家大力支持、扶植实体经济。盛隆的发展环境更好了，信心也更足了。”谢元德说，“盛隆的产品、技术、服务全面创新升级，许多指标优于国际大牌，竞争力优势上升，敢于也能够争上风。不仅如此，不少大牌企业的高管也从走近盛隆直到走进盛隆。‘施耐德电气’智慧城市原总监韩文加入盛隆，担任盛隆智慧城市建设有限公司总经理，很快就成为完成上千万元订单的营销功臣。”

谢元德认为，“强大的中国必有强大的企业。”

如今，“中国制造”“中国产品”“中国品牌”名气越来越大，越来越响亮，越来越被世界认可。华为、格力是开路先锋，做出了好榜样，“盛隆也能跟上去”。

摘自2017年12月28日《长江日报》9版

3.15 “我不是在坚守而是在享受”

《长江日报》记者　肖　娟

2017 年 12 月 28 日下午，盛隆电气集团董事长谢元德做客《长江日报》卓越会，与武汉地区 100 多位企业家分享他 38 年坚守实体经济背后的故事。

本次活动由武汉企业联合会、武汉企业家协会、武汉市工业总会联合《长江日报》光谷编辑部、《长江日报》卓越会、格局商学光谷分院共同举办。活动现场互动热烈，十多位企业家争相提问。谢元德开口第一句话就是：“与其说是在坚守实体经济，不如说我是在享受。”

要闻

…《盛隆档案》追踪…

谢元德与武汉百余位企业家分享经历和观念

“我不是在坚守而是在享受”

《长江日报》报道截图

谈模式　“群体老板”是土生土长模式

问：“群体老板”模式是比较有影响力的企业管理模式，是您自己创造的，还是请了专业咨询公司？

答：这是我自己创造、实践出来的模式。我有一个观点——一个企业如果需要别的专业化管理团队来策划战略，这个企业就没什么前途了。企业战略都要结合自己的实际。战略、做法都要靠别人，那么自己做什么？董事长就没什么可当的了。

问：盛隆的“群体老板”模式是不是类似直销代理人制度？

答：肯定不是的。有的人也说我们的办法像“众包”，其实也不是的。“群体老板”模式不仅是一个方法，更是一种价值观。如果按方法去学，只是学了一个很表面的东西。

盛隆最核心的，是有共同的价值观。我们有三种基本思想：人是善良的，诚信的；人和人之间是相互帮助的，不是相互利用的；每个人都要自主，他人要自主，自己也要自主。没有真正具备这样的思想，就没有真正理解“群体老板”。

近年来，很多学者在关注盛隆。清华大学经济管理学院副教授宋学宝就说，中国很多企业都用外国的管理理论，而盛隆是在开拓中国本土管理理论。

谈实业 “曲线救实业”逻辑不通顺

问：经济大环境下，从事实体产业的企业很难。有的企业就想把资金转到房地产业等，利润更丰厚，然后再用赚的钱来拯救企业，“曲线救实业”。您怎么看待这一现象？

答：“曲线救实业”，这种说法成不成立，我表示怀疑。我做（实业）这个事情不行了，我去做别的事情，再回头来做我的实业，这个逻辑不通顺。搞其他产业赚钱救实业，我感觉这个话说不通。

问：有一种说法，企业不转型是“等死”，转型是“找死”。您怎么看？

答：“等死”肯定不可取，但转型是不是“找死”也不一定。转型升级做好了，为什么会“找死”？企业肯定不能“等死”，转型升级是很自然的。做企业一定要居安思危，在最好的时候要想到最坏的情况。

社会是变化的，企业也要遇变应变。一切都在变，企业不能老守着，要慢慢变，天天都要思变。

问：现在社会上，做实业的是一群人，玩资本的是一群人。您有什么建议和意见？未来盛隆和资本结合有没有具体计划？是否会考虑上市？

答：我们办实业 38 年，钱的作用很小，重点是人的作用。钱是双刃剑。当你没有经验时，用不好这个钱，钱就是麻烦、负担，会“压”你一辈子。

盛隆发展不是靠钱而是靠人。其实，盛隆很早就有上市机会。但我觉得，一是还不具备条件，二是没有必要。干什么事都要跟资本联系这么紧密，这很容易造成误导。我认为要慎用资本。用自己挣到的钱，就会知道怎么用；不是自己挣到的钱，反而不清楚该怎么用。

谈人才　成功就是一直培养人才

问：现在，很多制造业企业面临转型升级。怎么寻找合适的人才，认可我们的愿景，共同发展？

答：我一直认为，寻找来的人才是补充，最重要的人才要靠自己培养。我从创业一开始就注意两个方面一起抓：一是做事，包括做产品、做技术、做服务；二是培养人，鼓励年轻人“是来成长、成才、成功的”。

企业要发展，培养人才是最根本的。这方面做得很好了，企业的路才会越走越宽。我把自己的大多数时间都用来和年轻人打交道，不断鼓励他们。我认为的成功，就是一直培养人才。

问：盛隆用制度的方式激发人最美好的那部分。您最希望年轻人学到您的什么精神，并且从想法落实到行动上？

答：我说得比较多的，是要“守住本”。人大多时候是善良、诚信的，不善良、不诚信的现象只是一时。很多人不帮助别人，也不接受别人的帮助，就感受不到幸福和快乐。守住本，就一定是成功的人生。

谈“出海” 走出去不能丢中国人的形象

问：响应“一带一路”倡议，如何解决海外投资与涉嫌转移资产的关系？

答：这涉及中国民营企业家移民问题。很多人也问我：“为什么不移民？”我说：“我干吗要移民？”说一句得罪人的话，我认为有一部分人移民就是由于钱赚得不干净，对外投资就是在躲避风险。

盛隆目前海外投资并不大。我的观点是，中国企业如果“走出去”，不仅仅代表企业，更代表中国。如果企业在国外丢了中国人的形象，赔不起，那不是功臣，而是罪人。

摘自 2017 年 12 月 29 日《长江日报》9 版

3.16 成功他人 定能实现自我
——对“老百姓”谢元德的再认识

《长江日报》记者 肖 娟 李 佳

这是一位走在街上都容易被忽视的瘦小老人。他穿着简单，戴着眼镜，讲话时带着笑容。第一次见到他的人，很难将他与年产值近百亿元的盛隆电气集团董事长谢元德联系起来。

“我是一个老百姓，但我这辈子办了盛隆，创造了‘群体老板’模式，就做了这么一件事,非常值！”谢元德带着乡音说。他至今留存着企业发展过程中的照片、合同、文档、手稿，这让盛隆很有历史感。

看看“念旧守本”的谢元德，翻翻泛黄的“盛隆档案”，这位“草根”出身的中国民营企业家，38 年跟随国家发展历程真正站起来、富起来、强起来，透着让人感佩的质朴的中国式智慧。

守初心 办企业不是为“脱贫致富”

谢元德待人礼貌，极有涵养，自我追求很高。

38 年前，他带着乡亲，让盛隆从湖北省枣阳市王城镇走到武汉、北京，进而走向全国、走向世界。但从外在和内心讲，他还是几十年前的那个质朴的人。

20 世纪 80 年代，谢元德成了当地乡镇企业家典型，要进行大会发言。他坚决拒绝照读别人拟好的发言稿。“说我办企业是为了‘甩掉贫困帽子、发家致富’，这不是我的心里话，我不愿意说。”谢元德被县里干部的追问逼急了，脱口而出：“我想成为伟大的人。”

“当年太年轻，现在再让我说，我肯定不会再贸然用‘伟大’这样的词。”谢元德说，“我做这些只是想做一个对国家和社会有用的人，所以我办企业，更热衷于探索‘群体老板’模式，鼓励每个人都能在企业平台上成长、成才、成功。”

“办企业是发自内心为别人好，这听上去很假吧？但我们这么多年跟过来，就知道谢总很真。”盛隆电气集团创业九公司总裁王昌宝是1992年“下海”的大学毕业生。他辞掉在研究所的工作，来到盛隆一干就是25年。他说，谢元德看到大家赚到钱，就由衷地高兴。“我家买彩电时，他家看黑白电视；我开上了‘宝马’，他还是开那辆旧车。”

企业发展中的各种决策，谢元德也没有私心。王昌宝曾大力推进盛隆修厂房、盖高楼，但谢元德不赞成。多次反对后，谢元德推心置腹地对王昌宝说：“我要是为自己，我肯定愿意圈地盖房，但想着会给大家带来负担，就不能干。”

育人才　时间多用来与年轻人交流

盛隆的科技创新怎么搞？每年税负有多少？让人意外的是，对于这些问题，谢元德的回答是：“我不清楚，都有具体人在负责。”

要知道，盛隆如今拥有7000多名员工、22家子公司和工厂、2个研究院，业务遍布全国及50多个国家和地区。

“企业经营方面，我不操心。我的时间主要用在与年轻人交流，以及与‘群体老板’交流上。”谢元德说。

谢元德是一位“激励师”。早年，他就鼓励通过招工考试进入企业的年轻人：“你们是来当经理、当厂长的。”现在，他进高校告诉学生们，“每个人都是人才，都可以自主创新创业。”有项目组遇到技术难题，开会讨论“要不要从外面引进技术专家”。谢元德旁听后，直接跟两名年轻员工说：“你们都是名牌大学毕业的高才生。这事情，你们可以自己干，能干好。”

谢元德说，企业员工遇到困难如果首先想到的是在外找人来解决，这对内部人的信心是一种打击。“要鼓励他们，先自己想办法，自力更生，以己为主，再寻求外部帮助。靠别人靠不住，必须靠自己。”

这些办法，谢元德同样用于培养子女。他的儿子谢洪潮现任盛隆电气集团总裁，是清华大学博士毕业生，入选第七批“3551 光谷人才计划”，一门心思投入智能用电的技术创新，带领盛隆挺进“电力智能化时代”。

上阵父子兵、夫妻档，这样的情况在盛隆比比皆是。但谢元德表示，盛隆绝不是家族企业，这从制度上进行了保障。“每个人的成绩靠自己干出来，不能靠亲戚、裙带关系获得。”

办良企　不提倡“狼性文化”

《长江日报》记者走进盛隆武汉工厂，感觉像回到了过去的年代。车间里高高悬挂着标语——“建设中国电气开关行业现代化第一车间，打造盛隆大学培养现代企业人才第一课堂”；地上则醒目地标识着“延安路”“圆梦路”。但楼上的咖啡屋装饰时尚，又带着很强的现代范儿。

看似老土的场景，是盛隆“守根本”的一面；时尚的咖啡屋，则是盛隆尊重每名员工自主性的一面。

“有理想、有抱负的青年大量进入，愿意跟着干，这样的企业想衰败都衰败不了。”谢元德说，“标出‘延安路’‘圆梦路’，就是在鼓励每个盛隆人走正道、办良企，就一定能实现理想和抱负，和企业共同兴盛。”

电气行业竞争激烈。谢元德坦言，盛隆是“勤奋者的天堂，懒惰者的地狱”。但他非常反感“狼性文化”，提倡良性竞争。“人就是人，干吗要学狼？别人身上的好品质，都够一个人学的了。”

也有很多人从盛隆离开，自立门户，反过来与盛隆竞争。说不伤心、难过也是假的，但谢元德说，每个人都属于自己，从盛隆走出去的人才最终也是对社会有益的。而且，离开的人才也不是“流失”，只是“流动”。当他们真正理解盛隆后，也许还会回来，还会成为盛隆的伙伴。

盛隆电气集团人力资源总监代莉说：“以前我听谢总讲一些话，觉得太‘高大上’了，浑身起鸡皮疙瘩。但随着时间推移，我觉得那些话是对的，感觉很受益。”谢元德则说：“我的很多话让人起鸡皮疙瘩、头皮发麻，说明是触到了他们内心的某些东西。”

谢元德老家的院子里立着一块石碑，上面刻着他的母亲在世时常说的一句话：“帮助别人就是成全自己，成功他人定能实现自我。”

摘自 2017 年 12 月 29 日《长江日报》9 版

3.17 盛隆电气：从乡野草棚到跨国集团的 39 年嬗变

湖北电视台记者　李　昕

湖北新闻推出系列报道“壮阔东方潮，奋进新时代——庆祝改革开放 40 年”，聚焦湖北 40 来年取得的成就、发生的变革，反映湖北人在改革开放之路上的奋斗故事。

今天，我们来看“湖北个体第一家”盛隆电气的故事，看看湖北第一批民营企业，是怎样从乡野草棚，走向世界前沿。

湖北个体第一家　工商想封门，“门都没有”

2018 年 5 月 13 日，现代化的盛隆大厦，在武汉光谷奠基。

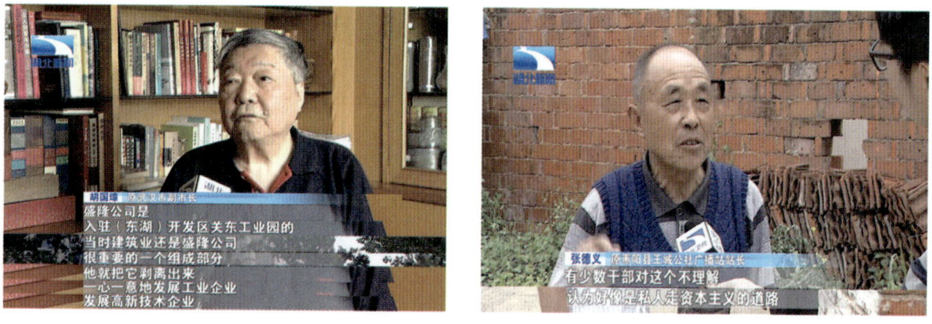

《湖北新闻》报道截图

39 年前的同一天，一个简易的草棚，在枣阳县王城镇搭建起来，7 个年轻人摁下手印，挂起了湖北第一家农村联合体企业。他们用那天的日期给企业命名——“513 公司”。这就是盛隆电气集团的前身。

当时，中国建房子，砖瓦只能从公家买，十分紧缺。这 7 个年轻人就从砖瓦制作开始挖人生的第一桶金。

谢元德（盛隆电气集团董事长）：工商局封门都没法封，在最初就是一个草棚子，他没什么封的，就来收我们这些工具，一些简陋的设备。

张德义（原枣阳县王城公社广播站站长）：有少数干部对这个不理解，认为好像是私人走资本主义道路。

碰上工商封门，谢元德坦言，这也不能怪当时的干部。

“513 公司”成立的两个月前，国家工商总局才刚刚提出恢复和发展个体经济。“513 公司”成立的那个时候，安徽凤阳小岗村的“包产到户”还没有被正式肯定，深圳被确定为“经济特区”也是半年后的事情。

虽然被打压，但“513 公司”带活了当地集体经济是不争的事实，加上改革开放春风的吹拂，1982 年年底，枣阳县领导在谢元德家里开会，“513 公司”正式被认可。

谢元德：（过去）找那个领导，他夫妻俩躺椅子上，我们站在他面前，他连头都没抬一下。后来，县里书记到我家里开座谈会，他也参加了，当时他就拍着胸脯，他说：“元德，以后有什么事找我老张。”

穿西装　改体制　顶住质疑待春风

很快，“513 公司”被树立为湖北专业户典型，还受到省领导的接见。

1984 年，“513 公司”搬到了县城里，业务范围从建筑材料拓展到电气开关，还改名为“盛隆电气集团”，带头穿西服。

衣着变化之下，是制度的变革。

结束大锅饭，盛隆建立经理负责制，开始绩效考核。时值20世纪80年代末，社会上出现对改革开放质疑的声音。

谢元德：当时政策的风向就是偏“左”，抓住我们（招聘）的几个大学生，说我们挖教育的墙角，我们得到一个否定（意见）就是解除这个公司。

这样的日子，一过就是三年。1992年，邓小平同志南巡讲话，提出“发展是硬道理”“科学技术是第一生产力”。

谢元德：邓小平南巡讲话，大家一看都疯狂了，就跟看到十一届三中全会那个消息一样，这个时候我们也下定了决心，向更大的城市走。

那一年，武汉东湖高新区被评为首批国家级高新区，建起了首个工业园区——关东科技园。

胡国璋（原武汉市副市长）：盛隆公司是入驻（东湖）开发区关东工业园的，当时建筑业还是盛隆公司很重要的一个组成部分，他就把它剥离出来，一心一意地发展工业企业，发展高新技术企业。

自主化　国际化　昔日偶像成伙伴

转型，谈何容易。那时，中国的电气市场被施耐德、西门子、ABB占据。两条腿走路。盛隆，一边通过跟国际巨头当学徒，逐步成为这三大品牌的授权生产商；一边成立武汉、北京两大研发中心，开启自主创新之路。

1992年7月13日的一份报纸写道：“毕业于清华大学和北京大学的6名研究生，在北京中关村办起了盛隆联合公司分公司。这6名研究生刚到盛隆公司，公司就拨给他们50万元资金，作为科研经费。”

13年转型路，盛隆电气已经成为国内唯一可以生产全套电气设备的企业。

2005 年，谢元德去施耐德总部拜访，却没有留下照片。他说：“如果合影，我一定要以施耐德应邀贵宾的身份。”

谢元德：我们心里给自己树立一个目标，那（施耐德）就是我们的方向。

十八大以来，跟随“一带一路”倡议的春风，盛隆电气加快国际化进程，业务延伸到 50 多个国家和地区。去年，施耐德总裁正式邀请盛隆电气到法国访问。

谢元德：（施耐德）最高的负责人来发邀请函，是最高规格的接待。

5 个月后，盛隆电气在武汉主办了首届智能用电博览会。曾经难以望其项背的施耐德、西门子、ABB 悉数到场，和盛隆电气共同签署合作协议，共同制定国际行业标准。

谢元德：我们就是改革开放的产物，没有改革开放政策就没有我们这个企业。

摘自 2018 年 6 月 4 日湖北卫视《湖北新闻》

3.18 盛隆电气：不接质量迁就客户的订单

《长江日报》记者　刘睿彻

国家领导人出访斯里兰卡，提到两个正在建设的标志性项目：汉班托塔港和科伦坡港口城项目，其配电设备均来自武汉的盛隆电气。

盛隆电气集团，东湖高新区这家1979年成立的民营企业，由当时修理农用机械的小工棚起家，已发展成全国领先的提供输配电设备、系统及解决方案的厂商，并走出国门，业务遍及30多个国家，成为年销售额60多亿元的现代高新技术企业。

创立37年，大浪淘沙，同类的不少企业退出历史舞台，找不到当年生产企业的客户，常常请盛隆帮助维护维修设备。

连竞争对手西门子集团中国区总经理也由衷赞叹：盛隆电气30年在中国社会开关行业，留下了成功、不平凡的足迹。

近日，本报"市民质量探访团"走进盛隆电气，探访让世界信赖的"中国造"。

密织五道网　防范次品漏网出厂

有专家说，质量控制是一个生态系统，一个环节有疏忽，这个系统就会崩溃。

"质量探访团"成员在盛隆看到，这里层层质检有如五道"密网"，防范次品漏网。2013年市长质量奖得主、盛隆电气技术总监谢正新表示，从进厂原料到出厂产品，五道考核，任何一步有问题，一票否决，确保产品合格率100%。

入库检验是第一关，元器件、辅料入库前都要经过严格检验。目前，采购的板材均来自武钢、宝钢及鞍钢等大型企业。每批次板材要求出具出厂检验报告，“验明正身”。验货光看不够，还要用厚度测试仪、拉力测试仪对板材实战考核，合格后方可入库。

第二关贯穿生产过程，质检人员在流水线上对工艺进行巡查，次品随时被“剔除出局”。

产品完成，出厂前进行通电试验，产品运转平稳，才算合格。出厂前还要进行外观检验，确保“内外兼修”。

最后一关是抽检，由质量管理部对质检部门检验过的产品，再来一场“复试”。虽说是抽检，但要覆盖八成以上的产品。一旦抽检发现问题，原来的质检要追责，监督让每道关口都不敢大意。

“盛隆抓质量不放过每一道环节。”谢正新说。

盛隆电气技术人员正在对设备进行运维检测

每批铜材料铜含量测试达标才允许入库

在配电设备制造中，铜是重要材料。“质量探访团”成员电气工程师陈先生对盛隆用什么材质的铜特别关注，因为这是配电箱、柜中最贵的成分，有不良企业用含铜量低的次铜冒充，甚至用其他低廉金属冒充铜。

陈先生来到测试检验室，翻看最新的测试表，看到上面记录：“T3 铜原料含铜量 99.99%。”他评价说：“这些铜材果真货真价实。”

谢正新介绍，每一批铜材料进厂，盛隆都要进行测试，铜含量达标，才允许进入仓库。

2012 年，国内一家电气设备厂商在生产过程中采用铝线代替铜线，被国家电网点名批评。而采用该公司设备的 SOHO 中国董事长潘石屹为此发微博，希望这家企业珍惜信誉，生产合格产品。

2013 年 3 月，总建筑面积约 35 万平方米的上海凌空 SOHO 开始进行电气设备招标，在经过技术、质量、价格等多方评定后，盛隆电气以绝对优势中标。

去年 10 月，凌空 SOHO 建设者表彰大会在上海召开，潘石屹为盛隆电气集团颁发“优秀合作伙伴”奖。

在盛隆，推崇的是“老实人”，相信老实人不会吃亏。“以次充好，骗得了一时，肯定走不远。”谢正新表示。

客户订制产品要求“迁就”　宁可放弃 200 万订单

谢正新总监现场向“质量探访团”成员讲了这样一个小故事。

有次，客户要求提供某一种变压器，盛隆考察后认为达不到质量要求。客户执意要用，并甩下话：“出了问题不找你。”

盛隆最终放弃了这单 200 万元的合同。谢正新说：“质量是生命线，对质量没有迁就之说，这样的违心钱宁可不赚。”

盛隆对自身挑剔，对供货方同样严格。质量从源头抓起，只有制造能力、产品质量、服务保障等各方面满足盛隆集团技术规范要求，才能纳入供货名录。

谢正新介绍，盛隆有时按客户下的“菜单”生产，客户会推荐某些产品配件。当这种配件不在盛隆的供货方名录时，盛隆会与客户一起派出评审小组实地考察，满足质量要求才能接纳，如不行，就建议客户更换配件。考察费用全部由盛隆承担。

对质量的执着，为盛隆电气赢得了大量优质客户。相关设备已广泛应用于基础设施、能源、工业、商业、楼宇、民用住宅等市场，如国家电网、高速公路、地铁、机场、奥运场馆等国家重点工程。

专家点评 >>>

专业专注方能创造价值

中国工程院院士、国家著名电力专家顾国彪

提到电气设备，过去总要用施耐德、ABB、西门子这类世界知名品牌，才感到放心，这是质量过硬产生的品牌效应。现在我们要创立自己国家的知名品牌，盛隆这些年做出了很大贡献。

盛隆电气集团重视科技研发及自主创新，在电力智能及电力节能领域获得了多项国家专利和软件著作权。长期坚持产学研一体化道路，与清华大学、北京大学、中科院电工研究所等单位有20多年的良好合作关系。

盛隆凭借着在智能电网领域的技术优势和一流质量，成为中国电气行业参与国际竞争的中坚力量。

专业专注，精益求精。精准理念、工匠精神，不仅是盛隆的坚守，更应成为所有中国企业践行的价值标准。中国经济正面临转型的关键时期，以质取胜，才能拥有长远效益，让世界爱上“中国造”。

摘自2016年1月23日《长江日报》9版

3.19 百家校媒荆楚行侧记：110 名大学生记者眼里有 110 个盛隆电气

荆楚网记者　伍佳佳

“一千个人眼里有一千个哈姆雷特”，同样，2018 年 6 月 2 日的百家校媒荆楚行走进盛隆电气活动中，在来自湖北 55 所高校 110 名大学生记者的眼里，盛隆电气也有着不一样的精彩。参观座谈结束后，大学生记者们齐聚盛隆创业学院教室，各抒己见。他们通过不同的视角来解读优秀企业的魅力所在，通过专业的传播学知识来构思写作方向。这种把写作课程开到工厂里的形式，既新鲜又生动，对于

110 名大学生记者在盛隆大学武汉创业学院道玉课堂内分享参观心得

广大学生记者而言，是一次很好的新闻实践；对于盛隆电气而言，也是一次开放自我的有益尝试。

盛隆电气创造的发展奇迹是改革开放四十年的一个缩影

1978 年，改革开放刚刚拉开序幕，次年的 5 月，盛隆电气董事长谢元德就成立了湖北第一家农村联合体企业，从事小型农机具维修、气焊、水泥瓦制作等业务。随着改革开放的不断深入，盛隆也抓住机遇，通过不断的探索，逐步走出了一条创新发展之路，不断创造奇迹。

武汉设计工程学院的杜实平认为，在过去一穷二白的年代，谢元德董事长与伙伴不甘平庸，敢于去尝试新事物，与时代保持同步，很有使命感。盛隆的成功不是偶然的，作为优秀的民营企业，盛隆在当下，不仅仅是代表湖北优秀企业，更代表着中国“智造”，将带着中国本土品牌走向世界。

江汉大学的宁秋兰说：“盛隆的发展与国家的发展是紧密相关的，现在湖北提出‘我选湖北’‘百万大学生留汉’政策，也是当前湖北发展的需要，盛隆电气创办盛隆大学武汉盛创院，鼓励大学生创新创业，也是紧跟时代的表现，是对湖北发展的一种支持。”

湖北第二师范学院的陈丽君则认为，盛隆电气是改革开放四十周年的一个缩影，我们可以通过挖掘盛隆从初创时到走向全球过程中的感人故事，通过这些真实的、生动的故事，来让更多的人了解企业成功背后的付出。

湖北工业大学的张安说：“盛隆电气的发展，也是中国梦逐步实现的痕迹。企业只有积极参与国家经济建设，才能紧跟时代，赢得更多的发展机遇。”

“立己立人，达己达人”的企业文化是留住人才的关键

盛隆电气作为一个百亿明星企业，形成了自己独特的文化特性——“己欲立

而立人，己欲达而达人”。而盛隆独创的“群体老板制”，恰恰是对这个文化最生动的阐释，也是吸引广大大学生走进盛隆的一个重要原因。

武汉工商学院的段开鑫说：“无论是谢元德董事长，还是盛创院的刘道玉校长，或是座谈会的嘉宾，他们都不约而同地提到了企业文化。这说明不管是企业还是员工，都受益于良好的企业文化。”武汉工程大学的艾昕瑞补充道：“的确，他们的一席话，让我对于尊重人才、珍惜人才的企业充满了期待！”

武汉海事职业学院的韩立平认为，盛隆的企业文化核心是以人为本，注重员工的自我价值实现。武汉纺织大学外经贸学院的陈静怡也很认同，她说：“把员工当作老板来培养，这对员工而言，是一种极大的鼓舞。”湖北工业大学的唐小青结合自己的亲身经历，印证了韩立平和陈静怡的观点。他说：“（我）曾经在广东生活了很长一段时间，也去当地工厂车间看过，车间条件非常艰苦，员工缺乏应有的尊重。而盛隆电气现代化车间以及它独有的‘群体老板制’，成为吸引人才的重要武器。如果将过去的‘世界工厂’和现在以‘盛隆’为代表的湖北优秀企业进行比较，那么是否选湖北就很自然有了答案。”

盛隆电气为女性提供了广阔平台　她们已成为中坚力量

《盛隆群体老板之路：盛隆文化读本》显示，盛隆电气已培养出400多名“老板”。这些群体老板，原本是普通人，是盛隆的特殊制度，为他们开辟了上升通道。

武昌首义学院的薛梦娜在活动现场敏锐地发现，在与大学生记者进行互动采访的时候，两位自信从容、优雅大方、业绩斐然、侃侃而谈的盛隆电气“群体老板”代表邓俪娜和殷星，均是“80后”青年女性。她们从刚入职时的会计，转眼成长为公司的高管，这得益于公司的“群体老板”制度，激活了她们的创造力。这也恰恰证明了，梦想不分年龄性别，有志向，有平台，就能创造无限可能。

湖北大学的李晓悦很激动，因为，她捕捉到谢元德董事长讲话时提到了湖北大学的优秀校友刘齐。作为学妹，她看到刘齐师姐 10 年打造 600 人创业团队，非常惊讶。尽管得益于盛隆电气的用人模式，但师姐创造的奇迹，让作为女生的她，对自己的未来充满信心。

武汉晴川学院的施牧孜更是现场取材，她说，机缘巧合下，活动现场碰到盛隆电气内部员工，还是老乡。通过了解，得知对方是浙江温州乐清人，家乡是具有“中国电器之都”盛誉的温州柳市镇，可她却没有选择留在家乡，而是选择盛隆电气，选择了留在湖北。这个真实的例子说明，企业只要足够优秀，尊重女性，尊重人才，留住人才就自然不是问题。

比湖畔大学更注重实践　为高校人才培养提供新思路

对于首次参加百家校媒荆楚行的大学生而言，把“课堂”直接搬到工厂里，本身就是一种很新鲜的体验。近距离地参观工厂运转，参观工人制作，参观智能运维运作等，对他们而言，是一场生动的社会实践课。

武汉科技大学城市学院的史康逸去过马云的湖畔大学，他分享说：“湖畔大学是一座建在西湖边的中国古典园林风格的学校，学习的内容包括音乐、美术、体育等各方面，学习目的是让企业活得更长久。而盛创院则是以工厂车间作为第一课堂，我在现场甚至还能听到锯子铝合金的声音，把工厂车间作为学校来建设，培养优秀人才，实践性更强。相比之下，盛创院比湖畔大学更注重实践。”

武汉船舶职业技术学院的吴镕熙认为，盛隆电气创办创业学院，除了给大学生们创造创业条件，还有一种特殊的意义，即给现在的大学教育提供了人才培养的新思路。这就是说，企业需要什么人才，学校就培养什么人才，避免了教学与实际需求脱节。同样是来自武汉船舶职业技术学院的吴治邦则认为，企业和校园紧密合作，对大学生就业、培养应用型人才非常有利，也利于降低企业成本。

武汉传媒学院的郭婷说："参观了盛隆电气的发展，我感受最深的就是创新。创新需要人才，高校是培养人才的地方，高校应该主动与企业合作，了解企业需求。"湖北城市建设职业技术学院的李宝林补充说："企业也应该多开展开放活动，把大学生吸引过来，提供更多的实习就业机会。"

第四章

盛隆有我

4.1 追梦写精彩　奋斗创未来

创业 240 处总经理　谢正亮

光阴似箭，时光如梭，盛隆电气的列车搭载着盛隆人的梦想，从王城“513 公司”出发，在历史的轨道上已飞驰 40 载。40 年来，我们同心同德，历经千难万险；40 年来，我们同舟共济，创造各种辉煌。来不及欣赏沿途的风景，我们继往开来。看着书柜上各种奖牌和荣誉证书，作为一个在盛隆工作了 38 年的“老”盛隆人，思绪万千，太多太多的片段，就像放电影一样，一幕一幕呈现在我脑海中。尽管过去了几十年，这一切却还是那样清晰，那样真实。

有幸进入“513”　历尽艰辛意志坚

1983 年是改革开放初期，那一年，我 25 岁。当时，公司主要从事建筑业。长航电气控制设备厂给我们一辆嘎斯车，为建王城高中，董事长谢元德安排我跟着司机学习开车，到“513 窑场”拉砖，到枣阳沙河拉沙石。没多久，我又被安排到武汉拉集装箱。当时，公司几乎没有自己的房子，集装箱拉回来后，既可以当围墙，也可以给自己和建筑工人居住。由于箱体没有一个人那么长，冬天，我们只能将身体放在集装箱里面，将脚裹上被子，套上薄膜，伸在集装箱外。简陋的条件丝毫动摇不了我们奋斗的决心，我坚信，总有一天会苦尽甘来。

创业就会有艰辛，艰辛能激发人的斗志，磨练人的意志，锻造人的品性。1984 年，我和董事长两人一起出差。那时候都是绿皮慢车，从枣阳到武汉需要一整天，当时我们都没买到座位。途中，董事长由于积劳成疾，忽然发起高烧，面色苍白。

我从来没见过这种情况，一下六神无主，乱了手脚。上车后，我立马一节一节车厢寻找列车员，找到列车员后，却因为车上医疗条件有限，没法进行治疗。我内心感到恐惧和绝望，蹲在车厢里欲哭无泪。后来，终于找到列车长安排了一个卧铺给董事长休息。当时，董事长用微弱的声音安慰我："正亮，别着急，没事了，休息休息就好了。"

那个年代，我们不知道什么是辛苦，只知道我们必须要向前走，没有退路。而就在这一年，董事长安排我去武汉采购了 70 多套西服、领带和皮鞋给公司员工，我很荣幸地见证了"农民穿西服"这个开创性的历史时刻。

枣阳成立开关厂　勇当先锋斗志昂

今年是盛隆电气成立 40 周年，我荣获"首名销售员"这个奖项，这是盛隆对我的肯定与激励。作为一个"老"盛隆人，我见证了盛隆的成立、成长与壮大，盛隆没有忘记像我一样为盛隆发展奋斗终身的一批人，我们的名字永远刻在盛隆的功劳簿上，我们倍感欣慰和自豪。

1984 年，长航电气控制设备厂与公司合作，董事长派我作为"513 公司"代表，跟他们一起卖元件、跑销售。枣阳开关厂（盛隆电气前身）也正式以企业的名义开始招人，从此拉开了向电气行业进军的序幕。

万事开头难，当时的枣阳开关厂，资金捉襟见肘，十分紧缺。1986 年，为解决公司资金问题，我被安排到汽车运输贸易公司工作。公司当时共有建筑业、运输业、开关业三大支柱产业。运输贸易公司有十几台车，由于那个年代资源匮乏，我们不但要给运输队找活儿，还要给汽车找油。当时，枣阳各区镇谷壳资源很丰富，河南周边造酒厂和饲料公司正在大量收购谷壳，于是我们看到了商机。我们找到枣阳各区镇的粮食部门，收购并运输谷壳到河南各家酿酒厂和饲料厂。最初，运输队都是空车从河南折返。后来，为节约成本，避免浪费资源，我们就到河南鲁山煤厂、平顶山煤厂把煤运回公司，并联系供货渠道，把煤销售到各砖瓦厂、化肥厂、化工厂等企业。当时司机很少，运输队日夜兼程，多拉快跑。饿了，就吃点干粮；困了，就唱歌提神。后来，因为确实太辛苦，我们一起办贸易公司的5个人都坚持不下去，自动离开了，最后仅剩我自己在坚持，并且一坚持就是两年。每次回到枣阳开关厂，我都能上交三五百元钱，董事长亲切地称赞我：“正亮，你是公司的一个宝儿啊！”

进军武汉驻龟山　艰苦创业克万难

企业要成立，要发展，就要办证；企业要生产，要原材料，就离不开采购。1988年，受董事长的指派，我告别了妻儿老小，只身一人来到武汉，入驻汉口六角亭和龟山电视塔，成立武汉办事处，主要为枣阳开关厂办理“生产秩序整顿许可证”，同时为开关厂和建筑公司采购原材料。

难忘那个狂风暴雨的傍晚，公司安排我和同事张念志一起从武汉买了10张铁皮，并通过长途班车运回枣阳。在汉口中南汽修停车场，我们准备将10张铁皮捆在小客车的车顶带回枣阳。铁皮上有黄油，每张铁皮都有90多公斤重，同事张念志一人在车顶往上拉，我一人在车下往上举。当时是晚上，而且还下着雨，在上铁皮的过程中，由于张念志手滑，一张铁皮从车顶滑落，为防止被铁皮砸伤脑袋，我下意识伸手去档，一股钻心的疼痛将我袭倒在地，手上顿时血流如注，血水夹杂着雨水浸透了衣裳。住在旁边旅店的枣阳老乡张顺东看我受伤，主动喊了几个老乡同事帮我把铁皮装上车顶，看着汽车出发后，我才在附近找了一家医院治疗，伤口缝了8针。董事长知道后，专门打电话过来安慰：“正亮，千万千万要注意安全，不惜一切代价，一定要把伤养好，别怕花钱，所有费用公司报销。”创业就有艰辛，创业就要吃苦。这些年，我早已习惯。

财务生产一肩挑　克己奉公不图报

1991年，我从武汉办事处回枣阳开关厂任厂长助理，分管财务的同时兼管生产。不管干哪一方面的事，我都是兢兢业业，勤勤恳恳。分管财务时，我是枣阳开关厂审批报销的“一支笔”，任何不符合报销制度规定的审核都不能通过，真正做到大公无私。有人就曾经说过：“谢正亮将开关厂的钱当成自家的钱来管。”分管生产时，我严把安全关，严查质量关，严控成本关。不合格的产品坚决不用，不安全的隐患坚决排除，不节约的现象坚决曝光，真正做到铁面无私。

当时，公司正处于起步阶段，我的座右铭就是克己奉公，不图回报。当厂长初期，我一直住在楼梯间的转角处，毫无怨言，几年如一日。十几年来，我获得过优秀共产党员、优秀干部、优秀厂长、枣阳市人大代表等荣誉称号。

总部撤离枣阳厂　发誓舍命保襄阳

2003年，公司转入北京发展，我留在了襄阳，开始从事销售工作。作为一名销售员，要了解公司和公司的产品，只有这样，你在向客户介绍时，才能有充分的自信去说服他接受你，从而接受你的产品。要做好一名销售，就必须把工作当成自己的事业，认真、努力、勤奋地去做。其实销售做久了，我的压力也很大，除了要不断地学习相关的专业技术知识，还要不厌其烦地去拜访、去应酬，解决生产、运输、安装、售后、回款等各方面的问题。

功夫不负有心人，通过一年的努力，在2004年公司庆功会上，我荣获“守成英雄奖”，成为当时少有的“千万订单英雄”之一，也有幸成为公司第一批出国考察的成员之一。我不断地提醒自己，对自己要有信心，对公司要有信心，对未来更要有信心！我是这么说的，也是这么做的，连续9年的“守成英雄奖”来之不易，我付出了太多的心血！

如果说盛隆是一辆从大山深处驶出的列车，那么现在她就是在高铁线路上驰骋的“复兴号”；如果说盛隆是一艘在茫茫大海航行的巨轮，那么现在她就是在商海中搏击风浪的“辽宁舰”；如果说盛隆是一架在地平线上起飞的战机，那么现在她就是在蓝天上自由翱翔的“歼 20”。

盛隆电气的辉煌，带来的是全体盛隆人的幸福生活。感恩与感谢珍藏在我心中，感动不如行动。奋斗，我从未停歇。尽管我已小有成就，却从未停止拼搏的脚步。尽管我已年逾花甲，仍要紧密团结在以董事长谢元德为核心的董事会周围，撸起袖子、迈开步子、甩开膀子、干出样子。以一流的品牌、一流的业绩，向盛隆电气 40 周年献礼，向伟大祖国 70 华诞献礼，向百年辉煌的盛隆未来前进！

感言：

作为盛隆的首名销售员，我感动，我自豪！
盛隆 40 年的同舟共济，我见证了，我倍感骄傲；
盛隆 40 载的风雨兼程，我奋斗了，我无怨无悔；
盛隆一代代的后起之秀，站起来了，我十分欣慰。

4.2 做最好的自己 就是给孩子最好的教育

集团副董事长、创业一公司总裁 谢清伦

今年盛隆 40 岁，我也将在盛隆度过第 35 个年头。我很幸运地在年轻时遇见了盛隆，从此，我的工作、生活，我的每一步成长都和盛隆紧密相连。

我参与和见证了盛隆的发展壮大，参与和见证了一批批、一代代像我这样加入盛隆的年轻人成长为“群体老板”。盛隆即将迎来 40 岁的生日，我感慨万千。在盛隆与伙伴们努力奋斗的每一天，都是我人生的宝贵财富，我无比珍惜。但今天，我最想与大家分享的却不是这些，而是深埋于我心中，最柔软的作为母亲的、作为一个职场妈妈的心路历程。

我的儿子王萌，从小几乎都是上寄宿学校。孩子不到 5 岁，就上了私立的寄宿幼儿园。小学和中学阶段，正是盛隆开发北京、天津市场，陆续开拓长沙、安徽、上海等市场的全国战略布局时期。我和孩子的父亲都很少有精力照顾孩子，所以王萌一直在寄宿学校读书。

记得 2001 年左右，开发北京市场时，因为公司初创，很多事情都是我亲力亲为，所以我经常十天半个月才能回武汉一次。当时，王萌也在学校住校，一个星期回家一次，且回家的时间不固定，所以我和他回家的时间很难刚好碰到一起。我们常常是要么我们去接他，要么就是他爸爸开车带上他一起去送我。记忆中，我们一家三口好像总是在路上，不是我送孩子，就是孩子送我；不是看着孩子小小的身影独自走进校园，就是孩子看着我再次离开他的背影。

作为母亲，我对年幼的王萌充满了愧疚，担心孩子成长过程中缺少父母的陪伴，会导致日后性格上的不成熟；也怕错过一点什么，造成无法弥补的亲子关系伤害，但是孩子的反应和成长却让我惊喜又欣慰。

在我陪伴他最少的那段时间里，地理上的距离，丝毫没有改变我们心理上的亲密。孩子很阳光，也懂得关心别人，会知恩图报，品性发展得都很好。现在王萌长大了，独立能力也越来越强，自己出国留学，工作，到后来结婚、生子以及孩子的教育等事，我和他父亲都没有参与太多。孩子自然而然、独立自主地处理好了所有事情。在他这个年龄段，很多孩子还或多或少会依赖父母，王萌却表现出了很强的抗压能力和独立解决问题的能力，从不依赖我们。最令我欣慰的是，孩子现在也选择了我和他父亲引以为傲的工作，加入了盛隆，成为众多创业年轻人中的一员，传承着盛隆的事业和文化。

这段经历带给我很多思考。每个孩子都是一个独立的生命个体，他们在不断地成长，用他们聪慧的心灵和纯洁的眼神去感知世界、体验生活。在成长过程中，让孩子看到你的努力、奋斗和坚持，也未必不是一件好事，它可能是你培养孩子坚毅性格的一个新方法。公司现在很多女性正处在培养、教育孩子的阶段。对孩子的教育，言传很重要，身教更重要。正是盛隆妈妈们这些忙碌、坚强的背影，给了孩子一种无形的指引和帮助。前行者如何，跟随者就会如何；父母怎么生活和工作，孩子就会有样学样。孩子能从你的每一分努力中，学会努力，学会坚持。

我认为，不管是全职妈妈还是职场妈妈，都是参与教育和家庭生活的一种方式，不能简单地区分好坏。全职妈妈可以给孩子细致的陪伴，洗手做羹汤，是件很幸福的事情。但是职场妈妈也有着很大的优势，我们的每一分努力，都能给孩子多一点积累；我们不停步的学习状态，会让孩子知道学习是人生常态；我们永不放弃的自我成长，我们为人处世的善良，都会成为孩子珍贵的精神食粮。你的眼界够不够开阔，你的格局够不够大，你能不能成为一个更好的人，都直接、间接地影响着孩子。

现在回想起来，虽然我陪伴王萌成长的时间不多，但每一次的陪伴，我和孩子的爸爸都非常珍惜。我的人生观和价值观深深地受到盛隆温暖和谐、积极向上企业文化的影响，我们的家庭氛围也因此非常和睦。现在看来，只要父母情绪平和，有乐观向上的精神，并把这种正能量传递给孩子，真挚地关心孩子，哪怕只是在路上，我认为这就是最好的亲子陪伴。我努力成长的过程中，孩子也在一起成长。“一起在成长的过程中”，是最最美好的一种状态，也是一种高质量的陪伴。教育，从来都不是点石成金、立地成佛，而是春风化雨、润物无声、自然无为的过程。

在这个过程中，其实孩子不仅仅只是看到父母工作的辛苦，更能感受到我们对工作的热爱。我在盛隆的工作经历，传递给了孩子两个非常核心的职业观：发自内心的热爱及个人价值的实现。他看到的是，父母是因为理想、因为热爱，而拥有巨大的动力，去为这份职业奋斗，去实现自己的个人价值，而不仅仅是一份赖以生存的工作。我能真切地感受到，我们发自内心对于工作和生活的热爱是最具有感染力的，这对孩子有很深远的影响。天真无邪的孩子，不需要任何解释，都能感受到。我愿意让孩子明白，妈妈所有的选择都是发自内心的“喜爱”，这是无比宝贵的。孩子越来越大，他们渐渐有了自己的认知和自豪感。我们对待每个选择的态度，成就了我们的格局。而我们的格局，也许就会影响孩子未来的选择！王萌小夫妻两人最终都完全自主地选择从事我和他父亲所热爱的盛隆事业，并且也热情忘我地投入工作，就是最好的说明。这也是盛隆有了越来越多“盛二代”的原因。

盛隆有很多有梦想、有担当、有才情、肯拼搏、敢创新的优秀职场女性，她们也正在成为或即将成为最好的妈妈们。她们正在努力地把自己变得更好，让自己变得更平和宽容、更柔韧勇敢，成为让孩子骄傲的妈妈。让孩子在未来真正懂事的时候，对你既有爱也有尊敬；同时让孩子也能像妈妈们期待的那样，羽翼丰满、自信坚毅、胸怀万里、创造美好、传递快乐！这何尝又不是我们未来盛隆人的样子？

若薪火相传、脉脉相承，我想这应该是身在职场上的盛隆妈妈们，给孩子最好的教育。

4.3 盛隆文化让我受益终身

北京创业 13 处总经理　池从旺

1992 年 4 月 28 日，是我加入盛隆的日子。

上班第一天，我来到枣阳开关厂办公楼二楼，让我印象十分深刻的是，西边墙上大小好几个匾牌，分别写着“盛世同襄盛举，隆情共创隆图”“为四化建设出力，为人民造福流汗”，还有“热爱国家，忠于公司，信誉至上，诚恳待人，艰苦奋斗，克己奉公”等。当时，我就被震住了，和以往我见到的其他公司不一样，盛隆一定是一家好公司。同时，我暗下决心，要好好学习，努力做业绩。

一晃几年过去了。这期间，我当过配电柜组装工人和工厂采购，也做过业务员，我慢慢地融入了盛隆这个大家庭。1993 年，公司总部从枣阳迁到了武汉关东科技工业园，市场范围从原来的枣阳周边地区，发展到以省会武汉为中心，向全国辐射。我开始领会盛隆电气独有的“群体老板制”以及“统分结合，个体为基；统分共利，集强个益”的盛隆机制。

1998 年 5 月 13 日，公司开始部署北京市场。北京市场的开拓人张万萍厂长带着我，从故乡枣阳来到了熟悉又陌生的首都北京，从此，我的人生掀开了崭新的一页。当时的条件很艰苦，我们初到北京开发市场的几个同事都住在地下室宿舍，睡上下铺。每天早上，匆匆忙忙买个烧饼，算着时间去赶公交，边走边找工地“大吊”。白天忙于找项目，晚上大家便聚在一起做饭，聊各自的项目情况，互相鼓励，为即将签单的项目负责人而高兴，给遇到困难的人出谋划策。这些日子既艰苦又快乐，每个人都在成长。那时，大家心里都有一个坚定的信念：北京市场前景一定会很好，武汉的今天就是北京的明天。开拓武汉市场的经验给北京提供了一个基础模板，同一家公司，同一个法人，同样的企业文化，同样的“群体老板制”，北京市场的开拓不可能失败。后来，北京市场成功了，北京工厂建起来了，各部门人员多起来了，销售业绩也大幅提升了。这充分说明，“群体老板制”有着强大的生命力，盛隆文化有着很强的异地适应性，走哪儿都能生根发芽。

1999年，我们在人民大会堂举行了“庆祝盛隆电气创建20周年暨北京枣开电器设备研究所成立仪式”。据说，当时能在人民大会堂举办活动的企业，盛隆是头一家。这让我们感到莫大的荣幸与自豪，也更加让我感到盛隆的强大，感到跟着盛隆走准没错。从此以后，捷报频传，北京要办奥运会，我们陆续承接了很多奥运项目。

与此同时，集团层面还有一系列可圈可点的大事：1999年之后的8年，盛隆电气不断南下东莞（2014年改为广州）、东进上海、西扩重庆，形成了“五大营”。各个大营所在城市的地标式建筑里，都有我们自己的办公场所。盛隆的高速发展始终未曾止步，如今更让我自豪的是正在施工建设的盛隆大厦。大厦落成后，将成为该区域的一座新地标，大厂大楼将以更大的优势让盛隆成为行业翘楚。

当下，集团正在践行“241战略”，全国各地订单蹭蹭上涨，不断涌现单个项目亿元订单和国外重点项目订单。集团内部很多创业公司的业绩、人员、资金成倍数地增长，得到社会各界、新闻媒体的广泛盛赞。我们的产品也由功能型的配电箱、配电柜，发展到电力工程大包、智能配电一体化解决方案的智慧系统工程总包，真正成为行业领跑者、佼佼者。

时代瞬息万变，盛隆飞速发展，但盛隆始终不忘初心，一直践行信任、关爱，诚实做人、踏实做事的盛隆伦理；秉承“帮助别人就是成全自己、成功他人定能实现自我”的盛隆哲学；坚持走正道、办良企、育人才的盛隆机制。盛隆董事长谢元德更是以身作则、率先垂范。

盛隆电气40年，我在盛隆工作了28年，获益颇丰。“做自己能做、会做、愿意做、价值更高的工作”是董事长给我们的教导，这句话更是让我受益终身。

它不但指导了我的工作，甚至成了我的家庭生活、对孩子的教育及处理各种事务的基本定律。

俗话说："滴水之恩当涌泉相报"。今后，我将化感恩为动力，继续传承盛隆文化，弘扬盛隆精神。变奔走为奔跑，紧跟公司的发展方向和节奏，在公司新的发展高地——"智能用电，保证 20 年"上真抓实干下大功夫，力争做出更好业绩，做一个优秀的盛隆人，为盛隆续写更辉煌的篇章！

4.4 来时小书生　如今大老板，丢了铁饭碗　捧上金饭碗

创业九公司总裁　王昌宝

27 年前的 5 月 11 日，我从当时的国企下海来到现在的盛隆，董事长谢元德说："你是丢掉了铁饭碗，端上了金饭碗！"转眼已过了近 30 载，盛隆已创立 40 年，已从当初的小乡镇企业发展成为行业的领军企业，成为世界知名品牌。作为行业的翘楚，盛隆是传奇般的存在。在盛隆的 27 年里，我从未懈怠，努力进取，与盛隆共同成长，相互成就！

来时小书生，如今大老板！我在盛隆的成就已经远超过了"铁饭碗变金饭碗"！感谢自己的努力和坚持，更感恩识我的伯乐！走正道，办良企，跟对人，做对事，这是我们每个盛隆人最大的幸运！相信盛隆，选择盛隆就是选择成功！

4.5 盛隆人闯北京

北京财务中心总监　王堂鑫

在盛隆电气40周岁生日来临之际，我想通过我的经历和感受，表达我对盛隆的感激之情。

1992年，高考结束后，我因为家庭经济困难，放弃了复读，选择了就业，并来到了“513公司”（盛隆的前身）。当时公司业务主要有建筑业、开关业、运输业等。能加入公司的，都是通过了严格的考试，以及层层复试筛选的人才。

我当时所在的部门与中科院电工研究所合资，主要制造以及销售胃炎治疗仪。因为需要跑乡镇医院，我向亲戚借了自行车，去了很多地方的医院推销产品。后来，运输车队需要会计，我便转岗做会计，主要是向各建筑公司收款。和运输车队相比，那时候建筑队和开关厂的工资比较高，但工资的差别并没有影响到我。

1993年，公司搬迁到现在的武汉关东科技工业园。1995年，运输队划归个人经营，我申请到武汉工作。开始的两年，我主要做一些营销工作。直到1997年，我正式加入财务部，成为了一名成本会计。当时，我们的办公地点是在组装车间仓库，一个用钢板搭起来的二层小楼上。在这里，董事长谢元德召开了主题为“盛隆是谁的”讨论会。同时，“定薪定岗、竞争上岗”的改革也让我记忆深刻。

1998年，公司陆续派人开发北京市场。由于北京获得2008年奥运会的主办权，公司看到了新的发展机遇。2001年9月18日，我和爱人刘吉斌留下了两岁的孩子，申请前往北京发展。那时候，我们的吃、住、办公几乎都在602集体寝室中，寝室楼顶有时还会被当成临时车间使用。尽管条件艰苦，但大家感到非常充实和满足。后来，几个同事和我的小孩都被接来北京上学。

2003年，随着密云工厂的建立，我带着孩子转到了密云继续做财务工作，爱人刘吉斌转岗做了销售。我们夫妻俩开始在不同的岗位上各自打拼，相互激励、支持。我多次被评为先进工作者、优秀干部，并且获得过“培养人才”奖，曾几次跟随公司组织的考察团去国外考察。刘吉斌也多次被评为“形象标兵”。2012年，公司在人民大会堂金色大厅举行感恩答谢会，我们一家被评为“模范家庭”。

北京市场开发成功后，公司又陆续开发了广东、上海和重庆市场，开始了“五营三角连环阵”的布局规划。北京的发展曾一度超过了总部武汉的发展，建起了10个亿的生产基地。我和爱人的兄弟姐妹也都在不同时期慕名来到了盛隆。他们大多做了销售工作，也有在生产和设计部门的，现在都已经在北京买了房和车。双方老人长期生活在北京，老家的亲戚朋友都很羡慕。因为来北京的老人们都是老乡，平时聚会时总是会聊到盛隆的谁谁成了销售冠军。“我要是年轻，也去做销售！”这样的话常常被他们挂在嘴边。亲戚和同事们的小孩都在北京上了学，我的孩子也在北京考上了理想的大学。

20年来，我每一步的成长进步，都离不开盛隆这个平台。我相信，一分耕耘一分收获。有时候我也会问自己，当初我和爱人已经在武汉买了房，孩子也快要上幼儿园，为什么敢来北京？我想这是源自于对盛隆的信心。盛隆给了我们平台，给了我们团队，让我们放宽视野，去做自己能做、会做、愿意做、价值更高的工作。

20年来，我和盛隆共同成长，我热爱盛隆、感恩盛隆。作为一名见证者，希望刚来公司的同事们，不要只带着新鲜感和好奇心来感受盛隆，要脚踏实地，多看、多做、多想，要不断地学习，才能真正地了解盛隆，才能在工作中明白应该怎样做，怎样去实现自己的价值。

作为一名管理干部，我深知要不断深入了解各项工作，熟练地掌握和运用国家各项法律法规，使自己成为一个被大家需要的人。我希望自己能为盛隆未来的发展添上绚丽的色彩。百年盛隆不是梦！祝盛隆40岁生日快乐！

4.6 在盛隆 这么多“第一次”

北京创业三公司总裁 杨 斌

接到“我与盛隆 40 年”征文活动的邀请时，我正在去往青岛的高铁上。放下电话望着窗外那一簇簇飞掠而过的新绿，我的思绪回到了 20 多年前。

1993 年的 5 月 3 日，我扛着一个“蛇皮袋”走进枣阳开关厂（盛隆电气的前身）。最初，我在车间工作，主要是拿着电钻打孔或拧螺丝。那时候，晚上加班是常有的事。每次加班我都会领到两包方便面，因为舍不得吃完，余下的都攒着带回家了。每当家里来了客人，方便面炒鸡蛋是必不可少的“大菜”。

夏天不加班的晚上，是我最忙的时候。吃过饭，骑上自行车逐个“视察”马路边的卡拉 OK 摊点，听一群年轻人扯破嗓子唱“一场游戏一场梦”，直到午夜，才哼着“跟着感觉走”结束一天的生活。

这样阳光灿烂的日子很快就结束了。某天快下班的时候，因为装错了元件，我受到了领导的严厉批评。开始“飞黄腾达”是缘于车间的一次质量评比活动，我获得了 50 元的奖励。我手握“巨款”直奔村口胖大婶的餐馆，潇洒地点了我的最爱：2 块钱的青菜炒豆皮，一连吃了两天。

后来，在工厂一次关于国家产品质量法的考试中，我以第一名的成绩获得了一本影集奖品。不久之后，我从车间的工人转为质检员。第二年，工厂引进新产品 KYN1 以及 DOMINO，我被安排去参加新产品的生产工作，和来自“西高所”的专家并肩战斗了一个夏天。当新产品在可口可乐公司顺利投入运行的时候，为了庆祝，我第一次喝到了焦糊味的可口可乐饮料。

我的未来不再是梦。

“顺势开发如破竹，逆势开发如登山。”2000 年正月初八，当王城县还笼罩在过年的氛围中时，带着“不破楼兰终不还”的决心，我坐上了前往北京的绿皮火车，没有离别的伤感。彼时，商家开业的鞭炮声此起彼伏，好像是在给我送行。

我到北京后的第一件事，就是登上天安门城楼。站在毛主席当年宣告新中国成立的地方，我的新生活也将从这里开始。2001 年年底，我终于开着属于自己的桑塔纳轿车“衣锦还乡”。这一年我成为北京的销售冠军,获得了董事长提出的“订单 200 万，每人一间房，一辆车”的奖励，当时这种车还只在机关大院出入。曾经春天漫天的风沙，夏天如火的骄阳，冬天刺骨的寒风，流过的泪水和汗水统统都化作桑塔纳车尾的青烟，消散在空中。

来到盛隆是因为向往，奔赴北京是因为梦想。但是我没想到，我居然有机会出国了，这突破梦想的喜悦从天降，让我非常激动。此次出国不是为了旅游，而是出国考察，重点是探讨工作。此后我们也多次出国考察，在国外一次次的会议中，我们每个人的未来之路变得更加清晰，我们没有让十来次的出国经历停留于美景、美食的记忆。

2008 年，我在家门口见证了奥运金牌的诞生，现场感受奥运健儿的拼搏精神。第二年的 10 月 1 日，在新中国成立 60 周年的庆典活动上，正在上小学的儿子被选为全国 8000 万少先队员的代表，参加天安门游行方阵，接受党和国家的领导及各界人民的检阅。此前他经历了几十次的操练，几次通宵的彩排。没有盛隆就没有现在的我，这份荣誉属于家庭，但是这份荣誉来源于盛隆。

在中国锦 36 层的豪华办公室里，宽大的深色办公桌上摆着集团 35 周年在钓鱼台举行庆典活动的合影。世界 500 强的施耐德、西门子、浦项钢铁、阿里巴巴，都近在咫尺。研发部门推出的一批批智能化产品，使公司从曾经的追逐者，成为行业的引领者。新产品在一系列的重大项目中打败对手、脱颖而出，被业界刮目相看。2017 年，我有幸随董事长参加了越南 APEC 峰会。第一次在世界舞台上，近距离感受各国政要的风采以及中国领导人习近平主席的人格魅力。这一年，我在经历中成长，在成长中进步，在进步中升华。

“本站是青岛站……”列车员的声音打断了我的回忆。眼前出现一个巨大的青岛啤酒广告牌：“城外的人想进去，城里的人不想出来。”

时值公司成立 40 周年之际，感谢公司的创立者以及在工作中给予我支持和帮助的各位领导、同事以及我的家人、朋友。

4.7 在盛隆成长蝶变

北京创业一公司总裁　夏　辉

1993年，刚刚毕业的我，加入了枣阳开关厂（盛隆电气的前身），成为一名出纳会计，自此拉开了我在盛隆的人生序幕。

初入职场，我还处于比较懵懂的状态，每天只知道和银行打交道。不得不感叹盛隆的氛围很能感染人，在出纳的岗位上，我竟然签订了几台配电柜的合同，为自己组建小家庭赚到一点嫁妆钱。那时的我对所谓的销售和公关完全不懂，稀里糊涂就赚到了钱。现在我才明白，能签下这个订单完全是因为盛隆在当地的知名度，这也算是我在盛隆的第一单业务。

公司在发展，个人也需要进步。在枣阳待了太久，我开始羡慕大都市的生活。时值开发北京市场，我的爱人成为开发北京市场的团队成员之一。随后，为了加大市场开发力度，我被派到北京为大家提供支持，同时也作为第一个家庭代表，常驻北京。我的家庭命运从此与盛隆紧紧地融为一体了。

2000年年底，公司买了商品房，我们搬进了集体宿舍。在这之前，我们一直住着地下室，有三个多月没和孩子见面，孩子那时候还不到两岁。过完春节，我们一家三口在集体宿舍中拥有了一个房间，这也是我们在北京最初的家。一张床，一台从老家带来的结婚时用的电视机，一个旧行李箱，是我们全部的家当，自此开始最时髦的“北漂”生活。

通过北京全体同事的共同努力，2003年，我们迎来了北京创业公司和集团的重大好消息：集团销售额过亿，北京也有3000多万的合同额。盛隆开始在北京站稳脚跟，拥有了一批客户，建设了一个工厂，我最初来北京的历史使命，也告一段落了。在拓展市场阶段，集团出台了职能部门管理干部转营销岗的共赢举措。一是让有工作经验、愿意做营销的人员有更大发展空间，二是满足北京创业公司的发展需要。

因为武汉那些成功老板的示范效应，已经是而立之年的我急切想要发展事业，经过短暂的思考，当年 7 月，我就组建了“市场开发部”，也就是北京创业一公司的前身。当时集团的支持力度很大，我一下招了 30 多人，买了 4 辆车。作为刚刚走马上任的“准老板”，我马力全开，带着团队的所有人冲锋在北京的各个角落，最后也算小有成就，成为北京第一个上交承包费的团队。刚开始每年上交 70 万，还有 1% 的产品开发费，记得有一年交了 90 多万，后来承包任务减半，再后来就实行承包制了。

盛隆创建 40 年，我也见证了北京创业公司的 20 年。我在盛隆的主要经历也是在北京完成的。我认为北京创业公司的发展和个人的人生一样，有三个阶段。

开创期：和公司命运紧密相连，抱团取暖；同事之间互相学习、共同成长。

增长期：经济实力激增，大量人才涌进，团队快速增长，内部竞争加剧。此时也是北京创业公司的大发展时期，引无数业界同行前来学习模仿。

成熟期：盛隆电气不允许有落后的干部，随着第一批干部的成熟，北京市场也逐渐走向稳定阶段、成长阶段。

公司组织的 10 次高级干部出国考察培训班，我有幸参加了 9 次，其中 8 次是和董事长一起去的。这 10 年时间，是我成长和精进的一个重要阶段。董事长带着我们体会“一群人的浪漫”，让我在盛隆将带团队作为终身事业，并奠定了坚实的基础。“成功他人定能实现自我”是盛隆哲学，需要深刻领悟这种帮创文化，才能做到知行合一。在多年招新人和带新人的过程中，我更是体会到了董事长多次苦口婆心说过的话：“只要你真心实意地对人好，他一定能感受得到。”在经历中成长，在成长中蜕变，盛隆哲理和企业文化，教会了我们怎么做人、做事，最终也成为我的信念。

作为一个普普通通的乡镇小女孩，我没有高学历，也没有任何社会背景。凭借盛隆这个平台，我过上了大都市人的生活。我的孩子从小接受首都的素质教育，国庆 60 周年作为小学生代表，走上金水桥，近距离仰望国家领导人。现在，我们夫妻二人各有一个创业公司，既有各自的空间，也是切磋交流的良师益友。人到中年的我们正值人生的黄金点，我愿在接下来的时间，以最好的工作状态，建设生活的美好乐园。

毕业 20 几年了，在我的同学、朋友中，我的发展从来没有掉队。正是因为有盛隆伴我前行，有董事长的引领和包容，我才能一直成长和进步。如果没有盛隆，我来不了北京，我的孩子也不可能有机会接受这么好的教育；没有盛隆，我不可能走遍欧美发达国家，增长见识、开阔眼界；没有盛隆作为支撑，我就没有机会和自信走进北大学习和深造；没有盛隆，中国就缺了一个幸福美满的大家庭！

值此盛隆电气集团成立 40 周年之际，我衷心祝愿公司百年辉煌，万代长青！祝福所有盛隆人家庭幸福，阖家欢乐！

4.8 我在盛隆的成长经历

创业十九公司总裁　周红芳

我从 1996 年 7 月进入盛隆，至今已有 23 载。和众多同事们一样，我们将最好的青春年华献给了盛隆这片沃土。多年来，我见证了盛隆快速发展的风雨历程。在这个平台上，我也成长为一名小老板！

加入盛隆电气是一个偶然。那时候，盛隆还叫“枣阳开关厂”。1996 年夏季，盛隆要招 10 个大学生，刚毕业不久的我听到消息后，就去应聘。等我赶到时，人已经招满了。当时，负责招聘的谢教授问我是否愿意下车间锻炼一段时间，有机会再调到办公室工作，我同意了。就这样，我有幸留在了盛隆！在车间实习 3 个多月后，我被调到采购部，开始了我的成长之旅。

盛隆对年轻人非常重视，愿意给年轻人锻炼的机会。进部门只有一个月，我就获得了去哈尔滨的阿城继电器厂催货的机会，这是我第一次出湖北省。当时，身患感冒的我，坐了两天的绿皮火车，最终圆满完成了任务。过程虽然艰辛，但是这次出差给领导留下了很深刻的印象。1999 年，经过竞争上岗，我担任了采购部长一职。那时盛隆还处于“爬坡期”，采购部不像现在“兵强马壮，粮草充裕”。武汉的很多供应商还不是很信任盛隆，不愿给账期，采购员很难通过赊账的方式将原材料和元器件采购回来。在董事长谢元德的大力支持下，采购部会同技术、质检等部门，对所有的供应商分类、分级进行梳理，同时也发掘了一些优质合作伙伴，为后来的长期战略合作打下基础。

当时的采购部也曾受到质疑，要得到供应商的支持和“群体老板”们的信任，只有靠本身作风过硬。为了赢得大家的信任和尊重，我们做出承诺：“在同等付款方式下，以最低的价格，按时、按质、按量完成采购任务。如果没有做到，自愿下岗。”虽然工作开展的过程中遇到很多困难，但是，作为采购部的后盾，董事长始终都很信任采购部，并要求其他部门不得干预采购部的工作，顶着阻力给我们成长空间，令采购部得到了空前的发展。

在采购部 6 年的岁月，是一段难忘的经历，我从一名业务新兵成为采购部长，采购部团队也成长起了一批精兵强将。我衷心地感谢领导的信任与同事们的帮助！

2002 年的冬天，董事长找到我，问我愿不愿意到北京去组建密云工厂。一方面，我没有干过工厂厂长，担心干不好，而且还有一岁多的孩子需要照顾。另一方面，我又想要迎接挑战，希望去首都打开更大的发展空间，不辜负老总的期盼和信任。认真考虑后，我带上父母和孩子踏上了北去的列车。

初到北京时，百废待兴。租厂房、调人、招人、建章立制、确定生产标准等都要从零起步。凭着不怕吃苦、克难攻坚的精神，参与北京密云工厂创建的同事们相互扶持、共同努力，密云工厂的建设逐渐步入正轨。为了制定符合北京市场需求的生产和工艺标准，我们不断向优秀的同行学习，大力培养、引进技术人才。经过大半年的努力探索，北京密云工厂生产的配电箱、配电柜得到了市场认可，产品质量获得诸多客户的好评。

工厂初创期的条件十分艰苦，技术人员时常早晨 6 点就要从密云出发，去北京市区做项目技术交底，晚上才能回到密云，来回 4 个多小时的交通是家常便饭。工人和质检人员为了交货，经常加班到深夜。那时的我们，风华正茂，对工作和创业充满热情，鼓足干劲要建设一个现代化工厂。大家以厂为家，共同创造了“艰苦奋斗，朴实无华”的工作文化。十几年来，密云工厂前后成长起来的大、中、小、准老板达到 200 多人，如今在不同的地方实现着自己的梦想。

后来，每次回到北京工厂，回忆起那段激情燃烧的岁月，我都会备受鼓舞。北京的经历让我感受到：盛隆是一个潜力无限、不论资排辈，愿意给员工支持、帮助的大平台。任何一名员工，只要有能力、想做事，就能有意想不到的收获，并实现自己的梦想和抱负。

2007年4月，从日本考察归来后，我向董事长提出开发上海市场的构想。同年5月底，我拖着行李箱，来到上海租房，不忘初心再出发，去闯一条我从未走过的路。7月1日，我们一行6人正式开始上海的创业之路。

来上海发展之初，一切对我来说都是陌生的。我虽然做过采购，管理过工厂，但做创业老板还是第一次。没有师傅带着成长，我只能在实践中摸索。在上海的十几年，有过欢笑、有过泪水，有过挫败、也有过成功，但我无悔！回顾这段时光，最大的感触就是“磨心”：一个人最大的敌人就是自己，要开创事业，就要战胜自己、打磨自己，让自己不断变得更加坚韧，更加强大。

在上海所做的项目中，印象最深的是“上海质子重离子医院项目”。这个项目里，我们靠着技术硬实力打动了西门子的工程师，也赢得了业主方的高度评价。迄今为止，该医院的电力运行维护一直由盛隆负责。这个项目使我认识到，盛隆经过多年发展，在技术实力上已经达到了业内领先水平。

当时，核心配电设备的设计方案最初是由设计院主导，虽然方案被反复修改，但西门子德国设计师对于核心区域的方案仍不满意。有一次，我们和设计院及德国设计师一起开技术交流会，我方工程师在研究了对方的真实需求，并征得设计院的认可后，将我们的设计方案拿给德国设计师审阅，当场就获得了他们的肯定，并委托我方进一步细化。经过我们工程师的不懈努力,我们的方案最终得到西门子、业主方和设计院三方的高度认可。

在上海打拼、发展的十几年中，我们靠着优质的产品和服务，始终和合作过的每个客户都维系着良好的关系。和我一起来上海创业的伙伴们，有的已经置业安家并在上海有了自己的事业天地，有的离开盛隆自主创业。这就是盛隆电气，只要员工有梦想、肯奋斗，就能在这里收获成功！

每位在盛隆收获成长的员工，都在这里留下了色彩斑斓的足迹，我的经历只是这些足迹中的一丝一缕。回顾成长之路，我很感谢关心我、帮助我的每一位领导和同事。是董事长的信任和关怀，让我任何时候都充满了前进的力量。是同事们的支持和理解，让我坚持前行，不断进步。适逢盛隆 40 华诞，衷心祝愿盛隆能够百年辉煌！祝愿每一位盛隆人幸福快乐！

4.9 我是盛隆文化的坚定执行者和受益者

创业一公司 36 部经理　涂同涛

2019 年是盛隆电气创立 40 周年，也是我来盛隆的第 23 年。每当回首在盛隆的日子，我总是心潮澎湃，百感交集。

1996 年年初，我即将从湖北商业高等专科学校（湖北经济学院）毕业。那时候，大学生工作不包分配的政策正式实施，我只能四处投简历、找工作。一个偶然的机会，我在中南财经政法大学招聘会现场，第一次接触到盛隆。

当时，盛隆还叫枣阳开关厂，刚从枣阳迁至武汉，还是一家规模不大的乡镇企业。因为盛隆刚在武汉立足，所以需要招聘一批大学生，提高企业现代化管理水平，而我有幸成为盛隆在武汉招聘的第一批 11 名大学生之一。

当年的盛隆，全部员工不到 100 人，年产值不到 1000 万。企业规模不大，订单也不稳定，只有电子港 2 号楼一楼的车间和几间办公室，周边是几个村庄。当时，专科生月工资 600 元每月，本科生月工资 700 元每月。为了留住大学生，公司特意租了一栋小楼，以 2 人一间的标准为我们解决住宿问题，并且购买了新的床和桌椅。由于各种原因，新招的 11 名大学生不到半年几乎都离开了，最后只有我和创业三公司的章总坚持到现在，结果我们收获满满。

刚进公司时，公司在销售、生产、管理和资金方面都很弱，也没有设商务部。产品报价是营销人员自己找技术部帮忙写清单，然后找采购部查价格。在这种情况下，公司领导安排我去学习报价，为营销人员服务。因为对电气设备不太了解，我用了三个月时间，到车间看，找技术部问，慢慢学会了怎么做报价。彼时，公司报价单也从手抄变成了电脑打印，仓库进、出库，成本核算等都编制了一套系统程序（类似现在的 ERP 系统），公司管理也慢慢进入计算机时代。一年后，我被任命为信息部副部长，负责协调生产、管理及商务等工作。当时，在公司的会议上，董事长谢元德经常说的一句话："盛隆是干事业最理想的天地，生活最美好的乐园！"谢总说得很对，他早在 20 几年前，就为我们规划好了盛隆人今天的幸福生活！

1999 年，我转岗成为现在创业九公司总裁王昌宝的助理，主要工作是商务报价、标书制作和新员工培训，为营销团队提供支持。和王总一起工作的日子忙碌而充实。在这段时间，我学会了许多处世之道和营销本领。由于团队发展的需要，2004 年 8 月，由公司出资，以我的名义购买了一台宝来轿车作为办公用车。不久后，创业一公司总裁谢清伦鼓励我转岗做专职销售，并给予一定的资金和政策支持。其实我的性格很内向，相对于专职做销售，我比较喜欢办公室的工作。同时，我对于转岗做销售也有畏难情绪。年底，购车款转为个人借支，我的个人借支已达 14 万。从那时开始，我也正式开始跑业务。谢清伦总裁鼓励我招人，同时带来了 10 多个业务员，工资由创业一公司承担，并且不提任何业务利润，以此支持、鼓励我创业。尽管如此，由于未来充满不确定性，我不知道自己会做成什么样，压力非常大。

4 个月后，出现了转机。我曾经的同事有一个配电柜项目联系到我，我们一起合作，很顺利地把这个项目签了下来，利润相当可观，我赚到了人生的第一桶金。

在随后的几年，我和团队主要做咸宁和仙桃市场。2008 年前后，咸宁开发区 70% 的项目都是我们做的，如能一郎、金麦郎、红牛、三胜工程、三环方向机、咸宁客运中心、博物馆、桂花城等项目；2011 年，我们成功进入仙桃市场，做了宏远光伏、仙桃武商购物中心、仙桃机场、仙桃港、仙桃加多宝等很多较有影响的项目。

机会总是留给有准备的人。2018 年，我又迎来了真正的突破，我们完成了广西欧神诺 110kV 变电站及厂区 10kV 配电房电力总包工程，得到了用户和供电部门的高度认可。从开始接洽、投标到最终完工送电，我们得到了集团大平台的支持，充分整合外部各种资源。这个项目是盛隆第一个真正意义上的110kV变电站总包项目。

我是盛隆文化的坚定执行者和受益者。回顾这些年的经历，我认为，盛隆给我带来的变化有以下三个方面。

安家立业

1999年的房地产行业刚起步，商业贷款还不成熟。在集团的帮助下，没有多少钱的我有机会买了第一套房子。经过3年的努力，我还清了买房时公司资助的4万元。在盛隆，我找到了我的人生伴侣，夫妻搭档一起做市场。在盛隆，“夫妻档”“兄弟档”“姐妹档”“父子档”是一道特有的风景。

经济收入大幅增长

在盛隆，我算不上太有钱的人，但和同学或朋友相比，我的经济收入还算比较可观。有很多朋友的个人能力比我强，但由于处在不同的平台，而出现了较大经济收入差距。正是因为盛隆，我才有今天的成就；正是因为盛隆，我才能为家庭创造良好的经济基础，让父母安享晚年，让孩子接受更好的教育。

社会地位显著提高

记得刚到公司时，身边很多人都没听说过这家企业。和客户介绍企业时，也会被客户认为是个不怎么样的小厂。但是现在，很多不认识的人，听我提到盛隆，立刻交口称赞。盛隆品牌的影响力已不可同日而语，只有经历过的人，才能切身感受到这种变化。

盛隆40年，是不平凡的40年，是辉煌的40年，是不断改革创新的40年。“真心圆你一个梦，真情帮你去成功；豪迈走向大时代，盛隆沃土出英雄。”这不仅是我们心中的歌，更是我们精彩生活的现实写照。将来，盛隆的事业会越来越红火，盛隆的英雄会越来越出彩！

4.10 帮助他人成功自己　累积跬步可以千里

创业十三公司总裁　陈玉财

时光悄然走进 2019 年，中国改革开放的岁月，也刻满了 40 道深深的年轮。40 年的风风雨雨，波澜壮阔，留下了刻骨铭心的记忆。

从 1979 年到 2019 年，盛隆电气集团与伟大的中国改革开放，同步共频地走过了 40 年的光辉历程，携手共创了盛隆今日的辉煌。而我，也跟随盛隆的步伐，逐渐成长。由我带领的创业十三公司，也逐步发展壮大。

忆往昔艰苦岁月

1970 年 5 月 13 日，我出生在鄂西北枣阳王城一个平凡的小村庄，知道是与盛隆同一天生日后，我想，我与盛隆确实有着妙不可言的缘分。16 岁那年，我中考落榜，参加征兵未果后，我去参加了招工，但结果也是不太理想。当时，年轻气盛的我受到了很大打击，但父亲对我说："抱怨没有用，一切靠自己。"我知道怨天尤人解决不了问题，后来我开始尝试涉足养殖行业，学习有关养殖的专业技术，也小有收获，在当时的王城乡村，生活也算过得去。

为了做生意，我跑遍了襄阳、十堰和河南南阳等地，经常与各地区不同年龄层次的人打交道，这些经历极大地开阔了我的眼界、积累了社会经验、磨砺了心性，也培养了我吃苦耐劳、勤奋好学的良好习惯。后来，村委会看我积极上进、乐于助人，便让我在村里担任了 7 年的村组干部，负责村组里的财务核算相关工作，村干部和群众对我的工作也都比较满意。我就这样以一个平凡的劳动青年身份，度过了我人生的前 30 年。

孟子曰："天将降大任于斯人也，必先苦其心志，劳其筋骨，饿其体肤，空乏其身，行拂乱其所为也，所以动心忍性，增益其所不能。"这句话一直是我的人生格言。在相对艰苦和缺乏机遇的 20 世纪 90 年代初期，我尝试过很多行业和工作，深深体会到了其中的艰难和辛酸。但正是因为有以上这些沉淀和经历，才为我后来进入盛隆奠定了良好的能力基础和思想基础。我相信只要勤奋努力、踏实做事，就一定能担当大任，实现自我。

初识盛隆并结缘

由于周边不少亲属、朋友很早开始就在盛隆工作，在耳濡目染中，从小我就知道盛隆电气这个公司（那时候简称"513 公司"）。我非常崇拜盛隆，并被其独特的文化和创新精神所吸引。在我初中毕业时，我就尝试加入盛隆，但因为高中学历的要求，我与它失之交臂。而立之年的我，很想去看看外面的世界，去省会城市拼搏。于是，我再一次鼓起勇气参加了盛隆的招聘，这次我有幸遇到人生中的贵人——创业四公司总裁谢远峰。在谢总及我的大哥陈玉义的感召和帮助下，我满怀激情，终于在 2000 年顺利加入盛隆，成为创业四公司营销队伍的一员。

当时，我对电气行业一窍不通，不懂技术产品，分不清高压开关和低压开关，不会开车，甚至连武汉话都听不大明白，一切都是从零开始。面对这些状况，我的自信心备受打击。但是，曾经在家乡的艰苦环境中历练出的坚持不懈、吃苦耐劳和不服输的精神，给了我重新开始的底气和信心；同时，还有公司领导的支持和鼓励，妻子和家人在背后的默默陪伴，我知道我没有理由懈怠和退缩。于是，我斩断一切退路，扎根于盛隆电气佳园路老工厂，认真学习、了解电气产品。我带着满腔热血，怀揣梦想，踏上征程。

我做的第一件事，就是买了一张武汉市地图挂在出租屋的墙上，每天在地图上标好第二天要去的地点。当时，我并不知道哪里有在建的工程项目，但我想用脚把整个武汉市都丈量一遍。因为那时车辆还没普及，我从周一走到周六，走遍了武汉三镇的大街小巷，皮鞋不知道磨破了多少双。周日我会暂时停歇，整理一周找到的所有客户资源。白天出去扫街，晚上的学习时间就跑到车间了解产品。我有记笔记的习惯，从报纸上找到的项目信息，我都会记到笔记本上。一开始，我不懂如何与客户交流，就请教谢远锋总裁和我的大哥陈玉义，把准备和客户说的话一字一句写在笔记本上，背下来与客户交流。不管有没有收获，不管有没有订单，我知道要想感动客户，就必须付出百分之百的努力和汗水，为客户提供满意的服务。就这样锻炼了大半年后，我终于拿下了第一个订单，实现了零订单的突破。

风雨过后方见彩虹

在盛隆“群体老板制”逐渐成熟的大背景下,我在创业四公司磨练学习了几年。2005 年，在谢远锋总裁的支持下，我成立了营销部门，开始组建团队，带领新同事共同拼搏。三年的营销实战，我积累了丰富的行业经验和客户资源。得益于盛隆良好的发展平台和独特的分配激励机制，我们吸引了社会各界的优秀人才加入团队。到 2008 年，我成立了 21 处，销售额不断增长。随着盛隆的不断发展，我们这个团队成员逐渐增加到了 100 多人。此时，更大的市场空间和布局才能满足我们的发展需要。于是，2016 年 8 月 8 日，在董事长谢元德及谢远锋总裁的鼓励下，我向集团申请成立了创业十三公司，我们团队决定继续前进，充分发挥我们的优势，让团队在市场经济的大潮中接受更严格的考验和磨练。

我一直将“帮助他人就是成全自己”的盛隆哲学付诸于行动中。每次开会，我都会把自己的亲身经历分享给我的员工。最让我印象深刻的经历，还是曾经意外到来的两个订单。一天凌晨，我的妻子接到了邻居打来的求助电话，邻居突然发病。我们急忙把她背到楼下，并开车送到医院抢救，垫付了医药费。邻居的丈夫赶到医院后，非常感谢我们，当时我觉得这只是举手之劳，并没有在意。几天后，我突然接到邻居丈夫打来的电话，说他有个项目想让我去做，经过了解，我才知道，他是建设单位的项目经理。于是，我带着我的团队，凭借盛隆过硬的专业技术和优质的服务，赢得了这个订单。

现在，我依然坚持跑市场，手把手教新人专业技术和营销技巧，全方位向员工及客户传达盛隆电气的文化理念。目前，有很多业绩卓越的同事，都成立了自己的营销处或营销部，为此我深感欣慰。贺荣有是我们团队最早的业务员之一，在刚开始工作时，他就非常能吃苦。他的第一个项目是在我的帮助下成功签约的，我给他分析了问题所在。第二个项目，他再次请我帮助时，我断然拒绝了。一次的帮助可以，但这绝不是依赖的借口。事后，我和他谈了很久，分享我的经验和建议：面对客户，我们要勇敢迈开第一步，克服依赖心理，做好充分的准备，自信地去解决所有问题。听取了我的建议，贺荣有慢慢调整心态。经过多年奋斗，现在的他已经成立了营销处，团队成员也达到了 40 多人。

像贺荣有这样的成功案例，我们创业十三公司还有很多。目前，十三公司已有 200 余人。在 2018 年，我们取得了 2.56 亿合同金额的辉煌战绩，其中个人业绩超千万的“千万订单英雄”共计 12 人；在资金方面，我们一直保持着相对稳健的步伐，每月资金余额在 1500 万以上，有效地保障了日常经营。我们始终积极践行“四百战略”，开拓山东、南京市场，要求员工明确销售目标和计划，用实际行动来践行盛隆文化和“群体老板制”。

开启历史新篇章

回首过往，虽历经挫折，却也硕果累累，成绩斐然。我们必须在新时代抓住新的历史机遇，创造更加辉煌的未来。对盛隆及创业十三公司的未来发展，我十分有信心。相信我们必将在智能用电的新时代，开启盛隆电气新篇章。

董事长常常和我们说“立人己立，达人己达”，我的妻子也时常提醒我“不忘初心”。我想，这就是“走正道、办良企”的正确诠释。在“群体老板制”和“四百战略”的指引下，我们集团的事业一定会蒸蒸日上。在这个平台上，创业十三公司的每位员工，也会获得良好的发展。“雄关漫道真如铁，而今迈步从头越”，我相信盛隆电气的明天，定是“乘风破浪前程广，鼎立创新步步高”！

4.11 在盛隆 遇见了更好的自己

北京创业一公司22处总经理 夏 丹

“五月花开红，盛世有盛隆。艰苦奋斗三十载，穿过多少雨和风。真心圆你一个梦，真情帮你去成功。盛隆是家园，盛隆是天空，有爱有家更有梦……”

每当唱起《盛隆之歌》，我心中都会有一种莫名的感动，记忆是温暖的，我们是幸福的。

2004年2月，记忆中，那一年的我稚气未脱，怀着年收入20万的目标和憧憬，来到首都北京，成为了当时大家所说的“北漂”一族。陌生的城市，全新的工作，是我人生的新起点。每天穿梭在地铁与公交上，经历着北京的早高峰、晚高峰，我想所有顽强的生命力，都会在挤地铁和公交的时候得到爆发。很感恩这一年与夏辉总裁的相遇，在她毫无保留的帮助和指导下，我一个电力设备的“门外汉”一路成长进步，在三个月内，签了第一个合同，实现了当年200万的订单，完美完成了我年收入20万的目标。

对我来说，2007年是意义非凡的一年。“新中国国际展览中心”这个特别的项目摆在了我的面前。凭借着盛隆优质的产品、实在的价格、独特的技术方案和服务理念，我成功地拿下了1300多万的电力设备合同，并让我有机会跟随公司出国学习考察，第一次走出国门，开拓眼界。

2013年响应国家“一带一路”倡议　盛隆智造走出国门——几内亚凯乐塔水电站及城网改造项目

“几内亚凯乐塔水电站及城网改造项目”被称为几内亚“三峡工程”，它的图像被印在了几内亚当地最大面额的钞票上。

历时三个月，凭着我们优势的报价和技术方案，这个2700多万元人民币的订单终于成功签订。在后期的项目执行过程中，正好遇上几内亚爆发埃博拉疫情的高发期。秉持一心为用户着想的服务理念，我们给予项目最大程度的支持，满足了项目需要。

从几内亚开始，我们的产品已陆续走向了老挝、越南、巴基斯坦、刚果等50多个国家，为客户提供电力能源规划设计、智能输配电设备的制造、电力工程总承包、智能运维服务四位一体的行业整体解决方案和个性化服务，我们的出发点是让客户用电更放心、更安全，相信未来我们会越来越好。

時光荏苒、岁月如梭，不知不觉加入公司已近15年了。突然想起TVB有一经典台词——人生有多少个10年。在这15年，我有过迷茫、有过辛酸、有过委屈、有过成绩，但对我来说，更多的还是庆幸与感恩。“立人己立，达人己达”的盛隆文化，扎根在每个盛隆人的心里，使我们每天的工作和生活都是温暖而充满激情。感恩我最美好的年华是与盛隆一起度过的，庆幸我有机会能加入盛隆这个大家庭，找到一份自己热爱并愿意为之奋斗的事业。在盛隆，每个人都能发挥所长，做自己想做、价值最高的工作。感恩这15年遇到的开心和不开心的所有事情，让我逐渐成长，更加自信，并以更积极的心态去工作和生活。

在盛隆　我遇见了更好的自己

盛隆的初心就是定义美好，今天在这里可以开心工作，热情生活。未来，我们的故事还会继续精彩、更加精彩。

4.12 我与盛隆的 15 年

创业八公司 83 部经理　邓俪娜

今年是盛隆成立 40 周年,也是我进入盛隆的第 15 年。能一直在一个积极、和谐、创造的集体中工作是人生幸事。我能心无旁骛地尽情发挥工作上的一切想法，满足对工作追求的所有激情，这样一份工作，更应称之为事业。

回忆在盛隆的点滴，感觉自己有很多故事都想写出来和大家分享，又觉得这些故事太微不足道。作为一个在盛隆工作了 15 年的“老”年轻人，我想，我最大的感悟和收获就是，在这里，我始终能够汲取创业、创新的激情，能时刻有被超越的紧迫感，从不迷茫委屈，从不抱怨犹豫。事业路上的策马奔腾，不能停下的脚步，都是最刺激和勇猛的。

2009 年，我有幸参与了盛隆成立 30 周年的庆典活动，直至现在，我仍然记忆犹新。在北京钓鱼台举办的庆典活动中，作为主持人，我和总政歌剧团的老师们一起主持了庆典晚会。整个过程中，我既兴奋又紧张。活动结束后，我打电话跟父母朋友们分享这次激动人心的经历，父母鼓励我继续努力，要感谢公司提供的机会，去参与这么高规格活动，要做出更好的成绩回报公司；朋友们则羡慕我刚工作 5 年，就有机会和大明星们同台。

记得这年年底庆功会上，我获得了“盛隆明星”的荣誉。发言里面，我写了这样一段话：“在 30 周年的庆祝活动中，钓鱼台国宾馆的一个工作人员无比羡慕地跟我说:‘真羡慕你们,能跟这么多大明星一起同台表演,你不紧张吗？’现在，我能骄傲地回答，我不紧张。因为我身在盛隆，我也是盛隆大明星！”是的，盛隆从来都是把最好的机会留给年轻人，不怕我们胆怯，不怕我们失败，永远站在我们身后，给予最大的支持和帮助！我珍惜在这里获得的每份荣誉，这是领导和同事们对我的认可，是我奋斗的足迹。我在盛隆这个平台，肆无忌惮地成长，内心丰满地成熟。我从这里见大千世界，从这里尝人间百味，我早已与盛隆血脉相连，荣辱与共。

如今，我褪去青涩，更加稳重、自信、从容。我仍然羡慕刚来盛隆的年轻同事们，比起当初的我们，你们更加勇敢、坚强、果断。你们拥有更强大的盛隆大平台，你们能取得比我们更优秀的成绩，你们的事业随着盛隆的日益壮大，将更富有创造性和生命力。

四十不惑，盛隆正处在基业夯实、稳健发展的时期。而我也将近不惑，但我依旧信心满怀，激情满怀，也将一如既往地跟随公司的步伐，抓机遇、用优势，不疾不徐，跟领导和年轻的同事们一起，始终保持奋斗的原始激情和最佳状态，积极迎接下一个更年轻的 10 年、20 年、40 年。

4.13　当青春遇见盛隆

北京创业 18 处总经理　王凤云

人生是一段奇妙的旅程，在通往未来的路上，是什么在指引我们前行？走在熙熙攘攘的人群中，你遇见了谁？谁又遇见了你？人生如船，梦想是帆，冥冥之中，是什么在牵引我们的人生之船？卢梭说："人的价值是由自己决定的。"我想，梦想是价值的源泉。

清晰地记得，当时穿着绿色 T 恤、蓝色牛仔裙的我在招聘会上的场景。不曾想到，当时的一回眸一驻足，竟然成为工作历程中永恒的一幕，就这样我邂逅了盛隆。从此，盛隆成为我人生中最浓重的一抹色彩。

正值青春年华，怀着对首都的无限向往。2005 年，24 岁的我，选择去北京发展。销售是一个有前途、后劲足的行业，很能提高自身综合能力，而且我很喜欢和人打交道，所以当时我就想选一个好平台做销售。哪怕一开始收入有限，我认为也很值得。

夏日的京城，微风不燥。我坐着公交、地铁穿梭于各招聘会之中，心情不紧不慢。那天下午，国展招聘会求职者不多，我没有找到太适合的企业，投了两三份简历，正准备离开，突然看到一家湖北枣阳的企业，瞬间吸引了我的眼球。因为这是我老家的企业，有种自然的亲切感。听着招聘人对企业的介绍，看着样本上我没见过的配电箱、配电柜，聊了之后就觉得各方面都符合我的需求，行业好是我的第一直觉。就这样，我与盛隆结下了不解之缘。

这些年，我一直是盛隆的受益人和见证者。盛隆是一个无限宽广的舞台，这里没有天花板，没有舞台边界，有的只是信任、包容、鼓励、支持，有的只是大平台、好资源、硬品牌。盛隆“传、帮、带”的帮扶文化让很多年轻人成功成才。只要有梦想，敢拼搏，懂坚持就有可能成功，这样的案例数不胜数。

一次吃饭，董事长用墨子的“志不强者智不达”来勉励我们在座的一桌人。短短七个字，已是铿锵有力、掷地有声。董事长总是能在关键时刻，用最有力又最和蔼的方式推着我们奋进。志存高远，这是对一个人最大的褒奖、期望和鼓励。我愿在团队发展的道路上，不忘初心，砥砺前行，不断寻梦、筑梦，寻找更好的自己，让生命更加精彩。

4.14 在你的舞台上呈现我最美的身姿

客户支持中心总经理 朱金金

面试官："你想去哪儿？"

我："我想去北京看奥运会。"

收银员："盛隆招来一批'童工'。"

我："只是看着小，我快二十岁了，是成年人。"

这是我加入盛隆最初的瞬间。蓦然回首，时光飞逝，十余年弹指一挥间，时光冲走的是平淡，留下的是我与盛隆的不解之缘。一件件往事在眼前翩翩浮现……

2008年，一个金风送爽的季节，我拿着大学录取通知书再三思虑，因不是心仪学校，也因为家境问题，我毅然选择步入"社会大学"。兜里揣着家里给的1000元钱，我独自一人拖着行李箱，从家乡随阳农场出发，踏上北上的火车，进入盛隆北京工厂五车间，成为一名一线员工。此前，假期兼职时，我曾经在批发市场卖过水果，清乱果、睡木板、与小贩讨价还价等，那种艰辛至今还历历在目。但是，当我真正从一名学生转变为工人时，那种感受又更加刻骨铭心。刚步入社会的彷徨感、对新环境的陌生感、对新文化的认同感、对企业的归属感让我多次纠结，也曾想过放弃。但是对盛隆的信任总是能战胜一切，让我一路坚持走到现在，曾经放弃的想法早已湮灭，更多的是感动和感激。

回想和盛隆一起成长的十二载，每年的我都在改变。2008年工作伊始，因为没有基础，我在学习一次线制作时非常茫然无措，活儿做了很多，也错了很多，是师傅的悉心教导、认真帮扶让我成长。还记得2008年的金融危机，那时候，是同事们相互帮衬才渡过难关。

冬去春来，2009 年密云工厂搬迁后，车间热火朝天，订单任务蹭蹭涨。为了赶一批电表柜的货期，我连续加班 8 天，每天睡眠时间不到 3 个小时。是领导的坚定让我多了一份坚持。2010 年，我竞争上岗做了质检员，为快速学习电气原理，我每天跟着师傅加班加点；为了弄懂一套设计方案，我利用休息时间，在柜子旁不断钻研。盛隆学习的氛围给予我动力。

2011 年岗位轮换，我被调岗至售后服务。感受过北京公交、地铁的拥挤，感受过高楼大厦楼梯的高耸，感受过商业建筑竖井的狭窄，感受过高速、铁路的绵长，感受过热电厂输煤线的粉尘，感受过北京的沙尘暴，感受过内蒙古的刮砂石，感受过东北的“六月飞雪”和工地上的冷暖……是营销老板的信任让我一路微笑前行。

2012 年北京质检部骨干力量变动，我主动请缨调回质检部，开始带领新人，从事检验工作。是长期、大量的学习让我有信心独担大梁。

2013 年，我回到武汉质检部，对口四车间，从事检验工作，忙碌而充实的新环境让我又有了新的体会和认识。2014 年，通过竞争上岗，我成为了质检主任，开始摸索、学习管理知识。三个月后，因为领导的认可，我被调整至技委办公室，任质量管理部副主任一职，开始接触质量管理工作。用了近半年的时间，我完成了质量管理部从无到有的初步建立，是盛隆对年轻人的包容，让我的成长在此时此刻得到了升华。

2015 年，我再次竞争上岗，担任了客户支持中心总经理一职。我脱去了技术员的外衣，投身管理工作。任职之初，我和五个部门的 60 余名小伙伴，一起创立运维部、十六工厂，并接手了安全质量监察部、供电处等。发展至今，我们从当初的五大部门发展成现在的十大部门，从当初的 60 余人发展成现在的 170 余人。是盛隆让我有机会实现自我价值，让我成长成才、让我感动。

人生在不同的阶段都会出现不同的迷茫。我曾经多次扪心自问，那么累是为了什么？最终自答："因为这就是钢铁炼成的方式。"古语曰："不积跬步，无以至千里；不积小流，无以成江海。"所以我一直心存感激，是盛隆给我提供了很好的成长平台，使我能够在工作中学习、锻炼、成长、成才，并在未来引领我走向成功。盛隆是家，我们是孩子，正是因为有了盛隆的哺育，我们都获得了成长的财富。在盛隆这个大集体中，每个人都有体现自我价值和展现自我才华的平台，只要能够练就一身硬本领，均能在这个舞台上呈现自己最美的舞姿。这就是伟大的盛隆。

40 年前，当改革开放的春风开始吹拂、当市场的土壤被勇敢而精心地开垦时，那些自由的种子，虽埋在紧实的土壤之下，却破土而出得那么肆意。当春发生的幼苗，活力无限，风雨不折，如今已经蔚然深秀，众木成林。盛隆作为最契合中国改革开放 40 年发展脉络的一个独特存在，今将迎来 40 周年华诞，祝愿盛隆生辰快乐！百年辉煌！我们作为盛隆人，将坚持以岁月为石，以执着为斧，铸造更多的丰碑；以时间为纸，以勤劳为笔，写下更多的宏伟诗篇，向盛隆致敬！

4.15 盛隆伴我成长　我随盛隆同行

创业八公司地产事业处总经理　夏　欢

2019 年 5 月 4 日过后，我在盛隆已走过 9 个年头了。从 22 岁到 31 岁，我在盛隆度过了人生的黄金年华。盛隆电气是我踏入职场的第一份工作，也是目前为止，唯一的一份工作。

2010 年 5 月，即将大学毕业的我，频繁奔波于各大高校的招聘会。一次偶然的机会，在招聘会上，我有幸认识了盛隆，得到了人生的驻足点。

我家住汉口，每天上班来回 4 个小时的车程。刚入职的时候，我的工资并不高，很多人不理解，劝我在家附近找份工作。但是作为职场新人，我觉得公司的平台与发展前景，比一时的薪酬重要得多。我看到了盛隆这个大平台，对于我们年轻人的重要和可贵，抱着这种学习的态度，我坚持了下来，这也使我有幸能够与公司一起相伴至今。

一个人如果愿意在一家公司停留 9 年，那么一定有除工资之外的理由。我在盛隆觉得很舒服，公司领导对我照顾有加，如同亲人一般，同事之间相处也非常和睦，就像在一个温暖的大家庭里。对于一个职场新人来说，能遇到这样的公司，实在很难得。所以我愿意和这样一群人共事，愿意在工作之外和他们成为朋友。在这里，我创造的价值，可以得到认同；我犯的错误，可以得到包容。我人生中的许多事，都会伴随着一段和盛隆有关的记忆，盛隆已经和我的生活融为一体，成为我人生的一个坐标系。

初来公司时，我做的是办公室助理的工作。工作内容虽然简单，但是事情比较繁杂，我会踏实、认真地做好每一件事。后来领导信任我，让我转做项目执行。

还记得，我参与的第一个项目是“武汉积玉桥万达”项目的请款及结算工作，这让我的工作发生了质的变化，也让我在工地上学到了很多在办公室学不到的东西。正是因为这个项目，我拿到了第一笔工资以外的项目奖金。那时，我很开心，决心一定要在盛隆好好干下去。紧接着，我又做了“黄石万达”和“武汉万达汉街”的项目，从投标到请质保款，我完全地参与了整个项目。有多少个夜晚在工厂跟进生产到凌晨，有多少次在工地委屈地流眼泪，都历历在目。在外面的历练也让我迅速地成长，从整天安逸地坐在办公室看着电脑，到顶着大太阳，在充满着尘土的工地奔波；从之前的什么都不懂，到学会看图纸和报价……这一切经历都是我人生的宝贵财富。在此，我非常感谢公司给了我工作与学习的机会，感谢各位领导与同事给我的支持，让我能够与公司一起成长进步。

我珍惜这些年来在公司成长的时光，我的人生已与盛隆紧密融合在一起，我更要抓住机遇，努力拼搏，与公司共同进步，共同成长！

4.16　在盛隆沃土里扎根成长

北京财务中心会计处总经理　陶燕鸽

盛隆电气发展壮大的40年，我有幸跟随盛隆成长了8年。我会时时恪守诚实做人、踏实做事的理念，用精彩去演绎未来的18年、28年！

我与盛隆的初次邂逅

2011年2月初的一天，北京国展招聘会的现场，盛隆电气展台上“应届毕业生优先”的字样吸引了我。投简历、初试、复试，就这样顺利地进入了盛隆。当时只是觉得，这家企业真好，竟然优先考虑应届毕业生，后来才知道是盛隆在为年轻人提供机会，提供追梦的平台，帮助年轻人成长、成才、成功，这是盛隆的文化。

我在盛隆的成长之路

2011年2月底入职，从基础的拨款工作做起，同年5月，接手内部账总账工作。

2012年3月，接手核算项目业务费、费用报销工作。

2013年初，接手核算项目税金工作。

2014年8月，通过竞聘上岗，被公司任命为会计处会计一部部长，开始带领团队对口创业公司。

2015年下半年，被公司任命为会计处总经理。

2016年11月，在王堂鑫王总的带领下，直接管理会计处。

入职初期，我从基础工作做起，慢慢积累，逐步全面了解财务流程，了解财务与各创业公司，与工厂、设计、采购、商务等部门之间的联系，更深入地了解公司文化。每一次工作岗位的调动，每一次账务的清算，对我来说都是很宝贵的经验累积。我一直坚持，不管在什么岗位上，都要认认真真地做事。让我做事，就是在帮助我，在给我成长的机会。成长、成才、成功的路要靠自己走。很感谢公司平台，很感谢王堂鑫王总的器重，很感谢努力付出、积极奋斗的自己，我相信付出终会有回报。

2013年，我非常高兴能跟着王总第一次去武汉公司，感觉我的工作得到了认可。我很珍惜每次去参加会议的机会，我曾去过武汉、天津、上海、重庆、西双版纳以及南京的会议，每次都收获颇丰。只有积极参与其中，才会做得更好，让自己得到升华。

从成功竞聘成为财务部长，到被任命为总经理，我的思想有了很大的转变，并有了做领导的意识。我明确自己的权力有多大，哪些事情可以自己做主，哪些事情是需要汇报的；其次，在工作中，我学会了去“操心”。因为我需要考虑、承担的更多了；再者，我积极、主动地向王总学习管理方法，让自己迅速成长为一名有能力、有理想、有担当的干部。做到对公司的任命负责、对自己的职员负责、对自己的工作负责，让公司、让领导放心，让职员愿意跟我共进步、同成长。

盛隆电气不允许有落后的干部，怎么做好一个领导？我始终认为，领导除了要会带人、能帮人，还要有先锋意识。以自己的魅力去征服别人，让别人心甘情愿跟随自己。一个团队应该相互协作、共同发展、共同进步。一人强不算强，团队强才能打硬仗。作为领导，要多给下属人员成长的机会，让他们放手去做事，信任、关爱他们。盛隆是帮助别人成功成才的地方，作为盛隆人，做好“传、帮、带”工作，我义不容辞。

为百年盛隆不懈奋斗

盛隆独创的“群体老板制”，是独一无二的；盛隆的创业平台，是别的企业无法比拟的；盛隆文化是深入人心的。公司认可、信任我，我会继续做好盛隆文化的践行者、传递者、传播者。这是我毕业后的第一份工作，也是我未来将为之奋斗的事业。

盛隆的平台是公平的，只要你努力奋进、踏实肯干、积极向上，人人都有上升的机会，都有上升的通道。我会用学生的姿态、发现的眼光、求知的欲望，全方位学习，把自己变成复合型的人才，具有综合能力的支持者。整合平台资源，全力以赴地做好十大部门与各创业公司的对接工作。满足老板发展之需，不仅要把部门建设好，还要能培养人才、输送人才，扩大公司版图，为百年盛隆工程添砖加瓦，不懈奋斗。

4.17 我与盛隆的点点滴滴

采购开发中心副总经理　王啸啸

接到关于“我与盛隆40周年”征文活动的通知后，我坐在办公桌旁，思绪慢慢展开，回忆的画面一幕幕浮现。

2013年3月28日，这个日子比爱人的生日更让我记忆深刻，这是我进入盛隆的日子。当年，未出校门、从未参加过任何社会工作的我，对象牙塔外面的世界充满了新奇和畏惧。在网上投了简历，接到面试通知时，我做了充分的准备。到现在我还对面试的一个问题记忆犹新。面试官问：“我们公司吸引你的是什么？”我回答：“文化。我反复看了公司的官网，惊讶于公司有自己的盛隆歌、盛隆旗和盛隆徽章。盛隆的文化很吸引我。”

初入职场，一切对我来说都是新奇的，对采购工作，我更是一无所知。我天天跟在部长后面要事情做。部长就像一个大家长，既关心我们在工作上的成长，在生活上也给予了我们很多的帮助，这让我对从电视剧中了解的职场概念有了新的认识。从一开始，我就爱这个氛围，爱盛隆这个大家庭。工作的节奏很快，部长告诉我们：多听、多看、多问。盛隆没有落后的干部，也没有落后的员工，我们要快速成长。

2013年12月，公司组织了部长选拔，虽然在后面的工作中，我参与了很多次选拔，但我对这次记忆最深刻。第一次参加选拔，我做了充分的准备，晚上睡觉时，闭着眼睛还在默念自己的发言稿，揣摩每一句话是否合适。很幸运，我赢得了领导和同事的信任，成功当选为一名新部长。和我同一天进来的同事落选，会后伤心地哭了，但我们之间没有怨恨和嫉妒，只有相互鼓励。这就是盛隆大家庭的魅力所在。

我刚做部长时，因为经验不足，做项目少，犯过很多错，也挨了不少批评。有时货回不来，业务经理催、生产部门催，压力大，我就会躲在厕所哭一会儿，等这阵情绪过后，再出来继续处理问题。那时，我释放压力的方法就是哭，边打电话边哭，边做合同边哭。现在回忆起来，很感谢这些宝贵的经历。通过积累这些做项目的经验，我的项目执行能力、心理承受能力，以及面对突发问题的应对能力都在不断提升。我的工作也得到了领导和同事的认可，项目越做越得心应手，很少有项目能难倒我了。在此期间，我结了婚，有了小孩，圆满地完成了人生的两件大事。在这里，我找到了人生的归属感，找到了家的感觉，我爱盛隆这个大家庭。

2018 年 1 月，通过竞选，我成为采购总工程师，后来又晋升为采购副总经理。公司和领导给予的信任越多，我身上的责任就越重。我也慢慢从以前需要依靠部长的小姑娘，成长为部门成员依靠的支柱。

这些年，我见证了公司的快速发展。现在，采购工作也需要在公司改革变化的浪潮中快速转变，适应公司发展的需要。这期间，还有很多事情可做、要做。我坚信盛隆的下一个 40 年会越来越好。我也坚信，跟随盛隆的脚步，我的下一个 40 年也会越来越成功，我的家庭在下一个 40 年也会越来越好。盛隆是我的第一份事业，也是我愿为之奋斗一生的事业。

4.18 改革元年立身起 披荆斩棘潮头兵

智慧工厂结构设计办公室 谢敦敦

2019 年 5 月 13 日是盛隆电气集团成立 40 周年的日子，也是我进入盛隆的第 5 个年头。作为盛隆大家庭的一员，见证了盛隆电气这些年的跨越发展与无上荣光，我深感荣幸与自豪。40 年风雨兼程，40 年砥砺前行。盛隆从白手起家，成长为电气行业的领军企业，仿佛一艘扬帆远航乘风破浪的巨轮。在这个特殊的日子，我心潮澎湃，写下几首"诗"，不成韵律，只为向盛隆致以崇高的敬意，愿盛隆的明天更美好，未来更辉煌！

参加"向盛隆电气集团创建四十周年献礼高峰论坛"有感

2018 年 12 月 31 日，我参加了在北京昆泰酒店举行的"向盛隆电气集团创建四十周年献礼高峰论坛"，躬逢其盛，盛况空前，波澜壮阔，群情振奋，我为公司的强大倍感高兴和自豪，感公司之伟大，忍不住作诗一首记之，以表敬仰之情。

日行千里马蹄轻，夕发朝至到望京。
朝阳门外霜风劲，昆泰厅内暖灯明。
人声鼎沸迎盛会，异彩纷呈耀群星。
感今思昔溯往日，鉴往知来砥砺行。
改革元年立身起，披荆斩棘潮头兵。
立人己立赢天下，达人己达立高峰。
群体老板创先河，海纳百川聚群英。

万众一心铸巨轮，万马奔腾皆强兵。
纵横四海八千里，攻城略地南北征。
势如破竹气如虹，打铁正因自身硬。
敢与外资争高下，实力为王定输赢。
信息时代迎巨变，智能配电我先行。
科技决胜新时代，光谷电气扛大鼎。
高瞻远瞩行更远，运筹帷幄胸中定。
风卷全球惊世界，起于微末在青萍。
不畏浮云遮望眼，吹尽狂沙始到金。
同舟共济万事兴，实业飞腾国之幸。
九万里风鹏正举，风流尽聚枣阳城。
传奇又待续新篇，百年再叙盛隆情。

恭祝公司明天更好，不断谱写传奇，创百年辉煌、不朽伟业！

参加“向盛隆电气集团创建四十周年献礼大会”有感

2019年春节，公司在武汉花山希尔顿酒店举行“向盛隆电气集团创建四十周年献礼大会”，各路英豪大能、各大部门纷纷向盛隆电气40周年汇报献礼，精彩纷呈，高潮迭起，现场成了一片欢乐与激情的海洋，谨作一首小诗以记之。

细雨微风春意早，群豪毕聚花山堡。
滔天商海各弄潮，一潮更逐一潮高。
任风吹浪打风雨摇，盛隆风景独好。
试看天下谁堪敌，一声长笑越群豪。

致敬盛隆电气成立40周年

40年，盛隆从白手起家到成为行业翘楚、国际化大集团，其发展的丰功伟绩，令人高山仰止，敬仰不已。

盛世繁华起于尘，隆基伟业今炼成。
王城铸就王者业，盛隆绽开盛世红。
艰辛历尽茧成蝶，风云际会鱼化龙。
蝶飞凤舞生异彩，龙游九天啸长空。
披荆斩棘四十载，继往开来势如虹。
万千英豪征战勇，百年辉煌盛隆颂。

致敬盛隆，盛世之龙！祝福盛隆，谁与争锋！

4.19 理性与智慧并存 盛隆与国际文化共融

巴黎盛创院名誉院长 【法国】皮埃尔·克劳斯

C'est un grand honneur pour moi d'avoir été choisi par Monsieur Xie Yuande, Président du groupe Sheng Long, en Avril 2017, pour représenter en France le Centre de Formation de Sheng Long à Paris. C'est aussi un très grand plaisir de pouvoir contribuer au développement d'un groupe aussi prestigieux, entreprenant, ambitieux et plein de réussite.

La création du Centre de Formation à Paris est, en effet, le signe d'une véritable ouverture d'esprit et d'une grande volonté de connaître d'autres méthodes, d'autres approches techniques et commerciales, d'autres solutions et d'autres cultures. Tout ceci dans le but d'en tirer le meilleur parti pour le Groupe et d'accroître ses opportunités de croissance. Les nombreux jeunes cadres du Groupe qui ont déjà été reçus par le Centre de Formation ont parfaitement reflété cette démarche en faisant preuve d'une curiosité réjouissante qui justifie pleinement l'existence de ce centre.

40 ans c'est l'âge de raison. Je souhaite à Sheng Long autant de succès et de croissance dans les 40 années à venir.

2017 年 4 月，我很荣幸地接受盛隆电气集团董事长谢元德先生的邀请，在法国巴黎出任盛隆大学巴黎盛创院的名誉院长。能够为这样一个有着良好声望、朝气蓬勃和成功团队的企业的发展做出贡献，我感到非常高兴。

在法国巴黎建立盛创院，显示了盛隆电气及谢董事长国际化的眼光和开放的思想，显示了盛隆在了解其他技术及商业方法，了解多元化解决方案和学习无边界文化共融方面的决心和意愿。所有这些，都是为了让盛隆获得更好的发展机会。盛隆许多年轻领导者已经在巴黎盛创院接受了系统的培训，他们表现出令人欣喜的好奇心并获得了极大的进步，完美地诠释了巴黎盛创院存在的意义。

40 岁是不惑之年，是一个理性与智慧并存的年龄。我祝愿盛隆电气在未来的 40 年，取得更加辉煌的成绩！

4.20 遇到盛隆 我的世界变得很大很大

盛隆大学巴黎盛创院院长 张 颖

我与盛隆同龄，每每想到这里，自豪感油然而生。

我是盛隆大学巴黎盛创院的院长，每每想到这里，倍感任重而道远。

人生每一个阶段都会有不一样的困惑。在学生时代，我的困惑是无处安放的抱负，以及如何让挥霍不完的青春变得更加有意义；到了而立之年，我的困惑变成了生活方式的选择，以及如何完善在多元文化碰撞之下的价值观；现在，我的困惑是如何做一个对社会真正有用的人。

我非常幸运，在 33 岁的年纪遇到了同样 33 岁的盛隆，我深深地被这样一个独特群体所吸引。当时的我，看到的每一个盛隆人，都是斗志昂扬，求知欲极强，并且很有奉献精神。我背负着而立之年的困惑，细细地品味和理解那时的我和盛隆。董事长谢元德当时和我开玩笑说，你回国，来盛隆，一定有你的位置。我选择了远远观望，因为我想看清楚，这么一位永远保持年轻人斗志的董事长，这么一个昂扬向上的团队，这样一个特殊的企业，他们的魅力到底在哪里。

一年年，一天天，我站在一个合适的距离，默默地跟随着盛隆。具体地说，盛隆像一块磁石一样，巨大的磁力一直在吸引着我。在十次出国考察的岁月中，我伴随大家走过大半的时光。我感受过大家的快乐，感受过大家的痛苦，但是，不变的总是那一份澎湃的激情。我见证了很多人的破茧成蝶，也见证了董事长的良苦用心。有几件小事让我至今记忆犹新。

记得第二次欧洲学习的时候，在整个旅程中，我们几乎没有一分钟的休闲时光。只要有时间就要讨论，交流开会。我紧紧跟随，但是不能理解。我的任务几乎就是每天找各式各样的会议室。实在找不到，我就带着大家在公园交流开会。有一天，我终于忍不住，偷偷地问董事长："您累不累呀？几乎没有一分钟不是想着和大家交流。"董事长面带微笑地和我说："小张，你不懂盛隆，大家都太忙了。在武汉我都见不到大家，现在好不容易每天都可以朝夕相处，我要好好利用这珍贵的时光。今天我们说的每一句话，讨论的每一个主题，都将是盛隆这艘航空母舰行驶的方向。我们要让年轻人在这样一个集体里面真正地成长，真正地改变自己的命运。"当时，我最大的感受就是感动，然后就是心甘情愿地做好后勤保障工作。彼时的我，总是云淡风轻，笑看云起花落。但是不知道为什么，在慢慢地走近盛隆之后，我潜意识里面已经开始了丝丝的焦虑，可我自己却浑然不知。

还有一次刻骨铭心的记忆，就是第十次欧洲学习的时候。大家在法国地中海著名的度假胜地埃兹小镇用午餐，所有人一起坐在海边的露天座，慢慢品尝着美味。温暖而柔美的地中海海风，轻轻地在我们之间穿行；和煦的阳光，让人慢慢变得慵懒；碧蓝的海水将每一张笑脸都映衬得无比明媚。这时董事长发出了一句感慨，他说："这样的生活是挺舒服的，很美好呀！"他身边的王昌宝总裁也淡淡附和了一句："是很舒服呀，这样的时光太少太少了。"在他们身边，习惯性享受度假时光的我，不知道为什么，眼眶中有眼泪在不停地打转。我当时的感情非常复杂，直至现在还记忆犹新。因为在欧洲待得时间太久，觉得人性使然，就是应该自由放松，愉快地度过生命中的每一天。然而在那一刻，我的眼泪告诉我，自惭形秽是一种无法控制的情感，突然觉得自己太过渺小。彼时的我，虽然被深深刺痛，但是而立之年的困惑，还是让我继续尝试与摸索着。我努力地了解自己，了解不同价值取向的社会，继续在多元文化中，困惑地建立着自己独特的价值观。

2017 年 4 月，董事长带队再次来到欧洲。这一次，我非常荣幸地陪同大家访问施耐德总部、研发中心和在德国汉诺威的工业 4.0 展。陪同公司领导层与世界三大品牌的管理层会谈，一起讨论电气行业的未来。在与施耐德全球执行副总裁会晤结束以后，董事长的气概让我自豪感爆棚。正当我云里雾里地沾沾自喜，品味着其实不属于自己荣耀的时候，董事长突然语重心长地问我："小张，你觉得在你的人生中什么是最重要的？"当时我不知如何作答，董事长继续问我："作为北大的优秀毕业生，你最在意什么？"当时，我的泪腺开始不受自己的控制，一下子有很多复杂的情感被梳理，变成了清晰的一个答案。我努力镇静地回答："我人生中最重要的是通过自己的所学，去影响别人。作为北大的毕业生，我很希望自己是一个对社会有用的人。"这样的情感，是在经过多年对盛隆的了解之后，自然流露的。突然，我的困惑找到了答案。我的价值观，应该是做一个能够帮助别人、对社会有用的人。如果没有遇到盛隆，也许我并不知道，我的内心是如此渴望实现这个价值。

我很幸运，在最好的年纪，最好的时光，董事长和盛隆向我伸出了橄榄枝。2017 年的 4 月 26 日，也就是我写这篇文章的时候，我成为了盛隆大学巴黎盛创院的院长。在我看来，这不仅仅是一个职位或是一个尊称，而是董事长和盛隆的同事们对我的信任。信任的力量无比强大，我珍视并将砥砺前行。因为我用了许多年去了解盛隆，此刻走进盛隆的时机绝好。我在北京大学所受到的教育，以及在法国多年游历所形成的个人的世界认知，与盛创院所追求的校训"立人已立，达人已达"不谋而合，"为已之学"，我用了近 20 年建立个人相对完善的人格，以"己立立人，己达达人"为信条，为身边所有的人创造价值，为巴黎盛创院每一位学员找到他们所不了解的自我价值，同时，成就自己的社会需求。

在近十年的时光中，我陪盛隆人走过的路足可以绕地球一周。现在，作为盛隆人的我，时刻准备着陪伴我的学员，用双脚继续丈量世界与自己内心的距离。巴黎盛创院一期、二期学员加起来近百人，每个人的欢笑，泪水，彼此的畅快淋漓，深深地刻在了我的脑海中。

曾经为一期、二期学员授课的让佛朗索瓦—阿斯莫德（Jean François Asmodé）教授不止一次和我提到，他被盛隆人的求知欲所感动！作为世界级的环保专家，他的学生遍布全球。然而，他对盛隆人的高度赞誉让我无比喜悦，他是这样评价盛隆人的：

盛隆人对于新事物、新知识的渴求程度，是我走遍世界都没有遇到过的。每每看到他们闪耀着求知欲的双目，我都非常感动，我迫切地希望将我所知全部传授给他们。

盛隆电气的女性，也是值得研究的群体，她们隐忍，坚定，目标明确，非常富有奉献精神。在我看来，盛隆的制度完全帮助女性实现了自我价值，值得全世界企业学习。

接触了两年之后，我最大的感受是：盛隆人都非常单纯，他们敢爱敢恨，敢于接受挑战，这样的品质难能可贵。

我觉得我找到了自己快乐的源泉，我很愿意继续走近盛隆。

这个世界很大，大到似乎没有边界；然而，这个世界又特别小，小到心与心可以相惜。我在大大的世界里，遇到了盛隆，我的世界被变得很大很大。从此不再觉得自己渺小，甚至觉得自己特别有用，因为在我身后，有那么多双渴求的眼睛，热烈而感人，我倍感踏实。

今年，我 40 岁了，人生的困惑被 40 岁的盛隆解开。怎样才能对社会有用，实现社会责任感？在盛隆人的喜怒哀乐中，我得到了全部的答案。

谢谢你，不惑之年的盛隆！在你的怀抱中，我幸福而不惑！

盛隆之歌四十年　为国为民为梦圆

——代本书跋

好雨知时节，当春乃发生。五月花开红，盛世有盛隆。伴随着改变与创新中国的、伟大的改革开放历史契机，盛隆电气诞生、成长、壮大，至今整整 40 春秋了。40 年间，我们秉承国家民族宏图大志、紧跟亿万人民奋发竞强的脚步，亲身经历了从站起来到富起来、强起来的历史跨越。当年王城乡镇田埂边的茅草工棚，已经演变成武汉、北京的现代化工厂、高档商务大楼，生产、经营业务已经由农村生产生活用品、小修小补，演变成生产可与世界顶级品牌比肩的现代化电气设备，提供全链条、系统化、智能化高品质服务。我们已经从穷乡僻壤走向全中国、走向世界。盛隆体制、盛隆道路、盛隆文化、盛隆贡献、盛隆样本，已经获得国家、社会、消费者、广大民众的深度认同。

回顾沧桑巨变，心有万语千言。足印浅浅深深，心中满怀感恩。

习近平总书记说，时代是思想之母，实践是理论之源。我首先要感恩、感谢的，就是我们遇上了改革开放的好时代。

正是这个伟大的时代，创建了中国有史以来最辽阔广大的进行创造性劳动的大平台、大舞台，给予了普通人站起来当家作主的勇气，解放了劳动者的手脚，激发了创业者的智慧，赋予了我们追梦、圆梦的能力。

正是这个伟大的时代，创造了前所未有的解放、开放、繁荣大环境，让一切劳动、知识、技术、管理、资本活力竞相迸发，让一切创造社会财富的源泉充分涌流，调动激活一切生产力因素积极参与现代化建设；为我们创造了促进企业生根、开花、结果的良好的生态环境，如同阳光、空气和水分一样宝贵。这正是《盛隆之歌》表达的:“五月花开红，盛世有盛隆。”海尔老总张瑞敏说，没有成功的企业，只有时代的企业。所谓成功，不过是踏准了时代的节拍。所以，我们永远要感恩时代、不负时代，尽我们的努力，呼应时代、跟上时代、奉献时代、与时俱进。

第二，我要感谢我们历经 40 年奋斗、摸索、实践积累，汇聚集体智慧、群众力量形成的盛隆体制、机制、盛隆文化。

体制、机制、文化，是企业的宗旨、思想、理念，又是企业的骨架、躯干，是企业的大脑、心脏，动力与活力的源泉。这是企业的精髓和核心软实力所在。没有这些，再好的厂房，只是一堆砖瓦灰沙；再好的机器，只是一堆没有生命的铁疙瘩。

盛隆的软实力从何而来？盛隆的体制、机制为什么那么有力量？盛隆的文化软实力为什么那么强大？首先，它是我们这个伟大时代的产物，充分汲取了时代精神的精华。那就是，改革开放，创业创新，追求卓越，敢为人先。其次，它是中国特色社会主义的盛隆实践。把竞争与和谐，效率与公平，先富与后富，老中青三代，有机地、融洽地结合起来，统一起来。达成一个具有最大公约数、根本利益一致、相辅相成、共生共荣的利益共同体。实行合作共赢、双赢、多赢。最后，它是数千年中华优秀传统文化的传承与弘扬。从孔子的“立人己立，达人己达”，王阳明的“知行合一”，到我幼小时母亲所讲“助人忘己，得道天助”的范增的故事，都在盛隆这片热土深深扎根，发芽开花，结出硕果。可以说，盛隆的道路、机制、文化，真实地实践和体现了习近平总书记所说的理论自信、道路自信、制度自信、文化自信。从而使它具有顽强的创造、创新生机活力，充沛旺盛的源源不绝的前进动力。由此促成了盛隆 40 年的奋进、成长、壮大。

第三，我要深深感谢 40 年间，为了盛隆繁荣发展，每天都在默默奉献的每一位盛隆人。

在共产党领导下，只要有了人，什么人间奇迹都可以创造出来。习近平总书记说，改革开放40年来取得的成就不是天上掉下来的，更不是别人恩赐施舍的，而是全党全国各族人民用勤劳、智慧、勇气干出来的！

盛隆人是盛隆的主人公，是盛隆的最大财富。本书“盛隆风流”一章，专门收集了部分盛隆群体老板们的奋斗事迹，通过媒体的采访角度，展现了盛隆人的精神风貌。

他们作为盛隆的主人翁，有一个共同特点，那就是胸中有梦想，浑身有力量。撸起袖子干，意志坚如钢。他们中许多人、许多事迹都是我所熟悉和了解的。但是每一次说起来，提起来，总还是有一份抑制不住的感动。

首先，他们相信时代，相信国家，相信盛隆，相信自己。其次，他们都特别钟情盛隆文化。特别能感受盛隆文化、盛隆体制的力量。认真学习体会，刻苦实践躬行，全身心地投入。既虚心向前辈学习请教，又热心提携帮扶新人。使盛隆文化在自己手里传承弘扬，繁荣壮大。再次，胸怀理想，志存高远。受挫不气馁，获胜不骄傲，学习不满足，追梦不停步。不断给自己树立一个又一个新目标，一步一个脚印，向高峰攀登。他们充分地汲取了盛隆文化、盛隆大平台蕴藏的无限可能，又以自己的实际行动，不断地建设、发展、壮大着盛隆文化、盛隆大平台。实现了一个又一个梦想，创造了一个又一个奇迹。

他们是盛隆创业创新的标杆和英雄，是创写盛隆新时代历史的风流人物。他们创业创新的拼搏故事成为盛隆历史的精彩篇章，成为被众多的后来人羡慕、传颂、学习的传奇。

根本的解放，是思想的解放；核心的解放，是人的解放。每一滴水珠都蕴藏着奔腾的力量，每一个人都会在新时代的大潮中重新发现自己。人才是盛隆的根本，有人才有一切。有人才，有团队，才有希望，才有活力，才可持续，才有未来。这是盛隆40年发展的一条根本经验，是盛隆兴旺发达的核心要素。对此，我们一定要再认识，再强化。完善措施，加大投入。在全公司形成尊重人才、珍惜人才、吸引人才、培育人才、学习人才、服务人才、争当人才的良好环境和氛围。

在今年的开年之初，我们已经明确把盛隆创建的第40周年，作为十大部门的建设年，更把人才建设作为十大部门建设的第一条要务，把2019年作为人才引进年。其意义就是要以人才队伍建设打牢盛隆百年发展根基，奠定盛隆百年发展的可靠保障。

2018年7月30日，中国工业的主流核心媒体《中国工业报》推出“壮阔东方潮　奋进新时代——庆祝改革开放四十年　致敬中国工业榜样”特别专栏，对于盛隆模式、盛隆道路、盛隆精神，给予了规律性总结、政治性定位、高规格表彰。

这是国家和社会对盛隆40年开拓奋进历史的一份沉甸甸的鉴定，是隆重、深刻、科学的礼赞，是对盛隆创建40年纪念给予的最高贵、最温暖的节日大礼！40年风雨兼程，我们给历史留下了深深的脚印；40年奋斗拼搏，盛隆为时代奉献了灿烂的花果。能获得国家人民这样一个政治定位、重大肯定、高端赞誉，这就是我们最大的收获，最有价值和意义的成就。40年的不懈坚持奋进、心血追寻，获得了远远超过我们期望的回报，这不能不使我们感动、感谢、感恩。

今年3月，公司董事会进一步重申、明确了盛隆电气的三件法宝：第一，武汉工厂大楼，北京中国锦商务空间，上地研发中心等三大核心设施；第二，“群体老板＋十大部门＝必胜必成”这一核心制度；第三，“群体老板241”核心战略。这是盛隆40年奋斗拼搏的精华结晶，是盛隆软硬综合实力的核心体现，是盛隆从新的更高起点走向百年不倒目标的高端平台和克难图强、必胜必成的法宝。

40年奋斗和三大件法宝，这是盛隆从物质到精神全面走向成熟的标志，是盛隆群策群力、集体智慧的心血结晶。无论是方向道路、体制机制、经营管理、科技研发、企业文化、人才队伍，我们的成就、基础、智慧、经验、规律都融进了三大法宝。只要我们认真学习领会好、掌握运用好、发展完善好，我们就能再接再厉，一往无前，攀登新高峰，创建新辉煌。

今年是盛隆电气创建 40 年，中华人民共和国成立 70 年。盛隆的命运与国家民族的命运是紧紧相连、息息相关、不能分割的。这是盛隆文化体制的核心，四个自信的根本，是盛隆兴旺发达的源泉。我们的 40 年，是为国为民为梦圆的 40 年，我们的未来，也必将是为国为民为梦圆的未来。只要我们坚持这一根本不动摇，就必定有富有强有成功。

古人云，“四十而不惑”。站在新的历史起点上，我们的方向更加明确，道路更加宽广，综合实力更加强大，我们对百年不倒，对实现中国梦、盛隆梦，充满了必胜必成的信念、信心。让我们以红军不怕远征难、不到长城非好汉的精神，紧密团结，戒骄戒躁，勤奋好学，不懈奋斗，不忘初心。以诚实的态度，踏实的作风，扎实的劲头，弘扬盛隆精神，完善盛隆体制，践行盛隆文化，拓宽盛隆道路。呼应时代召唤、无愧人民期待，担当起大国筋骨的责任，肩负起中国工业的历史使命，继续以逢山开路、遇水架桥的开拓精神，实现从优秀到卓越的伟大跨越；继续书写盛隆激情澎湃的创业史、奋进史、传奇史。

我以两首七言诗结尾：

风雨征途人不惑，盛隆之歌天下传

其　一

改革开放荡春风，当春发生花开红。
立人立志立科学，尊党尊国尊群雄。
呼应时代担使命，无愧筋骨做先锋。
风雨征途人不惑，从容破浪大江东。

其　二

又逢五月花红天，喜庆盛隆四十年。
田埂草棚通世界，群体老板越千山。
站起富起强起来，为国为民为梦圆。
必胜必成三法宝，盛隆之歌天下传！

谢元德